AI经济

机器人时代的
工作、财富和社会福利

[英] 罗杰·布特尔◎著

欣玫◎译

THE AI
ECONOMY

Work, Wealth, and Welfare
in the Robot Age

浙江人民出版社

图书在版编目（CIP）数据

AI 经济：机器人时代的工作、财富和社会福利 /
（英）罗杰·布特尔（Roger Bootle）著；欣玫译 . —杭州：
浙江人民出版社，2021.5（2021.8 重印）
ISBN 978-7-213-10097-0

Ⅰ . ① A… Ⅱ . ①罗… ②欣… Ⅲ . ①人工智能—
应用—经济学 Ⅳ . ① F0-39

中国版本图书馆 CIP 数据核字（2021）第 049421 号

浙 江 省 版 权 局
著 作 权 合 同 登 记 章
图字：11-2020-079 号

First published in Great Britain in 2019 by Nicholas Brealey, an imprint of John Murray
Press. An Hachette UK company.

Copyright © Roger Bootle 2019

AI 经济：机器人时代的工作、财富和社会福利

[英]罗杰·布特尔　著　欣玫　译

出版发行：浙江人民出版社（杭州市体育场路 347 号　邮编：310006）
　　　　　市场部电话：（0571）85061682　85176516
责任编辑：尚　婧　陈　源　何英娇
营销编辑：陈雯怡　陈芊如　赵　娜
责任校对：杨　帆　姚建国
责任印务：刘彭年
封面设计：新艺书设计
电脑制版：九章文化
印　　刷：杭州丰源印刷有限公司
开　　本：710 毫米 ×1000 毫米　1/16　　印　　张：23
字　　数：272 千字　　　　　　　　　　　插　　页：4
版　　次：2021 年 5 月第 1 版　　　　　　印　　次：2021 年 8 月第 2 次印刷
书　　号：ISBN 978-7-213-10097-0
定　　价：109.00 元

把握 AI 经济的下一个 "风口"

在浙江人民出版社何英娇女士的引荐下，我与罗杰·布特尔这位同行在中国"结识"。罗杰·布特尔是欧洲著名的经济学家之一，以前是汇丰银行集团首席经济学家，他撰写的一些经济学文章和著作我也均拜读过。对于 AI（Artificial Intelligence，人工智能，简称 AI）及 AI 经济，我们的经济视角既有相同之处，也有不同之处。相同之处在本书《AI 经济：机器人时代的工作、财富和社会福利》中有详细论述，AI 经济不但将极大地提高生产率、刺激经济增长，把人们从单调、枯燥的工作中解放出来，而且还能够解决经济、社会结构、政治甚至人生意义等一系列复杂领域的众多问题。而不同之处在于我读完这本书后的一些自己的思考。

关于 AI，我有两个好奇的问题。针对一件相同的事情，100 位经济学家有 100 种看法，而且这 100 位经济学家都言之有理，不易判断谁对谁错。那么，如果让 100 个不同的机器人来分析同一件事，会得到 100 种不同的结论还是会得到唯一的结果？在 AI 已经成熟的年代，让 AI 预期 AI 的未来，AI 又会得出什么样的结论？

从人工到机器，从机器到计算机，再从计算机到人工智能，工业革命的每一次升级，都给人们的生活、生产方式带来翻天覆地的变化。作为工业4.0之路的关键，AI经济的兴起也是必然，它最终会融入各行各业。

我既期待AI，也怀疑AI，期待是希望AI能让我们的生活变得更轻松简单，把许多事情交给AI来做就行。例如，很多智能家居设备，能够听从人们的指令进行工作，像开灯、播放音乐、启动电器、开关门、监控异常报警等，这些原本由人类动手来做的工作，如今人们只需张口就可以实现。这些便利源自万物互联，实现了硬件在软件控制下的工作。怀疑AI，是怀疑其是否靠谱。如果哪天我口腔溃疡，说话不清晰，那些智能家居是否还能识别出是我在说话，是否能判断我到底想表达什么？

当然，智能家居在AI的应用中如沧海一粟。AI开发和使用的目的，是为了创造价值。就如科幻片中描述的一样，AI未来会渗入各行各业，例如AI汽车的自动驾驶功能，通过AI智慧城市的调控，每辆车都会成为"老司机"，这将大幅降低事故发生率，减少交通拥堵，人们的出行时间也将大幅缩短。

同样，有了技术成熟的工程类AI机器人，基础建设、楼房建造、仪器生产等工业制造的效率都会大幅提升。在技术设计方面，设计类AI系统能够设计出抗震、抗风、结构更优化的建筑，运行速度更快的高铁，战斗力更强的武器。在战略规范方面，智慧类AI系统能根据大数据分析出市场需求，提出合理的生产规划，实现供给侧结构性改革，从而减少资源浪费、降低企业库存。

当然，AI不是万能的。比如，对于某些企业的战略规划，AI将会根据企业的发展情况、市场的变化、历史相关数据等一系列条件进行分析，迅速提出相应的建议。仔细想想，能够做这种战略分析的除了AI，还有谁呢？比如，咨询公司收集各种资料，进行各种专业分析，最终得出可供客户选择的答案。世界知名的麦肯锡咨询公司看似无所不能，其实也不乏一些失败案例，毕竟这类分析仅基于以往的事实进行，实际结果永远都是未知。

同理，AI提供的战略分析也不一定准确，AI只是将需要人工收集的材料进行快速整理，然后根据已有的大数据模型做出判断。人类智慧也好，人工智能也好，都是从基础到复杂，从最早的罗列、推演逐渐变为思考。我们能看见的AI智慧在于其快速的运算能力，强大的硬件功能可以让系统在1秒内完成数亿次甚至更多的运算，这种庞大的数据处理能力是常人所不具备的。

在金融理财方面，人们可以通过AI进行大数据分析，选择出收益率相对较高的配置模型，由客户选择其认为最满意的方案。同样，AI技术也可以用于炒股、炒期货、炒比特币等一系列投资和投机活动，甚至可以用于博彩分析中。当然，不同设计者制造出来的AI，通过数据分析得到的预测结果也会不同，是相信还是不相信，要么由人来做决定，要么由AI来做决定。毕竟，谁都不能准确预测下一刻会发生什么，比如，预测某股票的涨跌，某个AI判断其将大涨，另一个AI判断其将大跌，而最终的事实可能没有按着这两个AI的想法走。

因此我认为，AI当前起到的作用，在于节省时间、提高效率、节省人工成本，同时可以24小时连续运作，从而让企业可以放心大胆地让"996""007""715"等工作制成为历史。AI虽然强大，但不可能百分之百正确。

AI能否取代人类的工作，这也是一个无法回答的问题。每个时代都会有各种忧虑，总有人会担心先进的技术取代人类。例如，在我国改革开放初期，机器设备的引进曾一度引发人们的恐慌，人们担心那些不用吃、不用休息的机械设备会抢走工人们的饭碗。几十年过去了，人们和那些机械设备"和谐共处"，拥有不同的"岗位分工"、不同的"工作职责"，它们不仅没有抢走工人们的饭碗，反而创造了不少工作岗位。

当前的 AI 产业看似非常惊艳，博古通今的机器人和人们进行着正常的交流，人们通过智慧终端可以处理许多事情。比如，在很多电商的大型仓库中取件送货的身影都是机器人，这利用的就是 AI 的功能。媒体界曾经担忧，能够自动写新闻的 AI 系统会抢走记者们的饭碗。其实这一点无须担忧。因为 AI 系统只能在已有的条件中编辑素材，无法自己独自采编。像央视记者进入巴西贩毒窝点采访，卧底记者通过暗访不良公司写出石破天惊的新闻，2020 年新冠肺炎疫情期间各路记者奔波于抗疫第一线……AI 系统拿不到这样鲜活的故事素材，体验不到人们的喜怒哀乐，更写不出具有社会影响力的新闻。

我认为，目前 AI 的强大主要基于计算机硬件的强大，以及可获取的海量信息，让系统可以快速获取并处理各种信息。而能够真正如同人类一样进行实质性的思考——譬如写出"落霞与孤鹜齐飞，秋水共长天一色"这样的千古佳句，研究出比肩爱因斯坦相对论的全新物理理论，制作出更强于自身的 AI 软件——这种通过探索得出新成果的过程，才是真正的"人工智能"。

可以期待的是，伴随着 AI 的不断发展和完善，我们所处的"新时代"会发生质的变化。效率提升，成本降低，供给均衡，社会福利等将进一步完善，人们的生活质量也会不断提升。

以上是我认真读完罗杰·布特尔所著《AI 经济：机器人时代的工作、财富和社会福利》这本书的一些思考，如果你对 AI 经济感兴趣，甚至有志于研究 AI 经济，这本书会对你非常有用。罗杰·布特尔在书中列举了大量的经典实用案例，可以加深你对 AI 经济的理解。与此同时，他还大胆预测了 AI 时代的工作、财富和社会福利等的趋势，可以让你更有信心把握住下一个经济"风口"。AI 经济与任何一种经济形式都大不相同，如果你想尽早学习与研究，不被时代的潮流淹没，这本书可谓是你的"良师益友"。

宋清辉

序 言

本书的写作缘由简单明了。在过去的三年里，市面上有很多此类描述——机器人应用的普及和AI技术的进步对经济和社会的冲击迫在眉睫。这些信息让我应接不暇、不堪重负。我遇到过无数的人（和企业），他们对此非常担忧，在某些情况下甚至到了恐慌的地步。显然，这些心存忧虑的人甚至包括领先的AI企业中的许多职员，他们担心AI会影响人类，但因为担心自己的职业生涯会受此影响，所以不敢在公开场合表达这种恐惧。[1]

于我而言，这是我们这个时代最重大的经济问题之一。此外，它也有可能成为最重大的社会问题之一。确实，它有压垮我们所关心的其他一切的危险。萨里大学（University of Surrey）物理学教授、英国科学学会（British Science Association）主席吉姆·艾尔－哈利利（Jim Al-Khalili）提到，相比人类正面临的气候变化、世界贫困、恐怖主义、流行病威胁和抗生素耐药性等重大问题，AI问题更为严峻。[2] 不管他的这种排位（相比气候变化和恐怖主义）是否恰当，这都让机器人和AI的存在看起来完全是坏事。事实上，相当多的人（有趣的是，包括艾尔－哈利利教授）认为，机器人和AI具有非凡的能力，它们可为人类带来益处。

因此，无论这些结果是有害的还是有益的，都不影响我一直想了解机器人和AI应用的现状，并考虑它们可能带来的后果。本书正是我调查研究的结果。

花了一年多的时间埋头于文献资料后，如今我对该主题已经相当熟悉了。不过，读者不必担心我新获得的知识已经将我变成一名极客（Geek）。请放心，它并未使我脱离轨道。

我接触这个主题时没有丰富的技术知识，没什么优势。其实我应该承认，真实情况可能比这还要糟糕。在沉浸于AI文献资料之前，我被我的孩子看作是某种技术恐惧者。而且我确信，我所创立的凯投宏观（Capital Economics）的员工会很乐意认可这一判断。我唯一的优势是对经济学的了解，掌握了很多经济学问题的相关知识，对这些问题，我毕生都在思考和书写。

但是，这个优势并没有为我了解该主题的底层技术性问题带来了什么直接的好处。事实上，这没能避免我被技术专家们所说的诸多信息搞得彻底迷惑和糊涂。现在，我或许可以声称自己已经对其有了相当程度的了解，但我曾花了很长时间裹在那人尽皆知的"热毛巾里"（专注投入该热门主题中），努力理解机器人和AI方面的专家所说的话。

我之前非常缺乏相关技术知识，这会带来某种***间接的***优势以抵消明显的劣势吗？也许会。起码它将我和我的大多数读者置于相同的起点上，这些读者恰如曾经的我，对这个主题感到茫然。

每当"机器人"和"人工智能"这两个词出现时，一波波的"技术呓语"浪潮似乎就会淹没我们。阅读这两个主题的相关资料就是让自己浸没在这样的海洋中——废话连篇，好奇疑惑，崇拜"技术圣坛"。你有溺于这些东西形成的急流中的风险——不精确的语言、不严谨的概念、粗略的推断、令人费解的行话和狭隘的视角，而所有这些都笼罩在所谓的必然性氛围中。

不过，在技术领域，一些真正令人惊叹的事情**正在**发生：不仅仅是数字化程度或者纳米技术、生物技术和3D打印技术的发展，也涉及机器人和AI。在这杯含有各种配料的技术变革"鸡尾酒"中，AI脱颖而出。对人类个体和整个社会来说，也许它能带来巨大的益处，但似乎也会造成巨大的威胁。因为看上去它会深入渗透到人类世界中，并会引出"我们是谁""我们可能成为什么样子"等基本问题。

在这里，我的任务是不仅要让自己在技术呓语的洪水中幸存下来，而且还要确保我的读者不被淹没其中，更重要的是，我要在这片夸大其词的海洋中打捞出很多"真相金块"，并判断它们对我们的未来可能造成的影响。

这些可能的影响范围很广。AI专家并不将自己仅仅局限于技术层面，他们涉足的范围包括经济、社会结构、政治甚至人生意义等多个领域。在此过程中，对个人、企业和政府而言，这些专家得出的结论既令人困惑又可能让人害怕。

这三个群体发现自己不知道该如何考虑这些事关重大的问题，更不用说面对它们该做些什么了。而在这里，经济学家的背景、素养和经验能发挥有益的作用——至少我希望它们能。最后，作为读者的你，必须对此做出判断。

不过我要强调的是，你不会在这里得到很多有关机器人和AI的技术细节或本质属性的启示。希望得到这些东西的读者可以将目光转向他处。这是一本关于机器人和AI带来的经济后果的书。这是我的一种尝试，我试图让任何可能受其影响的人能清晰地认识到这些后果——

明了如何看待这些发展，明了面对这些影响该如何做出选择。顺便说一下，这些问题如此重大，以至于在这种情形下，"任何人"实际上相当于"每个人"。

然而，这些问题如此复杂，它们与各种各样无法预知未来的事物相互缠绕在一起，因此，即使对这个主题描述得再清晰，也没有什么是能确定的。当凝视未来时，我们只需要睁大自己的双眼，尽自己所能去设法弄清楚展现在我们面前的各种东西。

就像我以前写的书所介绍的那样，我不认为这种极大的不确定性可以成为"什么都不说""什么都不做"的借口。毕竟，每个人都必须做出决定，这在很大程度上取决于自己对未来的看法。这不仅适用于个人，也适用于企业和政府。我们不能逃避不确定性，不能拖延到一切都清晰明了的时候才做出所有的决定。我们得尽力而为。

在做研究和撰写本书的过程中，我的心中积聚了很多感激之情。罗伯特·阿利伯（Robert Aliber）教授、安东尼·库拉凯斯（Anthony Courakis）博士、朱利安·杰索普（Julian Jessop）、加文·莫里斯（Gavin Morris）、乔治·德内梅什凯里 – 基斯（George de Nemeskeri-Kiss）、丹尼斯·奥布莱恩（Denis O'Brien）、阿利亚·萨莫赫瓦洛娃（Alya Samokhvalova）博士、克里斯托弗·斯莫尔伍德（Christopher Smallwood）、马丁·韦伯（Martin Webber）和杰弗里·伍德（Geoffrey Wood）教授，他们尽心尽力地阅读了此文本的各个版本，并给出了他们各自的意见。我对他们所有人都不胜感激，同时也非常感谢2018年12月在维也纳举办的圆桌讨论会的参会者，该会议由奥地利控管银行（OeKB）主办。

我很幸运地享受到了研究助理莫内利·霍尔 – 哈里斯（Moneli Hall-

Harris）的服务，这使我的工作变得如此轻松。凯投宏观的很多职员提供了有用的数据和图表。另一些人则给出了审辩式评论，尤其是安德鲁·肯宁厄姆（Andrew Kenningham）、马克·普拉格内尔（Mark Pragnell）、维基·莱德伍德（Vicky Redwood）、尼基塔·沙阿（Nikita Shah）和奈尔·席林（Neil Shearing）。此外，我十分感谢凯投宏观的授权，允许我在此采纳其近几年来发表的一些研究成果，特别是第1章中涉及的主题。

我的私人助理霍莉·杰克逊（Holly Jackson）一方面帮我管理打字稿，另一方面使我在考虑凯投宏观的活动和其他一切我参与的事务时保持诚实、正直。她是无价之宝。

最后（但并非最不重要），我应该感谢我的家人，因为他们再一次包容了我写书过程中的分心。

以上和此后内容中提到的任何人均不对书中的任何错漏负责，该责任仅由作者本人承担。

罗杰·布特尔

目 录

导 言　机器人和AI主导下的人类未来 / 001

第一部分　人类与机器的历史延伸：过去、现在与未来

第1章　从第一次工业革命讲起 / 017

第2章　AI革命会有所不同吗 / 043

第3章　AI革命对宏观经济的影响 / 074

第二部分　机器人和AI的影响所及：工作、休闲与收入

第4章　工作、休息与娱乐 / 103

第5章　未来的工作 / 136

第6章　赢家与输家 / 171

第三部分　未来已来：我们该做些什么

第7章　是鼓励它，还是对其进行征税和监管 / 209

第8章　年轻人应该如何受教育 / 233

第9章　确保共同繁荣 / 260

结 论 / 297

后 记　奇点降临及之后 / 303

参考文献 / 315

注释说明 / 321

机器人和AI主导下的人类未来

它看上去不太像《太空堡垒卡拉狄加》(*Battlestar Galactica*)，更似罗马帝国的覆灭(Fall of Rome)。

——大卫·贡克尔(David Gunkel) [1]

当下，生活中最可悲的一面，是科学积累知识的速度快于社会集聚智慧的脚步。

——艾萨克·阿西莫夫(Isaac Asimov) [2]

机器人和AI爱好者们大力宣扬新技术变革将如何改变我们的生活，但人们通常不清楚这种转变带来的是利还是弊。我从极客们那里了解到的是两种愿景的混合体，而且这两种愿景截然不同：一种是，当我们创造出来的作品（机器人）接管一切时，所有人都会面临可怕的未来——

陷入贫困、丧失自我价值甚至毁灭；另一种是，这场变革会让所有人充实而富足，并将人类从繁重乏味的苦差事中解脱出来。

在针对机器人和AI带来的影响的讨论中，很多具有技术背景的写作者已广泛、深入地涉及了宏观经济学和公共政策领域。以在AI方面颇有远见的卡耐姆·切斯（Calum Chace）的判断为例：

……因为这些机器将比它们所取代的人类更高效，而且随着它们以指数级的速度不断改进，其效率会越来越高。但是，当失业人口日益增多，随之而来的需求减少将反超效率提升所带来的价格下降。经济紧缩几乎不可避免，且变得如此严重，以至于必须采取一些挽救措施。[3]

一些领先的企业家和杰出的科学家也表达了类似的看法，前者包括微软公司创始人比尔·盖茨（Bill Gates），后者如拥有黑洞及很多其他科学发现的斯蒂芬·霍金爵士（Sir Stephen Hawking，已故）。[4]

然而，一些愤世嫉俗者（应当承认，他们大多并非AI专家）似乎觉得这一切都被夸大了。他们认为，就其本质而言，机器人和AI应用的普及给我们带来的经济、社会变化，要么微不足道，要么是自第一次工业革命以来，我们持续不断地经历过的很多事情的延续，因此，机器人和AI应用的普及将给人类带来极大的益处。有些人认为，对AI带来的影响的不当猜测引发了恐慌，类似于千年虫（Y2K）问题，当时人们大惊小怪、瞎忙一通，最终却不了了之。

五种未来前景

说得委婉一点，这是个远未尘埃落定的问题。对于在由机器人和AI主导的未来世界里的人类命运，各种相互冲突的观点可简要总结为以下五种可能：

- 毫无分别
- 糟糕透顶
- 好到极致
- 灾难临头
- 永生之匙

本书的目的是借助这些不同的可能性绘制出一条路径。在论述即将开始之际，我不能也不应该抢自己的风头，所以，我把前三种可能结果留到后续章节中讨论。现在，我必须简略地谈谈第四种和第五种可能。

对任何不熟悉该主题文献资料的人来说，我用来描述第四种和第五种前景的词语（即灾难临头、永生之匙）似乎有些夸张。但所有钻研过这些文献的人都知道，它们并未言过其实。技术人员认为，一旦制造出达到人类水平的AI，超人类AI的出现几乎是必然发生的事情。与人脑不同的是，数字大脑可无限制地复制，且能够被提速。

这就引出了AI革命可能是人类最后一次进步的想法。一旦我们创造出比任何人类个体都强大的AI，它们就会发展出更强大的智能，完全超出我们的理解力，超越我们的控制力，诸如此类。对这些新型智能体来说，我们即使真的不算是累赘，也是低等品，而且一文不值。它们可以轻易地决定是否摧毁我们。2014年，斯蒂芬·霍金爵士曾对BBC（英国广播公司）表示："全AI的发展可能意味着人类的终结。"[5]

同样，卓越的剑桥大学科学家、皇家天文学家（Astronomer Royal）马丁·里斯勋爵（Lord Martin Rees）将AI获得超级智能的时间点描述为"我们的最后时刻"。他把人类智能主导这个世界的时期视为昙花一现。[6]

在文献资料中，很多人将某些形式的AI变得比人类更智能的时刻称为"奇点"（Singularity）。当其到来之时，后果很可能远远超出对个体的影响。默里·沙纳汉（Murray Shanahan）是伦敦帝国理工学院（Imperial College London）的认知机器人学（Cognitive Robotics）教授，他在下文中概括了许多AI专家的观点：

依此类推，若指数级的技术进步会带来如此巨大的变化，以至于我们现今所了解的人类事务将走向终结，那么人类历史将会出现奇点。我们认为理所应当存在的体系（经济、政府、法律、国家）将不会以目前的形式存留下来。人类最基本的价值观（生命的神圣性、对幸福的追求、选择的自由）会被替代。[7]

但是，出现奇点的世界并不是对人类完全不利。事实上，对AI狂热者们的"大祭司"（领袖人物）雷·库兹韦尔（Ray Kurzweil）来说，情况恰恰相反。他强调人类与AI的融合，实际上能使我们把自己"上传"为非物质形式，从而获得永生（我猜想这对我们所有人来说都是一种更积极的前景，我不了解你们的想法，但就我个人而言，为了永生而被"上传"为某种形式的AI对我未必有吸引力）。[8]

对我这样的人来说，除了"上传"技术和永生前景，有关AI能力和奇点降临后人类命运的信息都让我如同一头扎进如科幻小说的世界一般。

尽管如此，正如我会在后记中所表明的那样，我并不排斥这些想法。当我们这个时代中一些最伟大的科学家（如斯蒂芬·霍金爵士和里斯勋爵）均已认真对待这些前景时，我几乎没有资格去蔑视它们。

但我深切地意识到，奇点降临后如科幻小说般的世界，与机器人和AI的日常进步之间存在着错位，这些进步时刻都在对经济产生着影响。这既需要企业和个人在追求自身利益时做出决定，又要求政府在寻求公共利益时做出决策。

奇点对这些决定会有何影响？"文化经理人"约翰·布罗克曼（John Brockman）认为，所有这些当前做出的决定应该都会受到即将到来的革命性变化的强烈影响。布罗克曼与全球大多数顶尖的AI科学家和思想者都有联系。他写道："人们无须成为超级AI就能意识到，毫无准备地向着人类历史上最重大的事件直奔而去是愚蠢至极的行为。"[9]

另外，加利福尼亚大学（University of California）的计算机科学教授斯图尔特·罗素（Stuart Russell）声称，不做好准备迎接奇点是自满自得乃至彻头彻尾不负责任的表现。他曾写道："如果我们收到了来自更先进的外星文明的无线电信号，说他们将在60年后到达这里，你不会耸耸肩说：'嗯，60年后？'若你有孩子，你就不会这样。"[10]

我强烈反对这种观点。我不会基于这样一个"无线电信号"立即匆匆忙忙做出重大决定。首先，我要知道该信息是否真的来自外星文明，这种来源记录是否为准确地预告对应行动或预测相应事件起过作用。当然，如果这是第一次收到的"信息"，则不会有这种记录。它会让我警惕起来。而且我还会敏锐地想到H. G.威尔斯（H. G. Wells）创作的科幻小说《世界大战》（*The War of the Worlds*）。1938年10月30日，由此书改编的著名广播剧播出，主播是奥逊·威尔斯（Orson Welles）。在这部剧中，来自火星的外星人入侵新泽西州，使得成千上万的美国人受到惊吓，并造成了大面积的恐慌。

然后，如果我认为该信息可信（尽管牵扯到奥逊·威尔斯和H. G.威尔斯），那么我就要知道我们能做些什么，是为战争做准备还是策划一场欢迎派对？我还要通过该信息猜想外星人何时会来，是200年后还是500年后，或者就在某一时刻？根据外星人到达时间的紧迫性和距离的遥远程度，我们应该做的事情可能会迥然不同。

事实上，那些声称奇点已近的人并非更先进的生物、外星人，而是地球上的某个异教团体的极端狂热者。而且，尽管他们热情很高，尽管他们也许是对的，但我们有很充分的论据证明他们是错的（我将在书末讨论这一点）。

此外，时间尺度真的很重要。我之前引用过里斯勋爵的话，他相信AI正在蓬勃发展，且具有无法抑制的力量，认为机器*可能*会"在几个世纪内"接管一切。别担心，这不可能，若奇点降临这个世界的时间像里斯勋爵相信的那样被推迟了那么久，那么有可能的是，人类或许早就因为核战争、小行星碰撞、瘟疫或天知道什么事件而灭亡了。或者也许在那之前，人类会以这样或那样的方式得到救赎。

从宇宙的规模尺度来看，几百年也许仅仅相当于一次心跳，但对公共政策的设计者而言（更不用说我们所有个体），它可能是无限遥远的。对奇点的关注会将决策者在考虑此时此地的日常问题时引向"花园小径"。另外，这些问题很有可能会伴随我们多年。的确，日复一日可能很容易变成年复一年，乃至溜走了一个又一个世纪。因为未来某个不确定时刻可能到来的奇点，现在就改变我们的生活、制定公共政策以做好准备是代价高昂的愚蠢行为。更糟糕的是，它会让人们看不清楚机器人和

AI在不久的将来会呈现出的明显进步，从而导致我们对摆在眼前的事情毫无准备。这很危险。

因此，我在本书一开头就做出了重大决定。我将奇点降临的世界及其带来的一切影响置于末日的地位（你很可能认为，这恰恰是启示录和永生的应许必定属于的地方）。书中的其他所有内容均指向前面的世界（当下的世界），在这个世界中，虽然机器人和AI变得更加重要，但人类并未被AI超越，更不用说被其消灭。我们也没有被上传到网络空间。

不过，这并不意味着我们应该低估（更别提忽视）机器人和AI对经济和社会产生的影响。它们将带来巨大而深刻的改变。我们也许会走向奇点，也许不会，但我们正在走向AI经济。本书讲述的是，对人类来说，AI经济将会是什么样子的。

如何定义"机器人"和"AI"

围绕术语和定义也存在一些棘手的问题。我们所说的"机器人"和"人工智能"是什么意思？人们认为"机器人"（robot）一词首创于1920年上演的科幻剧R.U.R. [指代《罗素姆的万能机器人》（*Rossum's Universal Robots* ）]，作者为捷克科幻作家卡雷尔·恰佩克（Karel Čapek ）。从语言学的角度来看，其词根似乎取自单词 "*robota*" 和 "*robotrick*"，前者指强制性工作，后者意为 "服务"。[11]

无论起源如何，"机器人"一词不仅进入了语言体系，还踏入了我们的想象空间。它很自然地让我们的脑海中浮现出一种金属外形的东西：大致像人类，有一个脑袋、两只手、两条胳膊、两条腿。但是，许多我们可能想称其为"机器人"的东西根本不是这样的形状。我们应该将机器人视为可通过编程以某些方式行动/做动作的机械装置，而不必把它想象得可以像人类那样看东西或者试图和人类表现得一样。我将使用"机器人"一词来表示所有这类装置，不管它们的形状和外表如何。

术语"人工智能"是美国达特茅斯学院（Dartmouth College）的数学教授约翰·麦卡锡（John McCarthy）于1955年首创的。他与麻省理工学院（MIT）、贝尔实验室（Bell Laboratories）、IBM的同事一道，着手"研究发现如何使机器能够使用语言、形成抽象思维和概念、解决目前人类面临的各种问题，以及改进它们自身"。[12]

约翰·布罗克曼认为"人工智能"这一术语不准确，他更喜欢"设计智能"（Designed Intelligence）。无论他的看法是否有道理，"人工智能"一词已然在文献资料和公众讨论中很好地站稳了脚跟，现在再改动会造成混乱且毫无帮助。因此，我将坚持用下去。

这也许解决了命名的问题，但仍然给我们留下了棘手的定义问题。实际上，普通机器与机器人、机器人与AI之间的边界并不清晰。洗衣机是机器人吗？我们通常不这么想。这是因为洗衣机外形不像人类且不能移动吗？同样，对我们一般称为机器人的东西，借助编程，它们可以做某些人类能够做的事情，难道这不是我们为其灌注了一定程度的智能——的的确确的"人工智能"？

目前其实有大量关于该主题的文献资料，讨论了机器人的构成、AI的特征，以及两者之间的关联。我不打算在这里用定义上的苛评来加重读者的负担。对那些感兴趣的人，我诚邀其深入研究这些文献。[13]我将在全书中频繁使用"机器人""AI"这两个术语，将其作为指代整个类属的简略方式。我猜想读者会很容易理解我的意思，而不必借助AI词典或苦恼于定义的边界。

本书的写作目的

虽然我希望经济学家能在我的文字中找到很多有趣的东西并参与其中，但本书并非主要为他们所写，而是为了聪慧的普通读者。对有些仅仅出于好奇和兴趣才去冥思苦想因机器人和AI应用的普及而引发的问题的人，我希望为他们提供引人深思的东西。但对许多读者来说，本书讨论的主题将直探他们对未来的一些忧虑，并帮助他们处理需要就其做出决定的关键事务。这涉及很多在机器人、AI及受其密切影响的领域工作的人。本书的目的是辅助理解，从而改进人们的决策水平，同时也增强他们对未来的信心。

对个人而言，问题的关键在于"工作"，不过也有一些其他重要的问题涉及休闲时间、退休和父母的责任：

● 他们当下或计划从事的这类工作有着光明的前途还是注定要消亡，或者介于两者之间？

● 为了最大限度地提高未来的就业和收益能力，他们应该拥有并发展什么样的技能？

● 他们是否应该自愿或非自愿地预期长期失业？

● 就算他们有工作，工作时间会明显缩短吗？

● 他们是否应该准备好过非常长的退休生活？

● 作为父母，他们应该如何教育自己的孩子，使其在AI经济中为工作和休闲做好准备？

对商务人士来说，他们的主要问题与上述这些问题相关，但他们的关注点略有不同：

● 在新世界中，哪些商务活动拥有光明的未来，哪些可能因为机器人和AI的影响而消亡,哪些介于两者之间?

● 企业应在哪些领域对机器人和AI投入重资?

● 企业应该投资哪些活动以提高员工的技能,若做此投资,应如何行事?

● 企业应该在哪些活动中规划用机器人和AI代替工作者?他们应该如何判断对劳动力的需求几乎不受机器人和AI影响的领域?

● 企业应该期待人类在哪些方面与机器人和AI紧密合作?

● 可能涌现出什么样的新兴产业和活动?

至于政府及所有对公共政策感兴趣的人,这些问题同样至关重要,但他们的主要关注点也有不同之处:

● 经济表现将对机器人和AI做出何种反应,它们将给经济政策的制定带来哪些挑战?

● 政府应该鼓励还是限制机器人和AI应用的普及?具体要如何做?

● 法律和监管体系需做何改变以适应机器人和AI的存在?

● 为了适应新世界,国家在教育体系改革中应扮演何种角色?

● 政府是否应该准备彻底改革税收和福利制度,以抵消不平等扩大所造成的影响?如果是这样,它们应该采取什么措施?

本书的框架与结构

因为这三个群体的关注点密切相关,所以我按主题将它们分开,而不是将个人、企业、决策者分置不同的章节,这样每一章的内容都应该是所有群体都感兴趣的。

本书结构简单,不过仍然需要稍作一下解释。虽然我在这里用独立的章节来探究这些问题，但它们之间密切相关。此外，我所讨论的主题之间的相互关系同时朝着不同的方向发展。因此，这就存在一个实际问题，即从何处切入，以及如何组织分析。

研究并撰写本书是一次发现之旅。我希望你在阅读时也会有类似的体验。不过读者的旅程应该比作者的更短、条理更清晰。当后者开启其旅程并"四处游荡"，找寻些天知道是什么的东西时，他并不清楚探索将在何处结束。可是一旦旅程结束，他就既知道了自己希望带读者去的目的地，又找到了到达那里的最直接的路线。

所以，向读者呈现针对该主题的结构化方法是有必要的。不过，这意味着大家在阅读其中一个方面时，必定会遇到很多"但是某某某是怎么样的"时刻，意识到这一主题与其他方面的相互联系，而这些方面尚未论及，并且不确定是否将会被讨论。我将尽可能努力帮助大家保持耐心，并将那些明显被忽略或错过的问题放在本书后面的部分处理，以增强大家的理解。

无论是普通个体、商人，还是政府及参与公共政策制定的工作人员，很多读者无疑都渴望直奔实质问题而去，这些问题涉及上文描述的机器人和AI对人们生活的各个方面的影响。但大家需要等待并思考一会儿。在不了解宏观环境的情况下，对工作、收入、教育、休闲及机器人和AI可能影响到的大量其他事情的未来前景，任何推测都毫无意义。的确，恰恰是由于对宏观经济方面缺乏足够的了解，才毁掉了众多的对机器人和AI革命的描述，并导致这些作者得出错误的结论。

另外，本书讨论的毕竟是机器人和AI带来的*经济*后果。这些后果更多地与经济相关，而非与机器人和AI能做的复杂精细的事情有关。因此，本书第一部分讨论宏观经济是很合理的。即便如此，第2章还是以当前和未来的发展为视角直接探讨了机器人和AI。此外，它还讨论了机器人和AI的影响与过去200年中其他技术的不同。

但在此之前，第1章介绍了我们以前的经济状况，涉及过去的200年。你可能会认为，一本讲述未来的书以这种历史焦点开场属于堂吉诃德式。然而它并不是。将当前变革置于经济史背景中看待极其重要。这是一个充满趣味和惊喜的故事，并与眼前的问题息息相关。在关于机器人和AI的讨论中，最关键的是要清楚了解，当前的技术进步和未来的及过去的有几分相似，以及在多大程度上体现出了根本性差异。

第3章讨论了机器人和AI发展带来的宏观经济后果。它们是会造成经济衰退，还是会像某些分析人士断言的那样导致大萧条？机器人和AI革命将致使就业机会大幅减少吗？它是反通货膨胀的吗？它将对经济增长率、生产力和生活水平的提高有何影响？此外，在这样的世界中，利率和我们投资的各种资产类型会发生什么变化？

对于希望直截了当获知未来世界详细状态的读者，第二部分是你们的耐心得到回报的地方。对机器人和AI革命对工作与商业世界的影响的探索始于第4章，该章讨论了工作回报和人类对工作的需求，并设想了增加的休闲机会，以及两者如何保持平衡。在这里，我展示了自己对未来工作、休息和娱乐三者可能的占比分配的看法。

第5章描述了未来劳动力市场的可能形态：有些类型的工作会消失，有些将基本保持不变，还有些会留存下来但将彻底改变，另有一些可能不知从哪里冒出来。第6章从这些变化中识别出可能的赢家和输家，研究对象不仅包括个人、群体，还涉及地区和国家。

第三部分专门讨论政策。考虑到前几章所述的预期变化，政府应该做些什么？它们是否应该力求借助税收、监管或法律修改来鼓励或限制

AI的发展？这是第7章的主题内容。

接下来，第8章关注的是教育。鉴于机器人和AI带来的前瞻性变化，我们肯定不能像什么都没有发生过一样，用与目前完全相同的方式继续教育儿童和大学生。但他们应该接受什么样的教育？我们需要的教师将更少还是更多？应该提供哪些教学科目？在带来必要的改变方面，国家应扮演何种恰当的角色？

第9章探究所有问题中最具争议性的一个，即因为我们可能要面对这样的未来——特别富有成效的慷慨援助和广泛的贫困同时存在，所以需要对收入或财富进行大规模再分配。如果社会做出了这种选择，是否可以借由改革现行再分配制度来达到预期效果？还是说我们应该采纳激进的建议——社会应该为所有人提供最低所得保障？整个政界很多有影响力的思想家都欣然接受了第二种观点。但这行得通吗？负担得起吗？它会对工作激励和社会形态产生什么影响？

在结论部分，我汇总了前9章的讨论和分析结果，并提出我认为适用于个人、企业和政府的主要经验。但在很多方面，这还不算完全结束。正如上文所述，书末的后记进入了更具争议的领域，即如果我们经历了AI专家所说的"奇点"的降临——AI的智能水平变得比人类的更高，并且/或者AI和人类融合在了一起，那时，世界会是什么样子？

不过，对这场或许会将我们带到遥远的未来的冒险之旅，起点必定是了解、理解我们如何发展到今天的过程。

第一部分

人类与机器的历史延伸：过去、现在与未来

第1章　从第一次工业革命讲起

> 生产力的增长不是全部，但从长远来看，它几乎就是一切。
>
> ——保罗·克鲁格曼（Paul Krugman）[1]
>
> 在人类历史长河中，过去的250年也许是独一无二的一幕。
>
> ——罗伯特·戈登（Robert Gordon）[2]

如果说我们的经济史上应该有一个事件算作"奇点"，那一定是第一次工业革命。就像人们在学校学到的所有历史知识那样，第一次工业革命的实际情况比我们所认知的要复杂得多。首先，你可以说它不是一场革命，毕竟它不是单一事件，而是一个过程。它始于18世纪后期的英国，历时数十年之久。

你也可以说它不完全是关于工业的，甚至可以说工业不是它的主角。无疑，因为第一次工业革命，制造业取得了巨大进步，农业、商业和金融业也得到了长足发展。另外，使第一次工业革命成为可能（及发生于英国）的因素与物质条件关联甚少（比如我们在学校反复钻研的煤炭和水力的可用性），而与政治和发生于17世纪的制度变革关系更大。

不过没关系，无论如何命名，它都是重大事件。在第一次工业革命之前，经济几乎没有任何发展，而在那之后，经济就一直在进步了。

当然，这只是一种简单化的说法。包括十七八世纪的美国和英国在内的西方世界，人均产出和收入都比之前有了一定的增长，尽管与后来的发展相比，这种增长的幅度微乎其微。

认为第一次工业革命后经济持续不断进步的看法也不完全恰当。正如我稍后会展示的那样，在此过程中其实出现过一些明显的中断。此外，普通民众的实际生活水平也是在过了几十年后才有所提高的。[3]

各种各样吹毛求疵的限制条件让一些经济史学家提出了质疑——我们是否应该完全摒弃"工业革命"的概念。然而，这肯定会在改良主义/修正主义（Revisionism）的道路上走得更远。一些历史学家声称，即使实际上并不惹人喜爱，但与其令人胆寒的名声形成对比的，是维京人（Vikings）的善良、文明和体面。经济史学家与这些历史学家极其相似，他们在力图纠正某个简单的既定观点时，反而在其他方向上偏离得太远了。事实上，维京人确实非常可怕，第一次工业革命的意义也的确非常重大。

第一次工业革命后，世界的主要特征之一是，自英国的维多利亚时代（Victorian era）起，人们普遍**认为**，人类的状况将持续改善、越来越好，这是必然且不可阻挡的。该特征将工业革命前后的世界完全区分开来。正如历史学家伊恩·莫里斯（Ian Morris）所言，第一次工业革命"嘲弄了之前历史舞台上上演的所有戏剧"。[4]

第一次工业革命带来的经济腾飞

图1-1证实了第一次工业革命的重要性，它展示了从公元前2000年

至今的人均GDP变化情况。显然，该图中显示的早期数据相当可疑，它们充其量是指示性的，事实上肯定不止这些。你还可以忽略数据轴上标记的绝对值，它们没有意义。应该引起注意的是相对关系——每年的人均GDP与1800年的相比较。换言之，所有数字均做过转换，1800年的数据被设定为100。

人类的进化

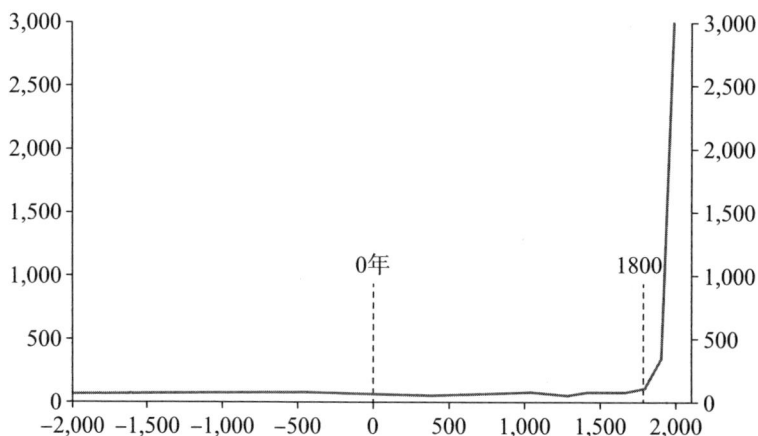

图1-1　公元前2000年至今的人均GDP变化情况（1800年的数据为100）

来源：德隆（DELONG），凯投宏观

如图1-1所示，自公元前2000年到耶稣诞生（图上标记为第0年），每年的人均GDP实际上没有变化；到1800年，该数值翻了一番。这看起来可能也不是太糟糕，但请记住，我们花了1,800才实现这个结果！至于年增长率，则几乎等于零（这就是你很难看到曲线有任何上升的原因），而改善主要集中在后来几年。[5]

但在第一次工业革命发生之后，情况就全然不同了，图1-1清晰地显示了这种腾飞。1900年的人均GDP几乎是1800年的3.5倍；到了2000年，该数值是1800年的30多倍。[6]第一次工业革命确实是革命性事件。它为我们提供了评估机器人和AI的出现所带来的影响的基本标准。[7]

接下来，我将追溯并讨论从古代到第一次工业革命再到当代的经济史的主要特征。但我希望读者能够理解，相比对近几十年的详细讨论，我对早前几个世纪的相关知识涉及得比较少，从时间上对其会匆匆略过。这有两个原因，一来我们对遥远的历史知之甚少，二来当我们仔细思考机器人和AI带来的潜在经济影响时，与近几十年相比，古代的信息让人兴趣寥寥，且没有多少相关性。

技术变革正是第一次工业革命的核心。[8]然而，早在第一次工业革命之前，在技术发展方面已经存在一些值得纪念的里程碑。确实，以公平的方式回溯历史可以发现，人类早已取得了一些引人注目的进步，比如驯养动物、种植农作物、发明轮子。但在世界人均GDP记录中，它们并没有被清晰地体现出来。信不信由你，这份"记录"，更确切地说，是经济学家布拉德·德隆（Brad DeLong）付出巨大勇气和努力而构建的这份"记录"，可追溯到公元前100万年（将图1-1扩展到那么远的年代毫无意义，因为实际上你只会看到一条平直的线，它将掩盖过去200年中发生的事情的重要性）。

现在，应当承认，早期经济增长记录的大量缺失可能就是因为我们的经济统计数据非常不足。它们少得可怜、零散不全。但是，我们接下来的研究并不只是靠这些不充分的数据。来自艺术、考古及诸如此类我们拥有的书面记录的证据都指向这样的结论——至少在人类放弃游牧生活而定居下来后，人们赖以生存的经济基础在几个世纪内并未发生太大的变化。

技术进步不能自动引起生活水平的提高

为何上述这些早期的、显然是革命性的技术发展没有带来经济飞跃？其答案或许能洒下一道光，就如今困扰我们的一些经济增长关键问题给我们以启发，并让我们在此探寻过程中提出有关机器人和AI革命的重要问题。

不过我要很遗憾地说，对这个重要的历史问题，并没有一个清晰而固定的答案。相反，其自身有四种可能的解释。我打算把全部四种解释都提供给你，但不确定哪种最令人信服。我们可以将其留给经济史学家去争论。真相很有可能是这四种解释的混合体。更重要的是，这些可能的解释中的每一个都与本研究主题息息相关，即机器人和AI对经济发展带来了影响。

第一种解释似乎平淡无奇，但依然重要。重大发展（可以说始于公元前1万年左右）持续了很长一段时间，比如第一次农业革命，它涉及驯养动物和种植农作物。因此，即便该过程完成后形成的积累效应确属巨大，但平均产出和生活水平的同比（年度比较）变化并不太大。[9]

第二种解释有关结构与分配。为了使一个领域（如农业）中的技术进步带动整体经济生产力的大大提高，该领域释放出的劳动力必须能够有效地在其他经济领域得到雇用。但当第一次农业革命的成果稳固下来时，实际上并没有出现其他形式的生产性就业。因此，寺庙侍者、金字塔建造者和家仆的数量激增。人类学家詹姆斯·斯科特（James Scott）指出，第一次农业革命之后，大多数人的生活水平其实是下降了。[10]在收入和财富分配不均衡的新农业经济中，也不存在任何有利于技术进一步发展的东西。

第三种解释是仅凭技术进步不足以实现经济发展。要想实现经济发展，必须拥有可用的资源去开发新方法，制造能够体现技术进步的工具或设备。因此，这就需要人们克制眼前的消费，以便将资源用于为未来做准备。但说起来容易做起来难，对需求的即时满足是如此迫切，此乃人类天性使然。

遗憾的是，我们手中关于远古的数据如此粗略，这再次妨碍了我们就该问题确定最终真相。不过似乎很有可能的是，古代社会无法产生大量收入超过消费的盈余，而这些盈余本可以用于资本积累。另外，我们也必须考虑到，古代社会容易发生各种战争和冲突，这就对资本造成了破坏。因此，古代社会资本的净积累恐怕是微不足道的。

这种从普通活动中产生的盈余，似乎主要用于支撑社会中非生产性部分的存在，比如祭祀或者陵墓和纪念物的筑造。在古代埃及，天知道有多大比例的GDP被投入到金字塔的建造中。而中世纪的欧洲则将盈余用于兴建辉煌华丽、极尽奢华的大教堂，这些到处都是的大教堂高高地耸立在贫穷的海洋之上。如今，这些非凡卓越的建筑就在那里，供我们欣赏，真是太美好了。但是，对那些建造时对其怀着敬畏的人们来说，这些建筑并没有为他们生活水平的改善提供多大帮助，也没有为当时或后来的技术进步做出多少贡献。

第四种解释是人口增长耗费了生产中获得的所有收益。有证据表明，整个世界在16世纪的GDP年均增长率约为0.3%，但人口年均增长率为0.2%，这就使得人均GDP的增长率仅为0.1%，接近零增长。同样，在18世纪，恰在第一次工业革命之前，全球GDP年均增长率看上去达到了约0.5%，但与此同时，人口增长也差不多与之相匹配，这就意味着实际的人均GDP增长率可以忽略不计。[11]

诚然，这里的关联关系不是很直接。毕竟，人口增长并非全然是灾难——给社会带来了负担。但人们常常这样错误地假定。事实与之正好相反——更多的人意味着更多的工作者，这会增加社会生产总量。但是，将更多的工作者投入到一定数量的资本和土地上，往往会降低平均产出（经济学家认识到这是收益递减规律）。另外，较高的人口增长率意味着非生产性儿童与生产性成人之间的比例更高（请注意，当今的许多贫困地区的人们正不遗余力地使儿童从很小的年纪开始就具备一定的生产力）。

人口增长会制约生活水平的提高是托马斯·马尔萨斯（Thomas Malthus）教士提出的理论的核心内容，他既是教区牧师，又是早期的经济学家之一。如今，他那令人讨厌的悲观看法已经完全不可信了。事实理当如此。他的的确确给经济学和经济学家带来了坏名声。1798年，他在英格兰写道：

> 相比地球为人类生产生存资料的能力，人口的力量要大得多，所以，提早死亡一定会以这样或那样的形式造访人类。人类的恶习是导致人口减少的帮凶。它们是毁灭大军中的先锋队，而且往往自己完成这些可怕的工作。但是，如果它们在这场灭绝战争中失败了，那么，流行病、瘟疫和灾祸就会以令人恐怖的阵势推进，将成千上万的人一扫而净。若这样还不能完全成功，则在所难免的巨大饥荒就会紧随其后，用一记重拳拉平全世界的人口和粮食水平。[12]

经济学家罕有涉足情欲领域的，在这样的一次探索中，马尔萨斯警告道，如果不加以控制，"两性之间的激情"会导致不幸与恶习。他竭力主张，"我们自然激情的后果"应该经常接受"效用检验"。[13]

这给所有作者都上了一课，包括技术和经济学两个领域的，他们当下正滔滔不绝地讲述人类在机器人主导的未来所面临的恐惧。如果愿意，你有权认为前景黯淡，不过假如你真是这么悲观，并且希望保护自己的声誉，那么最好你的想法是对的。

可怜的老马尔萨斯！如果说曾有哪位经济学家把事情完全搞错了，那就是他了。在过去的200年中（虽然还没等到他的著作墨迹干透），人均GDP和生活水平已呈现剧烈增长的态势。从1798年（那年马尔萨斯出版了他那部悲观的大部头作品）到今天，英国实际人均GDP的累计增长已超过了1,300%，生活水平提高的数据也不会与此有太大的不同（关于这一点我们没有完整的数据。必须承认，这种改善最初并没有发生，正如我稍后将要讨论的那样），而且一直以来，人口始终在不断增长。这样说肯定不算太刻薄——马尔萨斯教士根本没有想到会发生这样的事情。的确，坦率地说，这些事实与他的论点完全矛盾。

马尔萨斯未能预见到经济进步的两个主要因素。

第一，他不只在总体上低估了技术进步涉及的范围，而且似乎完全看错了该范围，尤其在粮食生产方面。在19世纪和20世纪，我们设法大幅增加了粮食的产出，不仅在美国和其他地方开垦新土地，还借助粮食生产技术的进步，能够在有限数量的土地上提高产量。

第二，因为各种节育方法的使用，20世纪的人口出生率回落了。这就意味着，尽管人口在持续增长，但并未增长得快到足以阻碍生活水平提高的地步。

不过，这并不意味着马尔萨斯对人类历史的认识的其余部分是错误的。事实上，在第一次工业革命之前，他的观点似乎一直大体正确。不管怎么样，我们不应该为他感到太遗憾。他去世后获得了一个最大的安慰奖：查尔斯·达尔文（Charles Darwin）赞许他为自己的自然选择进化论提供了灵感来源。[14]

变革导致经济大起大落并出现大批人生输家

我在本章开头的叙述让人觉得好像第一次工业革命后世界的发展轨迹一直处于漫长的上升态势。这确实是图 1-1 给出的印象，它是对现实情况很好的一级近似（First Approximation）表达，不过这并非全部事实。经济进步的引擎启动后，生活水平不会对所有人来说都是一个平稳甚至提高的过程。确实，19 世纪的前几十年中，工资增长落后于生产率的增长，生活水平受到挤压。该状态持续了很长时间。在 1848 年出版的《共产党宣言》中，恩格斯描述了这一时期。从那之后，这一时期就被称为"恩格斯停顿"（Engels' Pause）。[15]

历史学家尤瓦尔·诺亚·赫拉利（Yuval Noah Harari）提出，在 1850 年，即第一次工业革命的成果开始提升人们的总体生活水平之前，"普通人的生活并不比古代狩猎采集者的更好，实际上可能更糟"。[16]同样，经济史学家罗伯特·艾伦（Robert Alen）认为，直到 1870 年后，欧洲的实际工资才真正超过了中世纪的水平，英国处于领先地位。他说，其实对于欧洲的很多地区，很难说清 19 世纪的生活水平是否显著高于 16 世纪。[17]

此外，整个经济呈现出明显的波动。对某些贸易种类、地区和国家来说，这种波动甚至更大。当然，在第一次工业革命之前很早的时候，财富也存在波动。《圣经》里有"七年丰裕"和"七年匮乏"的故事。这种波动通常由收成变化引起，疾病、自然灾害、战争和内乱也起了一定的作用。

这种情况一直持续到第一次工业革命前后。但是，除这些财富方面变幻无常的因素外，从18世纪开始占主导地位的新市场交换经济也受到**总需求**和消费力波动的影响。结果在某些时期出现了大量失业者。在此期间，即使工作者的技能不多余，市场也没有足够的需求提供给他们。货币交换经济的这一特征在20世纪30年代的大萧条（Great Depression）时期表现得最为明显，体现为很多国家都出现了大规模失业（更多信息将在第3章中讨论）。

再有，支撑第一次工业革命的技术"进步"破坏了许多个人和群体的生计。这并不是不幸而偶然的附带事件，而是经济增长过程中固有的现象，旧的技能和职业变得多余，新的取而代之。伟大的奥地利裔美国经济学家约瑟夫·熊彼特（Joseph Schumpeter）称这个过程为"创造性破坏"（creative destruction）。

诚然，即便在第一次工业革命之前，也存在一些技术冗余的情况。例如，在几个世纪内，威尼斯的造船工人一直靠建造带固定帆的桨划船和帆船谋生，这些船只跨越地中海进行贸易往来。而当配备可调帆的远洋船只开始主宰国际贸易时，他们便开始面临失业。对他们来说，单单学习如何制造这些不同类型的船只也非易事。主要贸易路线也发生了变化，亚欧贸易不再跨越陆地进入地中海东部，进而到达威尼斯，而是通过海上绕过非洲。不久，由临大西洋国家（西班牙、葡萄牙、法国、荷兰、英国）参与组织的跨大西洋贸易的重要性也急剧上升。由此，这些威尼斯造船工人的路被阻断了。

然而，随着第一次工业革命的进行和人口从农村向城市的大规模迁移，技术变革和/或需求下滑导致失业和/或贫困的可能性急剧增加。大多数人此时专门从事某种贸易，他们的食物、衣服、住所都能够靠出售自己的劳动果实而获取。这让他们处于弱势，易受伤害，因为由于技术进步（或一些新的商业发展），他们获得的特定技能，甚至仅有的无技能蛮力，都可能变得多余。

纵观历史，技术进步一直遭到那些生计受到其损害的人的抵制。这是可以理解的。远在第一次工业革命发生之前，在15世纪，荷兰的纺织工人就将自己的木屐（木鞋）扔进纺织机，以此攻击它们。这些鞋子被称为"sabots"（木鞋），单词"saboteur"（破坏者）很可能源自它。

因此，在第一次工业革命的最初几年中，目睹工人群体抵制新技术和方法不足为奇，他们明白自己的生计受到了威胁。19世纪早期的英国出现过这样的状况：工人群体聚集在一起砸毁机器，他们认为是这些机器威胁到了自己的幸福生活。后来人们称其为"卢德派"（Luddites），因为据说有个叫奈德·卢德（Ned Ludd）[或许源自爱德华·卢德兰（Edward Ludlam）]的人于1779年毁掉了两台机械针织机（Knitting Frames）。这种态度和行为引发的回响贯穿了整个19世纪，实际上甚至一直持续到现在。如今，反对技术发展的人还常常会被贴上"卢德派"的标签。

对技术进步的反对也不仅限于那些直接因技术进步而处于不利地位的人。《政治经济学及赋税原理》（*The Principles of Political Economy and Taxation*）第三版于1821年出版，该书作者、伟大的经济学家大卫·李嘉图（David Ricardo）在其中增加了新的一章《论机器》（*On Machinery*）。[18]他说道："我深信，用机器代替人力往往会大大损害劳动者阶层的利益。"在随后的整整200年间，这一想法频频引起共鸣。

工作岗位增加了而非减少了

虽然李嘉图是伟大的经济学家，但事实证明，他的悲观想法是不合理的。尽管很多个体工作者因为技术进步而失业或收入减少，但这并非在整体经济层面发生的故事。某些领域或行业失去的工作被其他地方创造的新工作替代了。机械化对工作影响最大的领域可能是农业。1900年，农业类工作占美国就业的40%；到1950年，该比例为12%；而如今的数字是2%。在英国，相应的数据分别为9%、5%、1%。

结果证明，农业相对重要性的降低和该活动中就业机会的减少对人类是好消息。不过至少在数量方面，这对马不是好消息。1915年，美国的马匹总量约为2,600万匹，这被称为"马匹巅峰"（Peak Horse）期。如今美国的马匹总量为1,000万匹左右。这种改变不仅仅是数量上的问题：1915年，几乎所有马匹都是生产过程中至关重要的部分；如今，它们几乎都用于某种休闲活动。[19]

一些悲观的评论者抓住人类与马匹的相似性，提出可将当前的经济发展阶段视为"人类巅峰"（Peak Human）期。如果他们是对的，我想人类的生存也会受驱于休闲活动，就像那些剩下的马一样（此预测是否会变为现实，这是后续章节的主题）。

当农业在经济中的占比萎缩而有利于制造业后，类似的事情在制造业中也发生了，其份额下降，而服务业得到了发展。在1901年的英国，制造业人数几乎占总就业数的40%，而服务业所占的比例只略多一点。而现在的英国，制造业岗位占所有工作岗位的比例下降到8%，服务业则占83%。[20]

另外，在诸如农业、制造业、服务业等范围较大的就业类别中，也存在类似的故事——现有岗位被消灭，新的岗位被创造了出来。在1971年前的100年里，电话、电报操作员的人数增加了40倍，而1971年之后，随着自动交换机、互联网和移动技术的相继出现，此类人的就业机会则大幅减少。

相比之下，在过去的35年中，英国信息技术管理者的人数已增加了6倍多，程序员和软件开发人员的数量增加了近3倍。[21]

即便在经历改进过程的行业中，生产率提高这种变化有时也会扩大就业。亨利·福特（Henry Ford）采用装配线生产方法就是一个很好的例子。1909年，生产一辆汽车需要耗费400多个工作小时。20年后，这个时长降到少于50小时。然而，汽车制造业的就业人数猛增。生产效率的极大提高转化为更低的价格，再加上其他因素，导致人们对汽车的需求大大增加了。

不过更常见的情况是，生产率迅速提高的行业中的就业数量会出现萎缩。但是这些行业生产的商品价格下降了，从而提高了消费者的实际收入，并导致需求扩大——不仅对这些已经降价的商品，还有种类繁多的其他商品和服务，从而使得生产、提供其他商品和服务的行业中的就业机会增加了。

其结果是，事实证明，那些认为技术变革毁掉了大量工作岗位，甚至威胁到整体就业的人（有很多）错了。总体就业人数一直没有减少的趋势。恰恰相反，事实上，不但整体就业人数持续增长，而且在英国及其他一些发达国家中，就业人数占总人口的比例最近也在持续上升。

另外，工资和薪金也大幅上涨。自1750年至今，尽管有过一些停顿和逆转，尽管最近的形势也许有点变化，但工资和薪金在国民收入中的比重大体上一直没变。这意味着，在劳动提供者（工作者）和资本所有者（资本家）之间，生产率增长带来的收益或多或少得到了平均分配。实际平均工资和薪金的不断增加使平均生活水平的相应改善成为可能。[22]

但是，我们都明白平均是怎么回事。要想攻克技术变革强加给人们的难题，人们必须使自己适应发展——学习新技能和/或变换岗位。很多个体确实设法这么做了，但有些则没有。因此，在这一"进步"期间，许许多多的人遭受了巨大的痛苦。

生产率增长的动因远不止发明和技术

当我们的目光从第一次工业革命转向更近的时代之前，我们需要清楚地认识技术变革。经济史上的发明不计其数，比如蒸汽机、"珍妮纺纱机"（Spinning Jennies）等。关于第一次工业革命的经济史类书籍更是汗牛充栋。这都没错，但它是片面的，而且可能会误导人。的确，提高生产率是经济增长的关键——当然也是人均产出增长的关键，而后者是生活水平的最终决定因素。

但生产率增长的动因远不止发明和技术。如果社会将部分产出用于实际投资，其数量超过因年久破败、持续使用或战时损毁而有必要更换的东西的量，那么假以时日，人们就能享受到生活水平的提高。持久的实际净投资意味着，随着时间的推移，工作者工作必须使用的资本数量将会增加，即使没有技术进步，也会带来更高的人均产出。

此外，有时即便没有新发明或更多资本带来的益处，人均产出也可能增加。从根本上说，随着时间的推移，人类及其组织（家庭、企业、政府）会循序渐进地学着一点一点把事情做得更好。在经济学文献中，这被称为"边做边学/做中学"（Learning by Doing）。这可以提高产出和生产率。

有时候，贸易和商业会引发经济发展的巨大飞跃。这可能是借助消除内部贸易壁垒而实现的，就像19世纪中期德意志联邦各邦国间的**关税同盟**；也可能因发现并继而开发新陆地而发生，比如美洲和澳洲的发现和开发。在美洲和澳洲发展的早期，商业的扩展没有任何新技术的辅助。当然得承认，19世纪后期，汽轮和制冷技术的出现大大促进了这一过程。

当时，伟大的发明和技术上的飞跃时常出现，非常具有独立性，起初它们与国际贸易和商业并没有关联。

在不同时期，这些多方面的因素会存在不同的平衡关系。第一次工业革命见证了所有因素的结合。这些益处会相互作用，因为贸易量的增长使市场的扩张成为可能，从而使生产规模经济得以开发——正如亚当·斯密（Adam Smith）在1776年出版的《国富论》（*The Wealth of Nations*）中所讲述的那样。

经济发展从整个19世纪持续到20世纪。但因为有其他因素的干扰，20世纪的经济表现最初并没有呈现出全面的收益。两次世界大战大规模地摧毁了资本，并将资源转移到了战争生产中，这使得20世纪上半叶经济发展伤痕累累。而且如三明治一般，这两次毁灭性的冲突之间夹着大萧条，大多数发达国家在此期间的产出均大幅下降。在美国，GDP下跌了30%，失业率达到25%的峰值。尽管如此，一切都已结束，包括糟糕的部分。第二次世界大战的结束为一些不同寻常的事情的登场搭好了舞台。

战后繁荣

在我们的历史上，从第二次世界大战结束到1973年（即欧佩克石油价格首次猛涨的那一年）是一段非凡的时期。上面讨论的几种经济增长来源同时出现：

● 战争造成破坏之后，战后重建成为迫切需求。美国通过马歇尔计划（Marshall Plan）提供的财政援助极大地协助了这一工作。

● 20世纪30年代和战争年代遗留的一些发明和开发成果，未曾完全被用于商业用途。这一点加上新进步的点滴注入，带来了技术改进的稳步、持续发展。

● 经济运行在非常高的总需求和高就业水平上。

● 多亏了上述因素和低利率，投资量很大。

● 国际贸易体系逐渐自由化，结果是带来了国际贸易的腾飞，从而实现了从亚当·斯密到大卫·李嘉图等经济学家所称赞的专业化分工收益。

因此，毫不奇怪的是，对大多数发达国家来说，第二次世界大战之后的几年是经济发展的繁荣时期。从1950年到1973年，西方大多数国家都享受到了史上最棒的经济扩张期。在这些年里，世界总体GDP年均增长4.8%。即使因每年近2%的人口增长而做调整后，人均GDP平增长率仍有2.8%。这一平均值包括了很多根本没有多少增长的国家。而且，从所有国家平均水平的角度来看，这意味着一些国家的增长率要高得多。在此期间，德意志联邦共和国的人均GDP年均增长率达到了惊人的5.6%。

尽管大部分经济学家认为这样的增长率令人惊叹，但在未接受过正规经济学教育的人眼里，它们也许看起来很不起眼。而复利（Compound

Interest）是个绝妙的东西。若复利累积23年，则2.8%的增长率可产生近90%的人均GDP总体增长。对于5.6%的年增长率（德意志联邦共和国实现过），总增长将达到250%。难怪对整个工业化世界来说，经济学家通常称这一时期为"黄金时代"（Golden Age），也难怪德国人将其叫作"Wirtschaftswunder"，即"经济奇迹"（Economic Miracle）。

但好事同样也有结束的时候。该时期之后，几乎所有国家的经济增长率都大幅回落。在大约15年内，记录在案的全球经济增长仅勉强高于1870—1913年的水平。造成这种急剧变化的原因仍然存在争议，但似乎很明显的是，1973—1974年和1979—1980年两次石油价格的剧烈上涨起了重要作用。与此同时，随着基于美元的固定汇率制（Fixed Exchange Rate Regime）的崩溃，国际货币体系（International Monetary System）崩溃了，通货膨胀率飙升。

20世纪70年代，在经历了一段时期的高通胀后，各国央行和政府采取各种政策用以再次降低通胀，包括高到天际的利率。他们最终成功地抑制了通货膨胀，但代价是非常高的失业率。这是术语"滞涨"（Stagflation）开始被广泛使用的时候。人们对经济前景的悲观情绪蔓延开来。

随后，经济增长开始回升，最初以发达经济体为中心，后来又受到新兴市场快速增长的推动。2001—2007年，全球经济平均增长近4%。虽然没有"黄金时代"那么高，但比那之后的情况要好得多。这给人的印象是，好时光又回来了。但实际上，这些全球总量具有误导性。除去以中国为首的新兴市场的超高增长，大多数西方国家的增长率呈下降趋势。

新兴市场的快速增长并非源于一些新的、变革性技术驱动，这种激增多半源于其人均GDP与西方相当水平之间的巨大差距，这为追赶型增长提供了广阔的空间。新兴市场国家所要做的全部事情，就是采用西方已经使用的技术，然后像变戏法一样，快速增长随之而来。我说的是"他们所要做的全部事情"，这可能会缩小/消除或者至少减少与西方差距所需的变革规模，它涉及巨大的社会和政治变革。

然而，随着新兴市场日益靠近领先者，仅靠追赶就可能实现的增长开始回落。虽然其持续到现在，但开放国际贸易对产出和生活水平的巨大推动只是一次性的变革。因为你无法一直保持开放。

值得注意的是，新兴市场的迅猛增长拉动了整个世界的增长率，使得亿万人口摆脱了贫困。虽然有计算机和互联网的帮助，但其来源本质上是商业和政治，而非技术。

然后发生了一系列震惊世界的事件。[23]碰巧的是，它们也不是技术性的。对2007—2009年的全球金融危机（Global Financial Crisis，简称GFC）及其导致的随后的大衰退（Great Recession）来说，其根源在于金融领域，而非技术领域。此外，尽管涉及所谓的**金融**技术出了问题，但说到底，GFC的原因还是在于人性、制度和公共政策中始终存在的某些弱点。[24]

经济长期停滞的背后

全球金融危机及随后的大衰退之后的几年中，量化的经济增长速度一直很缓慢。[25]这种经济扩张步伐的急剧放缓使得大量学术论文如洪水般涌现出来，试图对其加以解释。一些经济学家认为这是"新常态"。他们中的很多人一直聚焦于这种放缓的需求方面。杰出的美国经济学家拉里·萨默斯（Larry Summers）复兴了"长期停滞"（Secular Stagnation）这一概念，它于20世纪30年代在世上转了一圈，并在第二次世界大战后幸存过一段时间，后来长期的战后扩张给了它似乎致命的一击（看上去经济思想永远不会真的消亡，它们仅仅拖着脚走下舞台，显然受了致命伤，但只是为了晚些时候再重返舞台）。

长期停滞背后的基本观点是，由于各种各样的原因，总需求表现出持续低于总供给的趋势。其结果是，为了防止这种情况造成大范围的失业，财政和货币当局不得不诉诸特殊的刺激政策，比如，大幅增加预算赤字、利率降至接近于零，以及启动用新发行的货币支付购买债券的庞大计划。

一些（但绝非全部）支持该观点的经济学家强调，不平等的加剧是长期停滞潜在的根本原因。约瑟夫·斯蒂格利茨（Joseph Stiglitz）是这种观点的著名倡导者。另一些经济学家接受这种相关性，但认为其因果关系是相反的，也就是说，生产率增长速度的减缓加剧了不平等。[26]还有一些人倾向于将总需求的缓慢增长主要归因于银行的疲软、债务的悬置和各种监管，以及使公司更加小心谨慎的多种限制和阻碍。这种辩论会一直持续下去。幸运的是，我们无须在此预判结果。不过，我们确实需要讨论一些关于经济增速放缓的其他可能的解释。

经济增速放缓的原因是什么

对虚弱经济表现的需求导向解释也可以很容易地体现在供给方面。因为疲弱的总需求往往导致对工厂、机器、建筑、软件的投资支出的疲弱。此类支出的减少将抑制生产率的增长，因为其减少了工作者工作必须要用到的资本数量。

但有些经济学家对当前世界经济状况给出了一种解释——其明显是由供给方面驱动的。实际上，其本质上是技术性的。也就是说，他们认为经济增长乏力的根本原因是技术进步速度的减缓。[27]

这些经济学家中最著名、最令人信服的是美国学者罗伯特·戈登。[28]他认为，最近全球经济增长的放缓不能简单地归咎于总需求的疲弱或工作人口增长的减缓。就我们目前所知的是，生产率的潜在增长似乎已经显著放慢。

戈登说，我们应该在长期历史背景下看待这个问题。他认为，我们应将第一次**工业革命**视为一次性事件。在那之前，经济几乎没有进步，在那之后，更确切地说是第三次即最近一次工业革命结束之后，经济进步也可能接近于零。因为他提到，迄今已发生过三次工业革命。多亏了机器人和AI的出现，我们现在也许即将经历第四次。

过去的每一次工业革命均与关键技术的突破相关。第一次工业革命（**那个特指**的"工业革命"）大约发生在1750—1830年，与蒸汽机、棉纺和铁路的早期发展有关（虽然铁路在几十年后才开始影响经济）。第二次工业革命大约发生于1870—1900年，与电、内燃机和电话的发现发明有关联，之后还出现了各种互补性的发明，比如大量的家用电器、汽车和飞机。

根据戈登的推断，第三次工业革命始于1960年左右，与计算机相关联，引出了万维网（World Wide Web）和移动电话。

戈登认为，最近生产率增长放缓是因为这样的事实——第三次工业革命的意义远不及前两次的重大，其尾声阶段正在当下上演。他曾说过，很多用计算机代替重复性文书工作的发明都出现在很久之前，即20世纪七八十年代。

与此同时，最近的发展主要集中在娱乐和通信设备的改进上。诚然，这为家庭生活和工作之余的休闲和消费都提供了机会，但对人均产出的增长没有多大贡献。特别是它们不符合过去两个世纪以来支撑经济发展的传统技术进步模式，即用机器取代人力。

你可能会以为计算机化肯定符合这种范式。然而，诺贝尔奖得主、经济学家罗伯特·索洛（Robert Solow）于1987年发表过著名的讲话："你可以看到，计算机时代无处不在，但除了生产率统计信息方面。"[29]（请注意，20世纪90年代后期美国生产率的上升表明，计算机带来的收益是真实存在的，但与很多其他进步一样，其表现延迟了）美国企业家、风险投资人彼得·蒂尔（Peter Thiel）更加精辟地描述了对近期技术领域的失望之情。他说道："我们想要会飞的汽车，结果得到的却是140个字符。"（译者注：140个字符指社交平台上对发布信息的长度限制）

罗伯特·戈登关于技术进步很大程度上已接近尾声的论断具有轰动性。想想看，新兴市场快速发展的脚步不可逆转地放缓，整体经济进步基本上趋零，生活水平几乎完全没有提高，下一代的未来不会比现在的人好很多，他们会回到第一次工业革命之前的状况和前景（不是生活水平）。毫无疑问，如果这确实是我们的未来，那么它代表着一场天翻地覆的变化——可能会带来严重的政治后果。因此，我们所有人的风险都非常高。但戈登是对的吗？

生产率增长悲观看法的四种反驳观点

一般来说，对戈登主导的对当前和未来生产率增长的悲观看法的主要反驳观点大致有四种，它们不一定相互矛盾，甚至未必有竞争性。我不打算试着给它们每一个打分，我将再一次把这个机会留给别人。我只想说，我认为它们都有价值，"真正"的答案是包含这四种观点的混合体（这种情况不是第一次出现了）。

第一种反驳观点是，我们没有恰当地量化生产率的增长情况。因此，生产率下降也许仅仅是统计上的错觉。正因如此，或许没有具有说服力的依据来假设——我们未来的生产率将会增长极慢，并由此导致生活水平下降。

这似乎太言之有理了。毕竟，除了最简单的经济体，在最佳时机生产率增长也很难量化。但我们刚刚经历了一场数字骚动，它重塑了我们的生活方式，并彻底改变了广告、报纸、银行等各行各业。

此外，在这个新的数字世界中，许多可用的新服务都会免费提供给用户，这和与之处于竞争状态且常常被替代的非数字版本形成了鲜明对比。例如，人们在 YouTube 上点击观看视频，而不是去电影院。对经济学家而言，某种事物的价值与其在市场上的定价紧密相关，这是个特别困难的问题。但是，某些数字服务没有价格，并不意味着其价值为零。

有明确的迹象表明，对 GDP（及相应的生产率）缺乏记录的现象很普遍。在美国，经济分析局（Bureau of Economic Analysis）报告称，信息产业目前对 GDP 的贡献不到 4%，几乎与其在 1980 年的贡献完全相同（那时万维网还没有发明出来），更别提其他行业了。[30]这有可能是真的吗？

人们已经做了各种努力来估计 GDP 及相应生产率缺乏记录的程度。在英国，由英格兰银行（Bank of England）前副总裁查理·比恩

（Charles Bean）爵士领导的一项研究得出结论，对2005—2014年的数字经济状况缺乏记录情况的纠正可使年GDP增长率增加0.35%—0.65%。这听上去可能不算多，但如果将其加到量化了的生产率增长上，你就会得到一个数字，这个数字不包括1950—1973年的所谓黄金时代，其与1800年以来的平均记录相差无几。查理·比恩爵士的估算可能用力过猛。

这一结论得到了马丁·费尔德斯坦（Martin Feldstein）教授的支持，他认为，这种调整GDP统计数据的任务"困难到超乎想象"——以革命性技术变革带来的各种隐形价格变化和质量改善作为依据。[31]请注意，这样做很困难的部分原因在于，并非所有新数字经济中的变化都带来了改善，就像任何曾尝试打电话给他们的电力或天然气供应商的人都可以证明这一点那样。所以说，这是一个权衡改善的部分和变得更糟的部分的问题。

第二种反驳观点是，2007—2009年金融危机及之后大衰退的持续影响导致了世界经济的低迷。它造成了企业投资回落，让包括银行在内的企业变得更会规避风险。结果，随着金融灾难影响的消退，产出增长和生产率增长没有理由不应该恢复到正常水平。2017年和2018年世界经济的走强为这一观点提供了一些支持。

第三种反驳观点是，数字化革命需要经过一段时间才能发挥出作用。经济史上满是相关的例子。机器是第一次工业革命的核心，蒸汽机由托马斯·纽科门（Thomas Newcomen）于1712年发明，用于将水从被淹没的煤矿矿井中抽出来。50多年后，在修理一台纽科门引擎时，詹姆斯·瓦特（James Watt）对其做了改进，以产生更大的动力，由此才使其得到更广泛的应用。

另外，卓越的历史学家贾雷德·戴蒙德（Jared Diamond）说，纽科门的引擎也是以他人更早开发的原型为基础的。[32]事实上，他声称这是正常模式。我们一直受引导而相信，伟大的发明家会凭空想出一个革命性的新点子或一台机器。实际上，他们的工作通常建立在别人已奠定的基础之上。

更重要的是，虽然詹姆斯·瓦特在1769年就获得了第一台蒸汽机的专利，但直到约100年后，人们才感受到它对劳动生产率的全面影响。类似地，在美国，似乎在第一座发电站建成半个世纪左右之后，电力才对GDP增长产生了重大影响。

不管这三种反驳观点的真相如何，乐观主义者还有第四种锦囊妙计。他们说，我们远没有耗尽进行根本性技术变革的能力，我们正处在有望带来飞速进步的新发展的边缘。正如经济学家保罗·罗默（Paul Romer）所言：

> 每当人们获取资源并以使其更有价值的方式重新安排时，经济增长就会发生……每一代人都已感知到，若没有发现新的想法，有限的资源和不受欢迎的副作用就会限制增长。而且每一代人都低估了自己找到新想法的潜力。我们始终未能把握，还有多少想法有待被发掘……其可能性数量不是用加法来计算的，而要用乘法。[33]

第一个新"想法"是生物技术，它可能对农业生产、食品加工和环境保护做出重大贡献。医学科学的发展有望大大改善生活质量、大幅延长寿命。与此同时，对很多传统制造业领域，纳米技术和3D打印技术也具有提高生产率的前景。而现在，除这些之外，我们还有机器人和AI。

回到未来

我们这趟经济史的闪电之旅带出了几个关键点：

• 自开天辟地以来，持续改善生活水平就一直不是我们的命运。事实上，在历史上的大部分时间里，年复一年，生活水平几乎没有得到任何改善。

• 穷年累月，一些似乎引人注目的技术进步对GDP增长或生活水平的提高影响甚微。换言之，变革的步伐没有带来改变。

• 相比之下，第一次工业革命是我们历史上的重磅事件，它表现得出类拔萃，是一个标志，自此之后，人们的平均生活水平开始稳步提高。

• 但从一开始，这个"改善"过程中就有输家。这些变革使很多人的处境愈加恶化，人们花了几十年才有所好转。

• 随着时间的推移，工作和生计遭到破坏，但新创造出的岗位足以弥补损失，这些新的就业机会往往出现在那些未曾想到的领域中。

• 尽管其远非改善的唯一来源，但事物不断变好的最重要原因是技术进步。它使得人们既能以相同或更少的投入生产出更多的产品，又可以开发新产品和新服务。

• 当技术进步与商业、政治及社会变革步调一致时（这促进了对它们的充分利用），生产率和生活水平就能得到最大的提高。

• 事实上，若没有合适的社会、政治和商业环境，靠其自身的话，技术要么无法进步，要么（如果有进步）收不到预期的效果。

• 根据官方数据，最近生产率增速已大大放缓，这可能标志着技术进步、生活水平提高的空间在逐渐萎缩。

● 但官方数据不太可能反映出全部情况。人类福祉的潜在改善程度或许一直远远大于官方数据所显示的。

现在我们来谈谈机器人和AI。就像之前的蒸汽动力和电力那样,AI的初期发展已经极大地影响了利基/小众领域。现在看来,它将影响经济的几乎所有部分,甚至我们生活的所有方面。

此外,与戈登对第三次工业革命本质的描述形成鲜明对比的是,人们普遍将这里发生的事情称为第四次工业革命。绝对可以肯定的是,它确实符合我们整个工业历史中正常的技术进步模式,即用机器替代人力。这有望成为一场报复性回归。假使这种情况以任何大小的规模发生,那么机器人和AI革命肯定不会没有经济重要性,就像戈登对计算机和数字革命断言的那样。事实上,恰恰相反。

因此,就在很多经济学家开始对经济进步和生活水平提高的能力感到悲观之时,一场新的"革命"伴随而来,其有望恰好提供他们开始为之绝望的东西。但一切都像吹嘘的那么好吗?如果是的话,那么第一次工业革命后的进步引擎将回到正轨上来,其总体效应是否将与主导19世纪和20世纪的那些相同呢?也就是说,推动以前进步的"创造性破坏"会再次确保新工作替代旧工作吗?还是说,这次的情况是破坏性破坏(destructive destruction)?

第2章　AI革命会有所不同吗

> 变革的步伐从未如此之快，但也将永远不会再如此之慢。
>
> ——贾斯廷·特鲁多（Justin Trudeau），2018年[1]
>
> 20年内，机器将能够做任何人类可以做的工作。
>
> ——赫伯特·西蒙（Herbert Simon），1965年[2]

传奇投资家约翰·邓普顿（John Templeton）爵士曾说过，投资活动中最昂贵的六个字是："这次有所不同。"[3]他指的是金融投资。为了证明高得荒谬可笑的资产价格是合理的，人们会不时提出一长串论证，邓普顿的话就是对这种论证的评论。从来都没有什么不同，泡沫终将是泡沫，当它们破裂时，所有先前支持有问题资产的辩解看上去都像是空洞的金融宣传。然而，当下一次投资热潮出现时，人们似乎已经忘记了这一点，这种模式会重复出现。2000—2002年的互联网泡沫破裂时，以及不久之后的2007—2010年的美国次级抵押贷款市场崩溃时，约翰爵士的智慧都得到了有力的证明。

相对于金融史，经济史是另一回事。不过，它们也有相似之处。自第一次工业革命以来，相当多的人以负面的眼光看待技术变革，认为它会使普通人陷入贫困，并造成大规模失业。事实证明，这些唱反调的人始终是错的。经济学家杰里米·里夫金（Jeremy Rifkin）在其畅销书《工作的终结》（*The End of Work*）中设想了这样的未来——自动化和信息技术提高了生产率，但大部分工作者"被遗弃在废物堆里"，与社会的成功无缘。该书出版于1995年。[4]

但是，由于机器人和AI的出现，现在正在发生的这些变化，本质上是我们所看到的自第一次工业革命以来的延续吗？还是说，它们是差异很大的东西？

正如我们在第1章中所看到的，自第一次工业革命以来，技术变革的关键特征之一是生产率的不断增长，由此为生活水平的大幅提高提供了支撑；其二是这些技术进步创造出了新的工作，取代了很多消失了的工作。

即便是认为这次与以往有所不同的人，也有两种不同的观点。

第一种观点是，机器人和AI的发展确实不是一场革命。其实，这一论点相当于我们在第1章中提到的罗伯特·戈登对通信革命评论的延伸。批评人士说，人们对该主题有很多争论和怒气，但说到底这没多大意义。实质上，他们说这场"革命"不同于第一次工业革命以来发生的一切，因为经济进步的引擎已经停转，我们只剩下幻想和天花乱坠的大肆炒作。

第二种消极观点正好相反。在速度和范围方面，AI革命与我们以往看到过的任何事情**都**截然不同。更重要的是，因为它基本上破坏了几乎所有人力需求，所以这场革命终结了创造新工作以补偿旧工作流失的状态。这不是经济"进步"的终点，却很可能是人类进步的终点。

在得出总体结论之前，我们需要依次检视这些批评观点中的每一个。

AI革命——不能被忽视的重大技术变革

那么，有关AI革命的一切都像吹嘘的那么好吗？贬低其重要性很容易，但我们应该谨慎。这不是技术变革第一次被看轻。确实，对新技术力量的低估有着悠久的历史。1943年，据说IBM公司前总裁托马斯·J.沃森（Thomas J. Watson）宣称："全世界计算机市场的需求大约是5台。"1949年，一本人们认为声誉颇好的杂志《大众机械》（*Popular Mechanics*）写道："未来计算机的重量可能不超过1.5吨。"[5]

从最初开始，互联网发展的快速推进就遭到了彻底怀疑。1996年年末，《时代周刊》（*Time*）解释了其永远不会成为主流的原因。该杂志说："它不是为商务活动设计的，没有优雅地接纳新来者。"1998年2月，《新闻周刊》（*Newsweek*）有一个头版头条是："因特网？呸！"

也许最惊人的是，该文章的作者克利夫·斯托尔（Cliff Stoll）是天体物理学家、网络专家。他说，网上购物和在线社交是一种背离常识、不切实际的幻想。他说道："事实是，没有在线数据库会取代你的报纸。"斯托尔声称，充满"互动数据库、虚拟社区和电子商务"的数字世界是"胡扯"。[6]

直到最近，AI一直面对类似的怀疑。此外，有一个事实还助长了这种怀疑——AI已经伴随了我们一段时间（至少在理论上如此），但其尚未产生任何真正激动人心的东西。它脱胎于第二次世界大战期间在英国布莱切利公园（Bletchley Park）探索开发的数字计算技术，该技术使纳粹的恩尼格玛密码（Enigma Code）得以破解，相当著名。

这一功绩与阿兰·图灵（Alan Turing）密切相关。图灵还设计了AI的早期概念框架，于1950年发表了开创性论文《计算机器与智能》

（*Computing Machinery and Intelligence*）。该主题随后主要在美国和英国发展。但在收获好评和取得成就之前，它几经波折。

然而在过去的10年中，许多关键的进展共同推动了AI的发展：

- 计算机处理能力的大幅提高。

- 可用数据数量的快速增长。

- 改进后技术的发展，涉及文本和图像方面的进步，包括面部及语音识别。

- "深度学习"（Deep Learning）的发展。

- 基于算法的决策的出现。

所以，现在AI似乎已接近它的"詹姆斯·瓦特时刻"，就像瓦特在改进蒸汽机之前，蒸汽机已存在了一段时间。然后，它开始改变生产方式。因此，AI这个已经登场了一段时间的东西，即将上演一次飞跃。

另外，它的影响很可能会让整个经济体系都感受得到。有些技术改进专门针对特定领域或较窄的生产方面，在更广泛的范围中影响有限。但偶尔也会出现某种发展，产生具有普遍适用性的技术。我们称这些技术为通用技术（general-purpose technology，简称GPT）。蒸汽机就是GPT，AI也有望成为其中的一员。因此我认为，将未来数十年称为"AI经济"时代是恰当的。

机器人和AI有望对生产率产生重大影响，因为在某些领域，它们可以完全替代人类；而在另一些领域，它们能够大大提高每小时的产出，或者改善工作质量与可靠性。也许最重要的是，在很多服务领域，比如在老年人护理方面，它们可以有效地为工作人员提供高效工具，从而有望克服迄今为止服务业生产率增长迟缓的问题。

此外，AI的进步速度令人印象深刻。对AI抱有期望的人常常热衷于这样的概念——目前的发展呈*指数级*增长，也就是说，下一时期的水平总是比上一时期的高出一定倍数或百分比。例如，每年翻一番的事物正在经历指数级增长。每年增长20%的东西也属于这类。结果，给定的百分比增长率会产生越来越大的绝对增长。

无论何时，若增长呈指数级，由于很大一部分累积变化都发生在发展过程的后期，因此很容易在该过程的早期忽略正在发生的事情的重要性。指数级增长的这种背载（Back-Loaded）本质在某种程度上给出了解释——为何我们有时高估技术在短期内的效应，而低估其在长期内的影响。[7]这一特性可能会为AI未来的能力带来奇妙的东西，但它也会强化个人、企业、政府的某种倾向，即很少或不采取任何行动来适应其发展——直到为时已晚。

AI文献中充满了指数级增长的精彩例子，这些例子往往用通俗易懂、引人入胜的术语表达，清晰地呈现变化早期显然平稳缓慢的步伐与后来急剧转变之间的对比。下面的例子来自卡耐姆·切斯，思考一下：

> 设想你在一个橄榄球场中……它已被密封起来，以防漏水。裁判将一滴水放在球场中央。一分钟后，她又放了两滴在那里。又过了一分钟，放4滴，依此类推。你认为把该体育场灌满水会花多长时间？答案是49分钟。但真正令人惊讶、不安的是，45分钟后，该体育场只有7%的空间有水。后排座位上的人们向下看，并相互交流场内正在发生的严重事情。4分钟后，他们都淹死了。[8]

指数级增长实质上是所谓的"摩尔定律"（Moore's Law），其含义通常是指，每18个月（有时两年），价值1,000美元的计算机的处理能力会翻一番。一些分析家甚至提出，指数级增长的速率本身也存在指数级增长。费德里科·皮斯托诺（Federico Pistono）说，计算机速度（单位成本）在1910—1950年每3年翻一番，在1950—1966年每两年翻一番，而现在是每年都翻番。他声称："根据现有证据，我们可以推断出，这种趋势将在可预见的未来继续下去，或者至少再持续30年。"[9]

在计算机和AI领域，指数级增长现象比比皆是。按照最近的增长率，可以想象，机器人的数量不久后就会超过人类。英国工程师、发明者、小说创作者伊恩·皮尔森（Ian Pearson）博士说，30年内，机器人数量将从现今的5,700万增加到94亿。该预测基于皮尔森所说的"适度"（modest）的假设，即机器人数量每年增长20%（当然，这是另一个指数级增长的例子）。

AI的进展速度和范围不仅让人们印象深刻、感到惊骇，还让人们对未来充满不祥之感。AI威胁要取代某些活动中的人，而这些活动现在被视为专属于人类。人们曾经认为，即便是能力最强的计算机也无法下国际象棋。但在1997年，IBM公司的"深蓝"（Deep Blue）击败了世界最佳棋手加里·卡斯帕罗夫（Garry Kasparov）。"深蓝"每秒可以计算1亿—2亿个位置。卡斯帕罗夫说："我玩过很多计算机，但从未体验过这样的。我能感觉到——我可以闻到——桌子对面是一种新的智能。"

2001年，IBM的一台名为沃森（Watson）的机器在电视问答游戏《危险边缘》（Jeopardy!）中打败了最佳人类玩家。2013年，深度思维公司（DeepMind）的AI系统自学雅达利（Atari）视频游戏，比如打砖块（Breakout）和撞球（Pong），这些游戏都需要手眼协调。这比看上去要意义重大得多。不是人们教AI系统如何玩视频游戏，而是AI系统如何学习玩游戏。

凯文·凯利（Kevin Kelly）认为，AI如今已经取得了决定性的飞跃，但其重要性依然没有得到充分认识。他写道：

一旦计算机比人类更好地成功完成了一项任务，人们就会普遍认为这项任务简单而不再考虑。然后会说下一个是真的很难——直到计算机实现了该任务，如此类推。的确，一旦机器能完成特定的事情，我们往往就不再称其为AI。泰思勒定律/复杂性守恒定律（Tesler's Theorem）将AI定义为机器尚无法做到的事情。[10]

而机器无法做的事情类别范围似乎一直在缩小。2016年，由谷歌（Google）旗下的深度思维公司开发的名为AlphaGo（阿尔法围棋）的AI系统击败了当时的欧洲围棋冠军樊麾。该系统使用一种被称为"深度强化学习"（Deep Reinforcement Learning）的学习方法自学。两个月后，AlphaGo以4∶1战胜了世界冠军李世石。在亚洲，人们对该结果尤其印象深刻，因为相比欧洲或美国，围棋在亚洲要受欢迎得多。

正是互联网推动了AI获得更大的能力和智能。人类崛起并统治物质世界背后的关键特征是交流与专业化的发展，这是一种网络效应。互联网的出现，将计算机连接成网，从而改变了它们的能力。[11]

然后我们很快迎来了英国企业家凯文·阿什顿（Kevin Ashton）所说的"物联网"（Internet of Things，简称IoT）。IBM将其称为"智慧星球"（Smarter Planet），思科公司（Cisco）把它叫作"万物互联"（Internet of Everything），通用电气公司（GE）称之为"工业互联网"（Industrial Internet），而德国政府的说法是"工业4.0"（Industry 4.0）。所有这些术语指的都是同一件事情。想法很简单，就是将传感器、芯片和信号传送器嵌入我们周围的无数物体中。

互联网企业家马克·安德森（Marc Andreessen）曾说："最终状态相当显而易见——每一盏灯、每一个门把手都将接入互联网。"[12]当然，所有这些与物质世界的连接都将以易于机器人和AI分析并做出反应的形式呈现。不过，所有这类连接上的事物也将能够直接与人类沟通交流——用"说话"（speaking）的方式。具有讽刺意味的是，一些AI狂热者认为，这可能会使我们对"事物"（things）的态度更接近于人们在前技术时代对它们的看法，以及如今部分非西方世界对它们的看法，也就是说，它们拥有某种精神和身份。

因此，无论你对AI经济中人类进步的空间有何看法——在进行初步全面评估之前，我将先给出一些主要的限定性条件——AI世界正在发生的事情肯定不能被轻易忽视。

人类还剩下什么

现在我们来看看第二种观点——机器人与AI革命可能不同于第一次工业革命以来发生的一切，即这一次不会有新工作来替代旧工作。

自第一次工业革命以来，始终处于经济进步核心位置的技术进步遵循着独特的模式。最初，机器代替了人类的肌肉，让人们做更多的脑力工作。在比较近的时期，尤其是借助计算机的发展，机器已经取代了某些脑力工作（计算机在中文里被翻译成"电脑"）。但是，至少直到最近，计算机只是在人们从事重复性活动的领域取代了人类，使他们能够做其他重复性较低的任务。然而，如上所述，目前AI在取代非重复性脑力工作方面也对人类存在威胁。事实上，是所有脑力工作。

有趣的是，机器会接管人类能够完成的所有工作的想法并非新观点。希腊哲学家亚里士多德（Aristotle）在公元前350年就写道，如果自动装置，比如由赫菲斯托斯（Hephaestus）神制造的那种，能够努力胜任人类所做的任何工作，那么包括奴隶在内的所有工作者都将是多余的。[13]

在这样的世界中，人类究竟要到哪里去找到（并保留）他/她的位置呢？看上去就像撒克逊贵族（Saxon noble）和诺曼人（Normans）的对手"觉醒者赫里沃德"（Hereward the Wake），被"征服者威廉"（William the Conqueror）的军队限制在伊利（Ely，英国小镇）附近的沼泽小岛上那样，人类正被迫放弃越来越多的领地。还会给他们剩下些什么？最后的防线在哪里？如果连最后一个沼泽小岛也被征服了，那时会发生什么？还能有什么人类比机器做得好的事情留下来吗？

另外，机器人和AI不像人类，不需要给它们付酬或提供福利和养老金。那么，既然机器人生产率更高且成本更低，到底为什么还要雇用人类呢？

假使人类的工作基本上都消失了，那么，至少这形成了一个深刻的目标问题。自古以来，人类生存的基础一直是努力谋生，既然如此，那要用什么来替代它呢？未来成为没完没了的休闲活动世界，这将涉及我在第4章中讨论的各种机会和问题。我只能说，如果这种情况发生了，对大多数人来说，无休止的"休闲"，又名"失业"，不一定代表涅槃。

更何况还有厌烦、无聊和精神萎靡的潜在问题。这是一种充裕的生活，还是伴着贫困的休闲生活？因为，如果没地方需要他们的劳力，人们将如何赚钱？赚不到钱就没钱可花。没有支出，就不需要机器人产出。

结果，不但人类会没工作，连机器人也会失业（我将在第3章中讨论和分析这些关于我们未来经济的"反乌托邦"观点）。

这种让人们焦虑不安的情况不一定是在未来发生的。此时此地，它就与我们同在。查普曼大学（Chapman University）2015年的一项调查显示，相比对死亡的恐惧，美国人更害怕机器人在职场中取代人类。[14]

工作震动

我们应该持怎样的认真态度来对待就业威胁？很多AI梦想家非常悲观。麻省理工学院的教授马克斯·泰格马克（Max Tegmark）也许是其中最典型的一位。他对这样的想法提出异议——就像在过去和当前世纪一样，无数新工种不知从何处冒了出来，替代了消失的工作，因此，在接下去的几年中，这种模式将会重复上演，AI发展会导致工作流失。他辩称，当今的绝大部分职业在100年前就有了。根据美国劳工部（US Department of Labor）的数据，他发现，2014年80%的职业在1914年就已存在。而且，剩下那20%的新职业的就业人数不多，只有10%的工作人口从事这些职业。

如今的美国经济规模比1914年时大得多，就业人数也多得多，但很多现有的职业并不是新出现的。泰格马克说道："当把如今提供的岗位数量排序时，我们不得不一路找下去，到列表的第21位才能遇到新职业：软件开发，它在美国就业市场中的占比不足1%。"[15]

按照这种思路，许多分析和预测人士对未来的失业率做了一些"末日降临般"的估计。1996年，联合国组织和美国学术机构联合设立了"千年项目"（The Millennium Project）。基于对来自不同国家的300名

"专家"的调查，该项目产生了一份题为《2015—2016 年之未来状态》（*2015–16 State of Future*）的报告，其中包括有关未来工作的部分。他们的判断是，到 2030 年，全球失业率"只有"16%，而到 2050 年依然"只有"24%。所以说，那没什么关系。[16]

麦肯锡公司的分析更为可信。它估计，若先进社会迅速转向新技术，到 2030 年，多达 7 亿人的工作可能会被机器人替代。即便使用机器人的步伐没那么快——麦肯锡预计——仍有约 3.75 亿人（占全部工作者的 14%）将不得不更换工作并接受再培训。

请注意，经合组织（Organization for Economic Co-operation and Development，简称 OECD，即经济合作与发展组织）的一项研究[17]最近得出结论——面临被机器人取代的风险的工作者数量远低于此前的预期。其总结道，在经合组织内的富裕国家里，"只有"约 14% 的工作"自动化程度很高"。即便如此，该研究断定，"处境危险"的工作数量仍然巨大——经合组织中的 32 个国家中共有约 6,600 万个，其中仅美国就有 1,300 万个。

牛津大学的卡尔·弗雷（Carl Frey）和迈克尔·奥斯本（Michael Osborne）做过一项著名且被大量引用的研究，这项研究得出的结论是，美国 47% 的工作都很脆弱。[18]另外，一些人认为，与以前工作流失时期相比，如今正在发生的变化规模有所不同。杰出的经济史学家乔尔·莫基尔（Joel Mokyr）也加入了他们的行列。[19]

因此，AI 有望带来变革，它将破坏很大范围内的职业对人力的需求，包括许多直到最近似乎都对来自机械化的任何威胁具有"免疫力"的职业。AI 深入到了以前被认为是人类独占的领域。劳动力市场中即将发生的变化将是真实、广泛、具有实质性的。

给人类的希望

但是，机器人和AI的进步是否真的预示着淘汰，而不是转换很多工作？如果是这样，是否会有新的工作机会来弥补传统活动中丧失的工作？我们有好几个理由相信，将来会是这样的，而且悲观主义者对未来出现全面失业状态的恐惧将被证明完全没必要。AI**不会**带来就业末日。

首先，尽管有那个吓人的头条新闻，但上面提到的麦肯锡研究强调，人类从事的某些工作会完全消失这种观点可能具有严重的误导性。它估计，只有不到5%的工作是完全自动化的，大部分工作包含可由机器完成的元素。事实上，该研究报告称："大约60%的职业中的30%或更多的活动具有自动化性质。"这种趋势甚至延伸到了CEO身上。据麦肯锡估计，使用当前的技术，可以实现自动化的活动占用CEO 20%以上的时间。

引人注目的是，麦肯锡的这份研究报告对整体就业前景并不悲观。它认为，这与个人计算机问世时的情况极为相似。报告称，"自1980年以来，即使把被取代的工作也算进去"，这"也已经使得美国创造了1,580万个全新的工作"。有意思的是，一些人均拥有机器人数量最多的国家（如新加坡、日本、德国）的失业率也最低。

根据麦肯锡的说法，工作（任何工作）中最不易受自动化影响的方面是创造力和情感感知。诚然，该公司提到，在美国经济中，只有4%的工作活动需要创造力，但是需要"情感感知"的工作活动占比为29%。这些数据表明，人类从事的工作有很大的转换空间，可以借助专攻人类独有技能并在此过程中创造更多工作满意度的方式来实现。[20]

"创造力"这个词需要解释一下。我们不只是在谈论贝多芬和凡·高拥有的那种能力，所有人在日常生活中都会表现出创造力，孩子在玩耍时就充分展示了这一点，其中包括创新能力，以及拥有处理旧事情的新方法的能力。

实际上，在麦肯锡提出的衡量人类"比较优势"的两个关键标准之外，我要加上第三个——运用常识。即使是最"智能"的AI也缺乏这种能力。这或许意味着，即便在机器大范围接管的工作种类或经济活动领域，仍然需要较高级别的人工监督。[21]

经合组织也得出了与麦肯锡类似的结论。前面提到的研究总结道，大多数工作难以实现自动化，因为它们需要创造力、复杂的推理能力、在非结构化工作环境中执行体力任务的能力，以及协商处理社会关系的能力。经合组织就业、劳工与社会事务部主任斯特法诺·斯卡佩特（Stefano Scarpetta）举了个有趣的例子，他对比了在大型工厂生产线上和在独立车库（提供汽车服务和销售）中工作的汽车修理师，前者很容易自动化，而后者却很难做到。

若依照这些标准，即便是根据AI梦想家和就业悲观主义者马克斯·泰格马克的观点，对AI来说，在可预见的未来，仍然有若干个领域不会受其直接影响。这些领域涉及更有创意的活动，包括新闻、广告、一切形式的说服和倡议活动、艺术、音乐和设计。请注意，他认为即使是这些工作也会随着时间的推移而消失，而且，也似乎缺少可以取代旧工作的新工作。我想，他在这一点上是大错特错了，稍后我将对此做出解释（我将在第5章概述未来劳动力市场的可能形态）。

人类与AI有诸多区别，可以用"情商"（Emotional Intelligence）一词加以概括。实际上，有一些AI研究中试图让机器识别与之互动的人类的情感状态，并相应地改变自己的行为，甚至达到似乎具有同理心的地步。对于这个，那祝好运吧！我怀疑，机器人假装有情感反应并能理解人的表现很快就会被人类视为荒唐可笑。

进步速度

或许有些出人意料的是，从AI能力的可能进步速度来看，在前景方面，有一个关键因素能对人类起到安慰作用。我在前面讨论了摩尔定律的威力，但其实摩尔定律根本不是个定律。公平地说，AI迷卡耐姆·切斯同样承认了这一点。他说："这样的事毫无存在的道理——你能获得的微芯片上的比特数必然会继续呈指数级增长。同样，也没有任何理由让你一直能用1,000美元买到相应的计算能力。确实，我们有充分的理由假定，这两个增长率都将大幅回落。"[22]

AI文献中像胡椒粉般撒得到处都是的关于指数级增长的例子的确令人印象深刻。它们的目的是将过程的简单性和最终结果的规模（和明显的必然性）结合起来，以让你大吃一惊。

但是，一切又都依赖于持续的指数级增长这种假设。而恰恰因为持久指数级增长的影响如此具有破坏性，现实世界中很少长期存在这种情况，通常是一开始增长缓慢，然后进入指数级上升阶段，随后放缓。这就形成了一个S形。有时，增长率会下降到非指数路线，该数字一直以每年10%的速度增长就属于这种情况（这意味着，该增长率以同比的形式体现，正在不断下降）。

在其他理论案例中，某些事物可以持续增长，但永远不会超过一定的极限值。其中一个是"青蛙跳跃"（译者注：青蛙以池塘的中央为起跳点，第一跳的距离是池塘直径的一半，以后每跳都是前一跳距离的一半），它离池塘边缘会越来越近，但永远无法抵达。在一些其他案例中，以前快速增长的事物也许会完全停下来。

对于在AI文献中被频繁提及的"指数级增长"，我们将在本书中遇到其中一种模式。将观察到的现象描述为"定律"，并得出必须"不可避免"地遵循的结论，这类断言所依赖的基础（如果存在的话）往往很脆弱，所以，失望和幻灭自然是"不可避免"的结果。

确实，一些科学的判断认为，AI进步的步伐最近也许已经慢了下来。普利策奖得主、《纽约时报》（*New York Times*）记者约翰·马尔科夫（John Markoff）就持这样的观点。2015年6月，美国国防高级研究计划局（DARPA）组织举办了机器人挑战赛，马尔科夫对参赛机器人令人失望的表现感到震惊。他声称，自2007年智能手机发明以来，还没有出现过任何重大的技术进步。[23]

技术表现不佳

人们对机器人和AI的真正能力将来究竟能达到什么程度存在严重怀疑。是的，有足够证据表明，一些技术（包括AI和机器人）的进步速度甚至比乐观主义者想象的还要快得多。但是，在整体技术尤其是AI发展方面，它的表现并没有持续超出预期。情况完全相反。我最喜欢的一个实例是，某天深夜，记者艾莉森·皮尔森（Allison Pearson）因旅行要通过英国伦敦的希思罗机场的护照检查处。令她震惊的是，当时，自动（即机器驱动）护照检查点关闭了，结果为数不多开放的几个人工值守入境点前排起了长队。在询问了官员为何要关闭机器入口后，她得到了出人意料的答复——"工作人员短缺"。

她提出异议，因为她了解到的是，毫无疑问，这些机器的全部意义就在于减少人力需求。虽然这是真的，但机器有个可恶的习惯——设备异常，而且/或者那些讨厌的人类对付不了它们，护照检查官员不得不解决随之而来的混乱局面。就这样，在正常工作时间结束之后，由于人手不足，机器不得不被关闭。

我敢肯定，护照检查处的小故障会在适当的时候得到解决。确实，最近在西班牙的马德里（Madrid）、荷兰的阿姆斯特丹（Amsterdam）甚至希思罗机场，我遇到过好几次这类机器检查的情况，它们完全没有故障。但我们从中得到的教训（其远非孤例）是，技术"改进"往往令人失望，而且与原始开发人员和之后的狂热者宣称的相比，其获得全部收益所花费的时间要长得多。通常，需要继续雇用人力的旧系统必须与新系统同时双轨运行，直到新系统运转良好并真正稳定下来。

一般而言，关于技术的这一点同样适用于AI。1965年，赫伯特·西蒙说道："20年内，机器将能够做任何人类可以做的工作。"[24]1967年，马文·明斯基（Marvin Minsky）表示："在一代人的时间里，创造'人工智能'的问题将得到实质性的解决。"[25]毋庸讳言，事实证明这些预言乐观得无可救药。这些分析师就像当今的"马尔萨斯"们——只不过方向相反（请注意，他们的其他成就掩盖了这种比较）。

确实，AI研究的历史是一段盛宴与饥荒交替出现的时期，因为在某些领域的成功经验会引来洪水般的投资，然后失败，导致资金被削减甚至完全枯竭。后者经历的时期被称为"AI寒冬"。

事实上，自20世纪40年代计算机被发明以来，人们始终期待制造出在通用智能上能与人类匹敌的机器。当时及之后的任何时候，人们都认为，这种发展很可能在大约20年后发生。但是，预计的实现日期一直以约每年一年的速度推后。因此，许多未来学家仍然将机器获得与人类相当的通用智能的日期设定为未来的20年内。[26]

雷德利·斯科特（Ridley Scott）的电影《银翼杀手》（*Blade Runner*）于1982年上映，它描绘了反乌托邦式的未来，其中，人工生命形式在力量和智能两个方面都击败了人类。其续集《银翼杀手2049》（*Blade Runner 2049*）在2017年推出，再次描画了类似的反乌托邦式未来。

机器人令人失望

与此同时，在现实世界中，机器人的表现让人们的早期希望落空了。如果你认为它们仅仅是最近才亮相的，那还可以被谅解。实际上，通用汽车公司在1961年就推出了第一台工业机器人，名叫"尤尼梅特"（Unimate，意为"万能自动"）。即使到现在，仍然有大约一半的工业用途机器人被应用于汽车制造业。在那里，定义明确的任务和严格的环境与机器人最擅长的领域完美匹配。[27]

有趣的是，虽然汽车制造厂日常会使用机器人来安装汽车的挡风玻璃，但如果车主的挡风玻璃损坏了，去汽车修理店修理，他们会发现，这项工作还是由人类技术人员完成的。

另一方面，尽管为实现这一目标花费了大量资金，但迄今为止，事实证明，人们依然无法开发出具有足够手部灵活性来叠毛巾的机器人（系鞋带是另一个至今仍然超出机器人能力范围的例子）。因此，被高估的独立机器人家庭帮手，与辅助人类帮手的工具不同，如果将来真的能够实现这种情况的话，那也还有很长的路要走。

新加坡的研究人员一直在尝试教工业机器人组装宜家（IKEA）扁平

包装的椅子。好消息是它们成功了；坏消息是，这花了两台（由人类预先编程）机器人超过20分钟的时间。据称，人类可以在很短的时间内完成这项任务——尽管这个特定的人类（不熟练的人）也可能会耗费更长的时间，或者在完成任务前就沮丧地放弃了。[28]

谷歌的研发集团（现称为X）最近实施了一个项目，以识别You-Tube上的猫咪图像。《纽约时报》有一篇关于该项目的文章的标题是：《要用多少台计算机来识别一只猫？ 16,000台》。[29]

在中国，人们花费了大量的时间和财力来努力开发机器人服务员，这些服务员不仅能准确地接收你的订单，还可以使你放心地让它们将食物端上餐桌而不会把汤洒在你的腿上。位于中国南部的广州市有三家餐馆曾雇用大量机器人作服务员，但由于机器人实在不够好用，后来不得不放弃了。[30]世界很多地方都有对顾客傲慢无礼的人类服务员，毫无疑问，要让机器人像这些人一样表现也是很困难的。

的确，这是AI研究的核心悖论。实践证明，对机器人和AI来说，看起来非常复杂的任务比较容易完成，而貌似很简单的任务完成起来则极其困难。这通常被称为莫拉维克悖论（Moravec's Paradox）。1998年，机器人学家汉斯·莫拉维克（Hans Moravec）写道："让计算机在智力测试或玩跳棋方面展现出成人水平相对容易，而在感知和移动方面，要想赋予它们一岁幼儿拥有的技能都很困难，甚至无法做到。"[31]

这与一些人所说的波拉尼悖论（Polanyi's Paradox）息息相关，该悖论由经济学家、哲学家和化学家迈克尔·波拉尼（Michael Polanyi）观察研究后提出，他在1966年说道："我们实际知道的多于我们以为自己知道的。"其意思是，人类在做很多事情时都没有遵循明确的规则。事实证明，最难以实现自动化的任务是那些需要判断力、常识和灵活性的事情，而人类在某种程度上无法解释这些任务的完成过程。在这种情况下，以AI能够复制的方式将这种理解进行编码是极其困难的。

AI不那么令人印象深刻的一面

AI很难处理逻辑上模棱两可甚至彻头彻尾错误的指令。例如，许多电梯里都能看到这样的指示："如遇火警，请勿使用。"意思是，**如果**发生火灾，你不应该使用电梯。对此，大多数人都很容易理解。但它很容易被AI理解为"绝对不要使用电梯，**以防万一**发生火灾"。

或者以电影《帕丁顿熊》（*Paddington*）中的精彩一幕为例——那只与电影同名的熊即将踏上它的首次伦敦地铁之旅。当它在自动扶梯上看到了一个数百万伦敦通勤者都熟悉的标识——"抱好犬只"后，帕丁顿迅速离开车站，为的是去偷狗，这样他就能完全按照那个指示要求带一只狗上扶梯了。和帕丁顿一样，AI也很可能会错误地理解这条指示。

AI狂热者无疑会反驳说，编写AI程序来恰当地解释这类指令是很容易办到的。我相信这是真的，但这完全没有抓住重点。在人的整个一生中，这种逻辑上含糊不清的指令也许随时都会在毫无预警的情况下突然出现，没有预先编程的机会。人类之所以能够精确地应对，是因为他们不完全按照逻辑行事。

就连"深蓝"备受夸耀的胜利也有其局限性。因为对自己的对手非常好奇，战败的国际象棋冠军加里·卡斯帕罗夫对比了AI梦想家早期的设想和现实情况。设想是，他们要创造出像人类一样思考、下棋的计算机，也就是说，这种计算机要具有创造力和直觉；而现实是，"深蓝"下棋时像一台机器，其获胜靠的是运用不动脑筋的粗暴数字计算能力，这种计算能力让它每秒能够评估出2亿种可能的走法。[32]

麻省理工学院的传奇教授诺姆·乔姆斯基（Noam Chomsky）对AI击败国际象棋冠军的表现有着清楚的认识。他说道："这并不比叉车在举重比赛中获胜更令人惊讶。"他还补充说，在某些特定领域，很多其他生物都做得比人类好。例如，蝙蝠理解声呐信号的能力比人类强。但目前还没有任何人认为，只要给予足够的进化完成时间，蝙蝠将在通用智能方面超过人类。

哲学家约翰·塞尔（John Searle）在《华尔街日报》（*Wall Street Journal*）上发表过一篇评论文章，全面而幽默地评价了"沃森"在《危险边缘》节目中获胜的表现。其标题是：《"沃森"不知道它在〈危险边缘〉节目中赢了》。塞尔指出，"沃森"事先并没有梦想得到这种结果，事后也没有庆祝。它不与朋友聊天，也不同情被击败的对手。[33]

默里·沙纳汉也认识到了这种局限性。他曾说道："聊天机器人和人形机器人很容易给人相反的印象，前者经编程后可以讲几个笑话，后者的眼睛能跟着你在房间里转。但AI怀疑论者会迅速而恰当地指出，这只是一种幻觉。"[34]

就AI的所有巨大进步而言，到目前为止，其取得的成果只不过是鹦鹉或八哥的数字化等效对象，这些鸟常常因能发出单词或短语的音而令人震惊，但其实它们并不理解自己在"说些什么"。

变革的局限性

目前似乎有一种严重倾向——许多AI专家沉湎于热情洋溢的过度乐观中。日本顶尖的机器人专家之一高桥（Takahashi）教授警告道："人们对机器人和AI期望过高。"关于打造可成为雇工、伴侣和一般苦力的自动机器的梦想，他说道："这就像在火星上开发殖民地，在技术上或许可行，但坦率地说，这不值得如此大规模地投资，有更好、更高效的花钱方式。"[35]

至于"物联网"，很少有什么东西被如此夸大其词过。借由"物联网"，我们将能监视日常生活中的无数事物，并知道它们是否需要更新、改进、清洁或修补。可那又怎么样？我想也许会有一些有帮助的实例，但它们肯定是次要的，既不会显著减少对人力的需求，也不会有意义地增加人类的福祉。

最近，我平生第一次遇到"智能"厕所。鉴于要合乎礼仪，我不能详述全部细节，但想简单说说——这个厕所能和我说话，我听到的是迷人的女声，中途它还告诉我它的历史、喜好，对于提高如厕经验的愉悦性没有丝毫帮助。

未来，当门把手和窗帘需要我们关注时，它们也能跟我们说话，声音类似那些阴森空洞的噪音，或者汽车里告诉我们安全带没系好的噪音。但愿不会如此！我想象到一种反乌托邦式的未来场景——我生活中的所有物体都在向我尖叫，发出刺耳的声音，传递无用的信息。这种场景无疑是黑桃纸牌游戏中信息过载的情况之一。如此雪崩般的大量无用信息必定要让人付出代价。

早在1971年，我们已经提到过的诺贝尔奖得主赫伯特·西蒙就看到了这一趋势。他写道："信息耗费了接收者的注意力。因此，丰富的信息造成了注意力的匮乏。"[36]多么睿智啊！我们这个时代已经被互联网、智能手机和社交媒体主宰，注意力的匮乏无疑正是这个时代的特征。

我们都见证过饭店餐桌旁的情形，作为朋友、伴侣、爱人或无论什么关系的食客都黏在他们的智能手机上，彼此之间毫不在意。无论距离有多远，大家都有关联；无论靠得有多近，我们都彼此疏离。当所有无生命的物体都能将自己的"声音"加入这种不和谐中时，天知道注意力的缺乏会达到怎样的极端程度。

非预期效果

即使信息技术已实现人们对其抱有的期望并已被应用于工作场所，但它依然没有像预期的那样对人们和社会产生很大的影响——无论是好是坏。长久以来，人们一直认为技术进步会带来负面的经济影响。1931年，爱因斯坦将大萧条归咎于机器的出现。20世纪70年代末，英国首相詹姆斯·卡拉汉（James Callaghan）曾委托行政部门开展过一项研究——自动化对就业的威胁。[37]

当计算机首次出现时，人们普遍预测，它们会终结大量的办公室工作。尽管打字员的工作几乎已经全部消失了，这种事情还是没有发生。还有，无纸化办公是什么情况？还记得这个吗？

特别是当电子表格软件在20世纪80年代出现时，人们普遍认为这会导致会计人员大量失业。与之相反的是，在美国工作的会计师和审计师数量从1985年的110万人上升到2016年的140万人。正如以前常常发生的那样，新技术拓宽了会计师的工作范围，因此对其服务的需求有所增加。

从技术经济的角度来看，有关AI影响的最流行的描述都遵循某种传统的想法，它与以前技术进步的影响相关，促使人们给出了相当怠惰的假设——新机器不可避免地替代劳动力。有些技术进步确实属于这种类型，但有很多是对劳动力的**补充**，从而增加了劳动力需求。[38]

还有另一个很好的例子，离我们更近，即技术进步奇妙而令人惊叹，却没有表现出它最初看起来可能具有的变革性。你是如何读这本书的，用纸质书还是Kindle之类的电子阅读器？我敢肯定，你们中的大多数人都会使用已被轻蔑地称为"枯树"（Dead Trees）的媒介来阅读它。然而仅仅在几年前，人们还普遍预测，电子阅读器很快就会造成纸质书的彻底消亡。不仅如此，纸质书的终结和书籍向数字形式的转变还会释放出无止境改善的可能性。结果，一本"书"永远不会完成，而是会不断更新和修订。因此，它将真的不再是一本书，而更像是一则滚动的新闻报道。

真是一场噩梦啊！我同情这个可怜的作者。想象一下，你永远无法吻别你的宝贝，而需要没完没了地修订和扩展你那倒胃口的"书"！我想不出比这更糟糕的事情了。

不过我们作者可以尽管放松，因为这种非常有争议的发展还没有产生结果。而且，它看上去似乎永远也不会发生。事实上，在过去的几年中，随着读者回归到纸质书阅读，电子书的销量一直在下降。对此我并不感到意外。电子阅读器有其应有的位置，但就总体而言，它们不具有纸质书的便利性，也没有纸质书给你带来的关于观念和思想的物理体验感。我的猜测是，两者将共存，但纸质书会保持其作为"真实的东西"的地位。其结果是，这种情形只存在于作者的噩梦之中——不断的修订、将一本书视为已完成作品的想法的消亡。

同样，当电影第一次出现时，人们相信，它不久之后就会将现场戏剧表演统统杀死。后来，在电视刚刚出现时，有人认为它将使电影灭绝。这种事情从来都没有发生。电影、电视和现场戏剧表演并肩存活了下来。

事实上，它们彼此促进、相互依存。

机器人与AI的成本

很多AI专家、非技术分析师及一些经济学家都对未来的经济前景持悲观态度。为什么呢？我想应该是源于对机器人和AI替代工作者的想象。一旦以这种方式看待问题，人们就很容易得出一些悲观的结论。

随着全球化和中国的崛起，机器人和AI革命似乎开始重走西方世界走过的老路，在劳动力总数之外增加了数十亿工作者，但最初几乎没有投入任何额外资本。这就让西方世界的实际工资面临下行压力，价格下跌，总需求趋于疲软，致使政府开始实施极低利率政策。这种情况在全球金融危机中达到顶峰，随后便是大衰退，最终形成了自20世纪30年代大萧条以来最严重的危机。

但这不是我们思考机器人和AI问题的方式。尽管没有领取工资、没有享受福利、没有拿到养老金，但机器人和AI肯定不是没有成本的。它们属于资本设备，创建、开发、维护都要花钱，融资也需要花钱。

此外，人们还要为它们安装合适的软件，这也需要花钱。而且，对软件来说，即便没有维护工作，至少也需要更新，这不仅是为了跟上最新的性能规范，更是为了使其能够正常运行。为了能够相互交流，机器人需要跟上其他不断发展的机器人的步伐。

巴克斯特（Baxter）机器人的工作成本约为每小时4美元。但实际上巴克斯特的能力并不强，需求量也不太大。这种运营成本相对较低的机器人，其售价却在22,000美元以上。因此，巴克斯特的销量一直没有起色。2013年12月，巴克斯特的制造商瑞森可公司（Rethink）解雇了1/4

的员工。[39]

在凯文·凯利看来，购买一台工业机器人的成本为10万美元或更多，但在它的整个生命周期中，你可能需要花费4倍于此的金钱用于相关的开发、培训及维护，最终它"一生"的总开支将达到50万美元或更多。[40]

使用机器人涉及固定投资，该投资会受到决定投资是否值得的所有常规因素的制约：维护成本、收益率、融资成本，以及包括过时风险在内的各种风险。过时风险被证明可能是影响极其重大的因素。即使机器人已经开始在经济中发挥重要作用，但相关技术仍会不断进步。随着机器人的软件和关键设计特性的改进，年代久远的老式机器人将失去价值，甚至可能变得一文不值。

我们可将其与音乐播放器做一下对比。或许你曾对老式的78rpm（78转）黑胶唱机很满意，但很快它就过时了，因为45rpm和33rpm的唱机取代了它。随后，磁带和磁带播放机经历了短暂的阳光明媚的日子，然后让位给了CD。如今，它们几乎与曾经看上去最新、最现代的CD播放器一起被淘汰了，因为大家都从互联网下载音乐了。

即便机器人的技术能力更强，但只要使用机器人有成本，人类就有机会在与它们的竞争中胜出。机器人的成本越高，人类就越容易胜过它们。更专业的说法是，机器人的成本越高，人类赚取的工资就会越高。因为相对来说，人类仍然是更低廉的选择。

另外，从技术角度来看，未来的最佳竞争者将是人与机器人或者人与AI的组合，因为它们有足够的发展空间。以国际象棋为例，虽然AI能战胜最伟大的象棋冠军，但现在越来越多的证据表明，象棋冠军与AI的组合可以所向披靡，不仅能击败单独行动的最佳人类棋手，也可以胜过独自操作的最强象棋AI。

工资伸缩性

无论是人类、机器还是两者的组合，在特定情况下，要想证明哪种选择最低廉且最高效，和任何其他事物一样，这取决于其价格。当然，机器人和AI的价格（包括资本和运营成本）是其中的一部分，人力成本也是其中之一。在其他条件相同的情况下，成本越低，雇用人类而不使用机器人和AI的可能性就越大。

在最近那次大衰退期间，对很多英国雇主来说，如果他们花钱升级计算机设备和软件，就会让一些雇员变得多余了。但是由于雇员的实际工资下降了，所以这些雇主继续雇用这些员工来维持运营。例如，法律事务所好像推迟了对数字文档管理的投资，因为法律助理能够做这项工作，且其收入颇为微薄。[41]

这就意味着，机器人和AI应用范围的大小及推广速度的快慢，不单是由技术决定的，还涉及人们对各种经济变量做出的反应，尤其是工资和薪金水平、利率及资本成本。

请注意，这并不能给人们以太多安慰。这种情况似乎暗示着，随着机器人和AI能力的日益增强，人类只有接受越来越低的薪水才能保住自己的工作（机器人和AI革命对收入分配的影响是我在第6章要探讨的主题。我将在第9章讨论可用于减轻或抵消收入分配方面任何负面影响的政策）。

但是，我们应该换一种方式看待这个问题，也就是说，与其探求机器人和AI革命对人力需求意味着什么，还不如考虑人类会失去多少工作，这才是正确的思考方向。这就使得人类的就业（和失业）水平成为价格（指工资和薪金）调整的结果，而不是数量（即工作数量）变动的结果。

不过，尽管这是思考该问题的合适方式，但它不会必然地引出这样的结论——人类面临是减少工作量还是降低工资的选择。在很大程度上，这种情况是否会发生将取决于人力需求的强劲程度。而且，正如我将在后面章节中所展示的，人类的品位和偏好也将对其起到很大的决定作用。

比较优势

现在，我们可以借助简单的经济概念把所有这些内容串在一起。无论是个人之间还是国家之间，交换的根本是经济学家所称的**比较优势**。其基本思想是，无论做什么事情，即使一个人（或国家）绝对比另一个人（或国家）做得更好且效率更高，但对两者更好的方式依然是双方应该专门开展这样的活动——在此活动中，他们表现得相对较好，并用该活动的剩余收益（Surplus Fruits）与对方（个人或国家）的剩余收益进行贸易交换。自大卫·李嘉图于1817年提出比较优势理论以来，这个理论为国际贸易提供了关键见解。它的特点是极其简单，但绝对深刻。这也正是它的伟大之处。

一些AI狂热者（及对经济持悲观态度的人）认为，在新世界中，考虑到一方是人类，而另一方是机器人和AI，比较优势将不再适用。这也是未来学家、AI专家马丁·福特（Martin Ford）的观点。他说道：

机器（尤其是软件应用程序）很容易复制。在很多情况下，它们可以用远低于雇人的成本来克隆。当智能可复制时，机会成本的概念就被颠覆了。简（Jane）现在能同时做脑部手术和烹饪，那她还需要汤姆（Tom）做什么呢？[42]

实际上，这一观点完全不对。除非机器人和AI能够毫无成本地生产并复制自己（可能奇点降临后都不会成真），否则，即便人类在每项任务上都不如机器人和AI，但他们始终也具有一定的*比较*优势（请注意，这并不能说明人类在这样的世界中能获得多少收入。其收入可能低到骇人听闻，甚至低到人们几乎都不值得去工作，此时国家对此就不得不进行重大干预）。

当然，要看到这样的结局还有很长的路要走，而且我怀疑它永远不会发生。因为在很多领域，相比机器人和AI，人类拥有*绝对*优势，包括动手能力、情商、创造力、适应性以及最重要的——人性。这些素质将确保AI经济中有多到过量的工作机会提供给人类（我将在第5章概述劳动力市场的未来形态）。

这次会有所不同吗

那么，现在我们可以回答本章标题中提出的问题了——这次会有所不同吗？答案是否定的。在处理日常事务的效率方面，我们将会看到一些非同凡响的发展和激动人心的改善，还有数不胜数的新商品和新服务，对其中很多我们甚至都无法想象。许多人不仅会失去工作，甚至连赖以生存的根基也会丧失。此外，机器人和AI将复兴增长引擎，在过去的20年中，它们似乎一直在失灵、停滞。

所以说，机器人和AI革命将会是重大事件。不过，蒸汽引擎、喷射引擎和计算机也是很重要的存在。正如其他新技术那样，机器人和 AI 会遇到很多死胡同，有夸大其词和令人失望的地方。因为在某些方面，它们未能实现被吹嘘的功能，尽管与此同时，在另一些方面，它们的表现超出了人们的预期。

这让人回想起 21 世纪初互联网繁荣时期的情形。当时，人们认为一切都将迁移到网上。同样，只要公司的域名以 ".com" 结尾，任何轻率狂妄的商业想法都必定会让其创始人赚得盆满钵满。那个时代的疯狂以金融市场泡沫的破裂和很多企业的倒闭而告终，其声誉也遭到重创。然而，互联网*已然*改变了世界。在那充满狂热、迷乱、刺激和夸张的环境中，一些企业不但存活了下来，而且还改变了商业格局——亚马逊（Amazon）和谷歌就是出类拔萃的例子。

我们可以窥见经济将要发生的变化。那些梦想机器人会成为替代工作者、期望它们能在没有任何人工协助或监督的情况下完成人类可以完成的所有手动任务的人，可能会继续失望。但是，机器人在协助人类操作者完成复杂的任务（如外科手术）和简单的任务（如社会关怀）方面的能力之大，可能会让我们感到惊讶。大多数人依然低估了 AI 在执行日常心智任务时所能达到的效果。假如大批中产阶级的工作岗位消失，那么这种影响可能是毁灭性的。

然而，由于机器人和 AI 应用的日益普及，当下和未来几年可能发生的变化，本质上是自第一次工业革命以来一直在进行的过程的延续，而且效果也大致相似。首先，最重要的是，恰如其前辈们那样（前三次），第四次工业革命也将大大提高生产能力。这无疑是件好事。至于如何充分利用释放出来的机会，这将由我们自己来决定。

第四次工业革命与**第一次**工业革命有着广泛且深入的相似之处。和以前一样，机器人时代不会对每个人都产生积极影响。或许所有人都要花费很长时间才能让自己的生活确确实实变得更好。而且，像19世纪和20世纪的重大技术进步那样，机器人和AI可能需要很长时间才能对经济产生全面影响。

部分原因是，如其诸多前辈一般，目前正在进行的技术变革所体现的激进主义被过分夸大了。其实，即便在变革真正激进的地方，它们也需要花很长时间才能与经济的其他部分及整个社会完全融合。此外，监管和伦理问题将导致新系统的全面实施落后于其技术可行性。

我们尤其要提防这样的想法——将机器人和AI革命视为一场海啸，目前它就在地平线以下，但推进迅速，并很快就会吞没我们。机器人已经在工业中应用了60多年，早期形式的AI也已被使用了近乎同样长的时间，它们促进了生产率的提高，改变了多年来的就业模式。算法已经承担起了诸如客户服务和记账等工作。这样的发展一直在持续不断、循序渐进地进行着，尽管从根本上颠覆了某些工作领域，但还没有出现众多AI早期狂热者所说的即将出现的"转变"。

如今，计算机能力的增强、数据可用性的提高，以及AI系统学习能力的改进，使得强化这些发展成为可能。正在发生的变化的渐进性和不断演化的属性，意味着政府、企业和个人的时间不能浪费在无所事事上，而要多花点时间考虑自身并做出改变，为将要强加于自己身上的环境变化做好准备。

未回答的问题

这里仍然留下了一些极其重要的议题有待解决，它们便构成了本书之后的内容，包含以下三个关键问题：

- 人们将在多大程度上通过增加休闲时间而非增加产出的方式从提高了的生产力中受益？

- 什么样的工作会消失？什么样的工作数量会增加？什么样的工作可能会不知从哪儿冒出来？

- 对资本、劳动力、个人、国家来说，这些变化会对各自的收入分配产生何种影响？

即便已经分析了这些主要问题，我们对该领域的看法依然只是局部而片面的，因为我们遗漏了至关重要的东西——宏观方面。在机器人和AI的世界中，是否会有资金将对人类服务的隐性需求转化为创造并维护就业机会的有效需求？如果有，那么在资金方面不遭受其他灾难的情况下，向新世界的过渡会实现吗？

毕竟，正如我在第1章中强调的那样，过去200年的历史已经遭受了一些由重大宏观失败所造成的损伤，其中20世纪30年代的大萧条最为严重。不久之前，我们经历了全球金融危机，接着是我们现在所称的大衰退，其状况与大萧条相差无几。AI极客发出的悲观感叹很大程度上反映出这样的观点——在机器人和AI主导的世界，宏观经济很可能会出现问题，成为以前那些灾难的镜像（但也可能超过）。他们的想法对吗？

为了获得这个问题及其他几个相关问题的答案，我们必须深入研究（尽管要小心谨慎）宏观经济领域。很多现代经济学家已经败坏了经济学的名声。但相比AI极客们的沉思冥想，这个主题有更多更易理解的文献资料。诚然，我有偏见，但我仍然认为它更有启发性。不管怎样，我们已经走到了一个无可回避的阶段。在这个（及许多其他）领域，经济学为理解和认知提供了必要途径。

第3章　AI革命对宏观经济的影响

> 鉴于它们从根本上来说是经济问题，对这一代和下一代人来说，这世界上的问题都是关于匮乏的问题，而非无法承受的充裕问题。魔鬼般可怕的自动化消耗了令人担忧的能力，而这些能力本应保存下来用于解决实际问题。
>
> ——赫伯特·西蒙，1966年[1]
>
> 预测极其困难——尤其在预测未来时。
>
> ——马克·吐温（Mark Twain）[2]

传奇经济学家约翰·肯尼思·加尔布雷思（John Kenneth Galbraith）曾以其标志性的高傲口吻断言："经济预测的唯一功能是使占星术看上去能让人接受。"[3]作为一名经济预测者，我虽然觉得加尔布雷思的观点有些夸张，但还是很有同感。

那么，在预测*遥远的*经济前景时还有什么可说的呢？对看清未来方向抱有信心是一件极其困难的事情，更不用说在预测经济的长期趋势时达到一定的精确程度了。我曾试图借助1996年出版的《通胀之死》（*The Death of Inflation*）一书做到了这一点。在该书中，我预测了一段较长时期的低通货膨胀，有时在超低利率的情况下陷入通货紧缩，几乎所有西方发达国家都是如此。

事实上，随后的几年大体上证明了这种预测是对的。但是，我之所以努力做出了如此激进的预测，是因为有几股强大的力量同时指向相同的方向，并且在随后的1/4世纪中都没有出现任何重要的能与之抗衡的力量。而原本它可以轻易地走上另一条路。

机器人和AI带来的经济影响并没有那么简单、明确，有很多可能存在的抗衡力量。此外，对机器人和AI造成的压力，公共政策的反应仍不明朗。因此，我们不得不努力应对极大的不确定性。所以，我必须对自己要说的话进行必要的限制和说明。

这一点对此后的论述尤其适用，因为正如我在第2章中所论证的那样，关于机器人和AI对经济的影响，无论是影响程度还是持续时间，目前依然存在激烈的争论。接下来，我将着重阐释AI革命对宏观经济影响的可能**方向**，尽管这可能会令人感到意外。不管这种影响程度是如某些人所断言的那样大到地动山摇，还是像另一些人所怀疑的那么微不足道，这种分析对其都可能会有所帮助。而且，无论这种影响是像许多AI专家认为的那样直接、突然、强烈，还是像其他人认为的那样要经历几十年才显现出来，就像之前从蒸汽机时代到计算机时代所出现的那些重大技术进步的影响那样，这种分析也都是有所助益的。

不过，我会设法给这些影响加上一些可能的分量，并把它们与我在第1章中所回顾的历史经验结合起来。

对宏观经济的影响

在以下八个主要领域中，机器人和AI应用的普及可能会对宏观经济产生决定性影响：

- 经济活动和就业的总体水平。

- 通货膨胀率。

- 经济增长速度。

- 利率水平。

- 不同资产的表现/效益/绩效。

- 平衡工作和休闲时间。

- 可提供的工作种类。

- 收入分配。

因为它们涉及的范围较广且相对独立，所以我决定在第二部分的三个章节中再分别论述最后三个主题。在第一部分接下来的内容中，我将依次讨论前五个。不过，我要首先声明，宏观经济的所有这些方面都是相互关联的——包括我在第二部分的章节中才会覆盖到的三个主题，它们都是相互影响、相辅相成的。

正如我在前言中所说的那样，这给理解和表述都带来了问题。虽然在实践中，所有事物都是一起确定的，所有的相互关系都是同时发挥作用的，但这并不是我们分析迫在眉睫的问题的方式。如果试图以这种方式来思考，你就会把自己弄得团团转。

在这里，我用传统的方式把事情分成几个部分，然后一次专注于一个部分，并将其他问题，以及它们与当前问题的相互关系留待以后检视。在此过程中，我会尽己所能参考这些关系，但在最终结论出来之前，一切都还未完成。首先，我会概述机器人和AI革命的宏观前景；然后，我再着眼于总需求的总体水平，以及相应的就业和失业的前景；接着，我会依次谈到我上面提到的其他四个主题。

更多的生产性资本

我在第2章中已明确提出，应将机器人和AI作为资本投资的类型来看待和分析。由于一些卓越的技术发展，机器人和AI的能力变得更加强大，因此也提高了生产力。投资它们更有回报价值。如果AI狂热者是对的，那么回报价值将会得到更大［经济学家将其称为资本边际效率（Marginal Efficiency of Capital）］的提高。

一旦以这种方式看待事物，传统的经济分析就能派上用场了。资本回报率（Return on Capital）的增加会导致以下几种明显的结果：

- 投资增长。[4]

- 实际利率面临上行压力。

- 实际产出和人均收入增长。

- 平均实际工资可能增长。

最后一个结果之所以出现，是因为随着资本投入的增多，每个工作者拥有的资本数量都会上升。然而，就像任何其他资本投资一样，平均实际工资能否增长，取决于宏观层面上新资本对劳动力的替代（而非补充）程度。众多对AI前景持悲观态度的文献都或明或暗地假设机器人和AI是人工的纯粹替代品。但是，正如我在第2章中讨论提到的及后面章节中将证实的那样，在大部分经济领域中，机器人和AI都是人工的补充。

从根本上说，人类与AI完全不同，他们擅长不同的事情。更重要的是，这种情况很有可能会持续下去。所以，人类、机器人和AI将通过相互合作的方式产生更多的成果。但是，由于这是人类世界，机器人和AI没有独立存在的可能性，也不要求回报（至少在本书结束之前），因而受益的将是人类。

带着这样的视角，我们现在就能全面考虑机器人和AI革命带来的各种宏观经济影响了。首先从对经济活动和就业的影响开始。

经济活动与就业

科技文献中充斥着技术进步会导致经济末日的设想，尤其对将来可能会出现大规模的失业和贫困进行了大量描述。要推翻这些已经被强化了的论调并非易事。但我们必须尝试一下。

现代经济中有几种不同的失业类型，包括**摩擦性失业**和**结构性失业**。导致前者的原因是，在变更工作的过程中，人们无法（或不愿）恰当地协调好离开旧工作、开始新工作的相关事务；导致后者的原因则是人们工作的行业和/或领域的衰落，甚至可能涉及他们赖以维生的技能的冗余。虽然机器人和AI革命会牵扯到这两种类型的失业因素，但就其本身而言，这些因素的影响尚不足以导致许多AI大师所描述的末日幻象。

他们对前景的极端悲观看法有两个版本，两者相互关联，但又截然不同。第一个观点本质上与技术相关。该观点认为，几乎没有什么工作是人类能够比机器做得更好的，因此人类可从事的工作将不断减少，大面积失业在所难免。第二个观点本质上是经济方面的。该观点认为，机器人应用的普及和AI的发展将抢夺经济体系中的购买力，因此，即便从技术上来讲可能会有供人类从事的工作，但整个经济体系中不会有能让他们就业的需求。

我在第2章中已谈到过该悲观前景的第一个版本，并发现了它的不足之处。我指出了大规模就业能继续保持的方式和原因。在第5章中，我将讲述未来工作可能呈现的景象。不过在这里，我必须先处理该悲观前景的第二个版本，即与经济有关的那个。

这种悲观看法并非什么新鲜事。20世纪50年代，在一次对福特汽车制造厂的参观中，美国工会老板沃尔特·路则（Walter Reuther）看到了大量令人印象深刻的汽车组装机器人。正在带路则各处观看的高管问他，要如何让机器人支付工会会员费。路则回答道，更大的问题是怎样让机器人购买汽车。[5]

关于机器人和AI带来的经济影响，未来存在很多不确定性，也存在诸多风险。对机器人的产出没有购买需求是其中之一吗？是时候介绍一下经济学基础知识了。首先，我将简要介绍关于总需求的简单经济学，不涉及机器人和AI。然后，我将机器人和AI引入进来，分析它们如何契合刚刚建立起来的经济理论框架。

那么，"热毛巾"已经准备好了，我们开始吧。我们从一句话开始：供给创造需求。这句话的意思是，如果有了产出，某地某人就有收入来购买它。这是伟大的法国经济学家让·巴蒂斯特·萨伊（Jean-Baptiste Say）于19世纪初所写的格言。[6]众所周知，就像当时那样，萨伊定律在今天依然适用。我说这句话是经过深思熟虑的。因为萨伊定律在当时也非绝对正确——现在也一样。因此，不仅仅是技术狂热者会过度使用"定律"一词来描述某种关系，有时经济学家也会犯下这样的错误。

尽管如此，在处理萨伊定律的复杂性之前，我们还是先从简单事实说起。对宏观经济而言，产出等于收入，收入等于支出。可以说这是一枚硬币的三个面。如果商品被生产出来，那么这些商品就会被有收入的人购买，生产者也因此获得了生产这些商品的报酬。在机器人和AI驱动的世界中，这个事实依然成立。机器人可能没有购买力，但拥有它们的人却有这种能力。因此，假如机器人和AI提高了生产力，那么这就提高了某人的收入和消费能力。至于那人是谁，我稍后会讨论。

凯恩斯理论的条件

现在让我们考虑一下其复杂性。在货币经济中，虽然生产带来了可用于购买已生产出来的产品的收入，但实际上这些收入可能不会被全部用完。如果是这样，那么生产出的一些产品就会无人购买，这就会造成产出被削减、人们被解雇，进而导致收入减少、购买能力下降，等等。这是对经济衰退的描述。当这一过程发生逆转时，则会引发经济复苏。经济衰退不一定会发生，因为有收入可供消费。但这也是*有可能*发生的，因为收入不一定总是被用光。

实际上，货币经济中始终存在这种波动。[7]正常情况下，这种波动幅度很小且短暂。但是，在真正严峻的经济形势下，需求可能在相当长的一段时间内持续低迷。约翰·梅纳德·凯恩斯（John Maynard Keynes）解释了发生这种事情的原因，并指出了若这种萧条局面出现可采取什么样的措施来克服它。在这些情况下，凯恩斯主张政府和央行应付诸行动，使总需求恢复正常。

远有20世纪90年代日本经历过的萧条期，近有2007—2009年爆发的全球金融危机，随后又是席卷大多数发达国家的大衰退。经历了这些后，人们仍然普遍认为，这些萧条状况以及凯恩斯关于如何应对它们的建议都是古怪的，是一种只有对经济史感兴趣的人，尤其是对20世纪30年代的大萧条感兴趣的人才会关注的"历史奇谈"。

然而，在过去10年间发生很多事情之后，没有多少经济学家认同这种观点。凯恩斯回来了。虽然经济学家对政策细节仍然存在明显的分歧，但现在凯恩斯理论已经成为政策制定者和学者们公认的智慧。他们认为，在必要情况下，为了解决总需求显著不足的问题，政府和央行要采取行动阻止事态恶化，而且采取这类行动是它们的职责。[8]

候选措施包括增加政府支出、减税、降息或借助量化宽松政策增加货币供应。最后，如果所有措施都不奏效，那还有一个选择——免费给人们发钱，即所谓的"直升机撒钱"（Helicopter Money）。这一选择最早由米尔顿·弗里德曼（Milton Friedman）教授提出。最近，美联储（Federal Reserve）前主席本·伯南克（Ben Bernanke）等人也开始探讨并倡导该措施。

这并不意味着衰退（或小规模的萧条）不会发生，但这确实意味着真正严重的萧条（比如20世纪30年代发生的）不太可能出现，除非当局失去理智，并且出于政治或意识形态方面的原因而未能采取足够有力的行动。

萧条趋势

在机器人和AI主导的未来及其他任何情况下，上述关于宏观政策行动的结论都适用。但在机器人时代，采取这类行动的需求会更大吗？也就是说，在新世界中，是否会出现因更大的消费不足而引发高失业率的趋势，进而导致政策当局不得不用上述各种方法来抗衡？

在这个问题上，我并不是说未来很多工作都会被机器人取代，人类的就业机会将很少。正如我在第2章中所阐明的那样，只要人类仍然需要他人提供服务，并在某种程度上需要他人供应商品，那么对人力的需求就会存在（我将在第5章中讨论他们想要这些东西的程度，以及未来的就业可能是什么样的状况）。

不，我打算在这里讨论的失业趋势是凯恩斯式的失业。这可能会对机器人和人类产生影响。这种可能性的出现是机器人和AI对总需求水平影响的结果。

AI经济可能趋向于抑制总需求，对此，有两个看似合理的原因。第一个是，除非采取特定的具体措施来纠正这一趋势，否则在新世界中，包括机器人在内的资本所有者可能会获得更大份额的国民收入。换言之，收入分配将从工资转向利润。若非企业具有同样的利润支出倾向，或者在利润分配给股东时，*他们*也有同样的股利支出倾向，就像赚取工资的消费者的消费倾向一样，那么总需求就会降低。

得到同样结果的第二个可能途径来自工薪阶层自己。无论机器人和AI是否会导致收入向利润的转换，它们都可能拉大两类工作者之间的收入差距：一类工作者（及潜在的工作者）没有什么技能，或掌握的技能可轻易被机器替代；另一类工作者拥有宝贵的技能，特别是那些很容易与机器人和AI一起工作的工作者，他们因此享有更高的生产能力。事实上，在这个由机器主导的劳动力市场中，处境最糟糕的人拿到的工资可能相当之低，以至于很多人选择不工作，因为他们的潜在就业收入低于他们可以从国家获得的福利。

换言之，机器人和AI革命可能会使收入分配更加不平等。在这方面存在一系列问题——这种转换是否被认为是可取的、是否为社会所接受、在政治上是否可持续（我将在第9章中讨论这些问题）。但是，在此基础上，因为相比富人，收入较低的人的支出占收入的比例往往更高，这种更加不平等的收入分配如果发生的话，可能会造成总需求低于生产潜力的趋势。

有可能需求不足吗

从表面上看，机器人和AI应用的扩大将加剧工作者之间收入的不平等（我将在第6章中讨论该问题）。这似乎是有道理的。同样，对于第一种情况，如果政府不采取任何经过深思熟虑的政策行动，以扩散来自机器人和AI应用获得的利益（或许可通过征收机器人税实现，其收入用于资助全民基本收入，我将在第7章和第9章中讨论这一点），其影响可能是以牺牲工资为代价来提高利润。

即便确实会发生这两种情况中的一种，或者两种都发生，我们也不能轻率地假定它们必然会导致需求不足。若机器人和AI革命如其狂热者宣称的那般影响巨大，那么整个社会都将发生根本性改变。如果基于完全不同的社会状态和结构中的经验来断言，自信地认定收入分配对总需求的影响，这是不明智的。这恰恰是第二次世界大战后发生的事情，当时的经济学界漫不经心地设想，战争的结束将引发20世纪30年代的需求不足的回归。而结果是，投资和消费支出的激增带来了强劲的总需求。

另外，在机器人时代，不管收入分配如何变化，总需求很可能会受到一些重要的补偿因素影响。在过去的20年中，这个世界曾遇到过两股削弱总需求的强大力量。

首先，由于人口老龄化，西方很多地方的人更青睐于储蓄而不是消费。但许多西方国家的人口年龄平衡很快将发生巨大变化，相对于工作者，退休人员的数量将会大幅增加。这不仅会减少劳动力供给，而且退休人员通常会花掉他们收入的很大一部分，甚至常常会耗尽其积蓄。因此，在很多西方国家，人口结构的变化将导致储蓄减少和支出增加，从而产生更强劲的总需求。

其次，在进入全球金融危机之前的几年和其后的一段时间里，世界上的高消费（且低储蓄）国家（如美国、英国）和低消费（且高储蓄）国家（如中国、石油生产国）之间存在着严重的不平衡。前者往往存在巨额贸易逆差，而后者则存在巨额贸易顺差。一如既往，逆差国家承受着通过减少开支来降低逆差的压力，而顺差国家则没有相应的反方向压力。全球层面存在着消费不足（过度储蓄）的趋势，这给世界经济施加了通缩压力。与之相对的是各种扩张性货币政策，这些政策产生了各自不同的问题，包括导致引发全球金融危机的多种因素。

近期，造成这种国际不平衡的根源之一已经逐渐消失到无关紧要的程度，即因为石油价格一直急剧下跌，石油生产国的顺差几乎已降至零（请注意，这种情况会一直变化，实际上，你读到这里的时候可能已经改变了）。此外，中国的顺差也已大幅下降。

全球贸易不平衡程度的降低有助于世界经济的稳定，有助于在不诉诸不可持续的货币政策的情况下维持总需求。目前，国际不平衡持续的主要来源在欧元区，尤其是德国。但无论如何，我怀疑这也会改变［对欧元区及其对全球不平衡的贡献的分析超出了本书的讨论范围。对该问题有兴趣的读者可参考我的《欧洲的麻烦》（*The Trouble with Europe*）一书，该书修订并重新出版后更名为《成功脱欧》（*Making a Success of Brexit*）］。[9]

与此同时，银行体系正逐渐从2007—2009年的几近崩溃和随后的监管限制冲击中恢复过来。它们变得更加有能力且有强烈的放贷意愿。这也刺激了总需求的增长。

除了削弱总需求的各种因素在逐渐消失，我还看得出，一种可以增强总需求的重要新力量出现了。机器人和AI应用的普及释放出了新机会，加之纳米技术和生物技术的进步，应该会提供广泛的投资机会。我可以轻易地想象到，AI经济会出现投资支出蓬勃繁荣的特征。因此，即使机器人和AI革命确实会使收入从工资转向利润，我们与局部需求不足的前景也还离得很远，但这也未必会导致总需求疲软。情况或许恰恰相反（我将在下面更详细地讨论这一点）。

政策响应

但还有宏观经济政策与之对抗。可以这样说，如果有上述补偿因素，机器人和AI时代的总需求还处于低迷状态，那么事情就不会到此为止。政策当局会以上述部分或全部方式进行干预，以提振总需求。

应当承认，这可能会有一个特别棘手的过渡问题。在机器人和AI时代发展的最初阶段，如果许多人失业了，那么他们就没有收入来支付他人提供的新服务。但这也可以借助公共政策来缓解。这是个过渡性问题，而不是终点。

因此，即便上述可能影响收入分配进而影响总需求的观点是正确的，而且没有补偿因素，然后就由此得出这必将是一个需求不足且失业率高的时代的结论，也是错误的。相反，在这些情况下，机器人时代的开始阶段很可能会成为扩张性政策施展的时代，包括扩张性财政政策、量化宽松或"直升机撒钱"。而政策制定者采取的首要手段肯定是实施超低利率甚至负利率政策（稍后我将讨论未来可能的利率和债券收益率）。

请注意，这杯由各种扩张性政策调制出的"鸡尾酒"有其局限性。持续的预算赤字会造成公共债务累积，这可能会带来严重的问题，包括影响国家的财政偿付能力。若债务超过可持续水平，最终结果很可能是要么违约，要么通胀，或者两者兼而有之。因此，尽管扩张性财政政策或许是暂时解决需求不足的可行方法，但从长远来看，它不具可持续性。所以，如果说需求不足是AI经济中的常态，那么扩张性财政政策不会为其提供出路。

超低利率也许更具可持续性，但它会带来一系列风险和成本。最重要的是，长期维持超低利率会严重扭曲金融市场和实体经济，可能会损害经济的发展潜力。此外，通过推高资产价格维持的低利率往往会导致财富分配更加不平等。类似的观点也适用于持续的量化宽松政策。

通货膨胀率

很多人认为，机器人和AI时代必然是低通胀甚至通缩（即价格下跌）的时代。我真希望自己有他们这样的信心。实际上，这种看法太过简单。诚然，如果收入分配的转变导致出现总需求低于总供给的趋势，并且上述潜在的补偿因素不够强大，那么结果将会出现人力和资本（包括机器人）双双失业的趋势。这会带来价格下行压力，使得通胀率低于本来应有的水平。因此，人们可能会得出这样的结论——机器人时代将是低通胀甚至通缩的时代。

但这里有三个重要的"如果"：

- 如果机器人和AI革命出现，它是否会对收入分配产生显著影响？
- 如果确实会，它是否会导致需求不足的趋势出现？
- 如果出现这种趋势，包括政策响应在内的补偿因素是否不够充分？

不过应该承认的是，引入机器人和AI的初始效应是降低价格。毕竟，应用机器人和AI的目的是降低成本，主要方法是节省人力，这些人力或者被释放到了劳动力市场，或者一开始就没有被吸纳进来。

这反映了全球化的到来和中国作为生产大国的崛起对世界经济的影响。这对价格水平施加了下行冲击，或者更确切地说，是施加了一系列滚动下行冲击，从而有助于压低通胀率。

但是，就像全球化和中国的崛起所带来的影响一样，这本质上是一种过渡效应——尽管过渡期相当漫长。另外，正如我在《通胀之死》一书中所论证的，最终，通胀率将是经济政策尤其是货币政策的结果。如果当局不想看到价格持续下跌的局面，甚至不希望看到通胀非常低的状况，并且已准备好采取足够强硬的措施来防止这种情况发生，那么将不会出现价格下跌或通胀非常低的局面。这对以下两种情况都适用，一是应用机器人和AI所释放出的任何价格通缩趋势，二是全球化和中国崛起带来的影响。

我们没有理由认为，在机器人时代，针对高通胀、低通胀或任何特定的通胀率，货币当局以及他们背后的民意比以往任何时候都能做出更好的选择。

也就是说，随着全球化和中国的崛起，AI革命可能会影响通货膨胀的表现方式，尤其是通胀与失业之间的关系。在过去的25年中，除了全球化和中国崛起对价格水平的直接影响，数字革命也带来了全新的微观经济现实，理论经济学一直在奋力理解并融入这种经济工作方式的模型。

自远古时代以来，短缺始终是我们生活中持久不变的特征——食物和住所短缺、土地短缺、工具短缺，一切都短缺。事实上，整个经济学就是作为对短缺的回应而成长起来的。作为一种方法，经济学通过研究如何管理和应对各种各样的短缺来获得最佳结果。而且，经济学的概念语言也由持续的短缺压力所主导。以"机会成本"（Opportunity Cost）这个概念为例，做某事（任何事情）的机会成本就是你放弃的本可以用金钱/时间/注意力参与去做的任何其他事，或者你所选择的投入到选定的事情、服务或时间上的任何事。

然而，信息技术（IT）/数字革命极大地扩展了那些不遵循一般短缺规律的事物（或更常见的非事物）的范围。任何可以数字化的东西（如信息、数据或知识）都不会因更广泛地共享而减少。用于描述这种特性的术语是"非竞争性"（non-rival）。此外，在数字世界中，网络效应无处不在。增加网络成员的边际成本几乎为零，但它对网络上的所有其他成员都有益处。

经济学已经发展到分析一个商品由原子构成的世界。但由比特/位（bits）组成的事物呈现出四个明显不同的特征：

- 它们可以被完美复制。
- 额外的单元可以以（几乎）零边际成本"生产"。
- 它们可即时传播。
- 它们可以以（几乎）零边际成本传播。

AI革命将拓展并强化经济中表现出这些特征的各个方面。当然，短缺依然存在：土地短缺、与之相关的位置短缺，以及粮食和其他物质商品的短缺。人类仍然受限于时间。但相对于由物质、限制、短缺定义的世界，在规模和范围上，数字化、网络化、丰富充裕的世界将不断扩大。

这将影响成本的整体表现。在由物质组成、由短缺定义的世界中，这些成本将继续上升。但在数字化、网络化的世界里，随着产出上升，平均成本下降，边际成本不会上升，甚至可能会下降。

经济的这两部分之间的相互作用将影响相对收入份额、利润率和宏观经济表现。一种潜在的负面后果是，成本曲线下降往往有利于垄断和/或寡头垄断的发展，并强化"先发优势"。这种影响在信息技术行业体现得最为明显。互联网催生出了大量利润丰厚、影响力巨大的企业，而其雇用的劳动力却少得惊人（我将在第6章探讨这些问题）。

但有一个较为有利的影响——在较高的经济活动率和较低的失业率下，通胀将继续保持稳定［在经济学术语中，这被称为菲利普斯曲线平坦化（a flattening of the Phillips Curve），该曲线描绘了通货膨胀与失业之间的关系］。

经济增长步伐

我在第1章中已指出，最近生长率增速出现了深刻而持久地放缓的趋势这种说法是不可信的。撇开机器人和AI带来的机遇不谈，我也满怀信心地预计，生产率增速将从发达国家近期表现出的低水平状态回升。当然，前提是正常地衡量生产率增长，这是一个重要的"如果"。

因此，未来几十年可能的经济增长率的背景是，发达国家的生产率可能会增长1%—2%。现在让我们看看机器人和AI对已经在改善中的状况可能产生的影响。

第二次世界大战结束后的头30年，在西方世界的大部分地区，生产率以年均超过3%的速度增长。经济表现得如此优秀的原因有几个，但其中最主要的是对过去20年里积累起来的技术进步的充分利用，以及充分就业和低利率结合而带来的高投资。

类似的事情可能会再次发生。有两个主要因素将推动生产率的迅猛增长，第一个是包括AI在内的"机器"直接替代人类，这反映了过去

200年间出现过无数次的情况。这将在很大范围的活动中发生。第二个来自机器人和AI的应用对人类工作者的帮助，其中涉及多种多样的服务活动。这将使人类服务提供者能在给定的时间内完成更多的工作。比如，对于如今应用机器人的护理工作者，他们可以在探访"老人之家"的分配时间内提高工作效率；同样对于外科医生，他们现在可以在高水平机器人的辅助下做手术。在后一种情况下，使用机器人不一定会大大加快手术速度，但会使手术更精准、侵入性更小，并允许医生远程操作，从而可能节省旅行花费的时间资源（我将在第5章讨论这些影响的范围）。

服务业的潜在生产率增长比看上去的要重要得多。几十年来，制造业的生产率增长一直快于服务业的生产率增长。随着经济日益为服务业所主导，这已成为制约生产率增长进而限制生活水平提高的首要因素。事实上，在发达经济体中，人们对该因素重要性的认可大大助长了对生产率增长潜力的悲观情绪。

服务业的基本特征是，利用资本设备提高劳动生产力的能力有限，从而限制了其生产率增长的能力。无论是教育、医疗还是社会工作等其他服务部门，都体现出这一基本特征。但如今，机器人和AI应用的普及，使得为服务业部署的资本配置额大幅增加，从而为大幅提高生产率提供了空间。

萨里大学物理学教授、英国科学学会主席吉姆·艾尔–哈利利最近估计，到2030年，AI可为全球增加15万亿美元产出，这比目前中国和印度的产出总和还要多。[10]

我不确定他的这一估计来自何处，但只要稍加计算就能让他的说法更有说服力，并能帮助我们判断机器人和AI的重要性。让我们假设一下——AI革命会带动人均GDP年均增长率（至少在中长期内是生产率增

长的一个可用指标）推高至2000—2007年的水平，即达到全球经济危机
爆发之前的水平。对发达国家来说，这一比率为每年1.6%，而对全世界
来说是3.1%。若这种增长速度持续10年，那么人均GDP的累计增长率
将分别略高于17%和35%。不过，如果这种增长速度保持30年以上，那
么人均GDP的累计增长率就将分别达到61%和150%。

当然，1950—1973年的黄金时代的增长率更高（而且发达经济体与
整个世界之间的排名颠倒了过来）。如果我们假设全世界都恢复到了这个
黄金时代有记录的增长率，那么这将使10年内总的人均GDP增长率达到
32%，而发达国家10年内的有记录累计增长率将为37%。30年内的增长
数据会相当壮观：分别为接近130%和超过157%。

加上其他正在发挥作用的力量，包括纳米技术和从全球金融危机中
复苏，这样的扩张速度应该完全可行。想象一下，在一代人的时间里，
人均GDP将增长一倍以上，生活水平也会因此不止翻一番。这的确会是
一个惊人的结果，它将充分证明AI狂热者的热情有道理，同时也将说明
AI悲观主义者悲观错了。

你可以说，机器人时代的生产率增长可能会相当高。但你不能说，
经济增长将以相同的速度发生，或者以最近的标准来看，经济增长确
实很高。在我们能实现这种跳跃之前，有"两座桥"必须跨越。

"第一座桥"与我前文提到的总需求相关。可能的情况是，尽管生
产增长率很高，但由于总需求无法接纳此时迅速增长的供应能力，所
以越来越多的人（和机器人）仍将失业或未充分就业。然而，正如我
前文所论述的，我认为这种前景不太可能出现，而且完全可以采取一
些政策措施来阻止其出现。

"第二座桥"不仅意义更重大，而且更有可能实现，即以增加休闲

而非产出的形式提高供给能力的趋势。至少在发达国家，人们不希望消费两倍于当前数量的东西。毫无疑问，将会有新事物成为他们的欲望对象。或者他们会选择更多的休闲而不是更多的东西。这就引出了全新的问题集，我将在第4章中讨论它们。

在这种情况下，GDP的实际增长率将低于生产率的实际增长速度，这将无法充分改善人类的生活状况。完全有可能的是，人们会越来越喜欢增加休闲时间，以至于尽管生产率有了显著提高，但GDP的实际增长率却并不引人注目。也就是说，正如我在第4章要讨论的，按照过去的形式，最有可能的结果是产出增加与休闲增加的结合。

让我们澄清一下。假如这里阐释的关于生产率增长更快之类的愿景得以实现，那结果将是，即使在我们现有的测量数据（如GDP、实际收入或人均实际消费）不足的情况下，经济增长速度也会比西方近几年的正常增速更快，生活水平亦将提高得更快。此外，由于增加了休闲时间，人类生活状况改善的潜在速度也将更快。

利率

这种未来愿景对利率意味着什么？经济学家通常会区分名义利率（nominal rates），即货币利率和所谓的实际利率（real rates），前者是我们为贷款支付的利率或因存款而获得的利率，后者即名义利率减去通货膨胀率的结果。他们之所以要如此区分，是因为正如术语所表明的那样，实际利率可能会影响经济行为。实际上，如果你只盯着名义利率，就会很容易误入歧途（不过这并不是说名义利率完全不重要）。因此，在这里我将坚持这一区别。我先讨论实际利率，然后再谈谈名义利率。

在有关实际利率的决定因素是什么的喧嚣与骚动之中，通常没有什么要紧的，只有两个主要因素具有重大影响：

- 总需求是否低于或超过潜在的生产能力。
- 生产性投资收益率与用于金融投资的储蓄供给之间的关系。

第一个因素决定了货币当局是被说服试图通过施加较低的实际利率来促进需求，还是借助较高的实际利率政策来抑制需求。自然，他们的书面命令只适用于直接受其控制的短期利率（在英国是银行利率，在美国是联邦基金利率）。但实际上，这些短期利率往往会对长期利率产生重大影响，进而影响整个投资领域的收益率和必要收益率。

第二个因素是典型的长期因素。它符合古典经济学家认为的决定"那个"利率的因素。这是一种力量的平衡，实际利率的结果将取决于两个要素，即储蓄倾向与投资意向。

我在本章讨论了机器人和 AI 的应用对政策制定者制定利率的影响。在那些一直思考这个问题的人中，正如前文所讨论的，几乎每一位 AI 专家的头脑中都隐含着这样的假设——机器人时代的特征是就业不足和经济萧条。因此，无论他们是否认识到这一点，政策制定者都会设法消解这一点。所以，他们对萧条和失业的设想其实相当于认为将来会持续保持低利率——至少在担忧这种政策的扭曲后果并说服当局放弃它之前是这样。

他们的设想或许是对的。但每当看到被懒散地建立起来却根深蒂固地存在的传统智慧时，我的一切经验都强烈要求自己望向相反的方向。如上所述，纵然公共政策没有预先阻止或至少限制这种可能的转向——工薪阶层和消费者的收入分配从工资转向利润，并从低收入者转向高收入者，总需求最终依然可能变得强劲而非疲弱，这是合理的。我怀疑将来它会是这样。

假使我在这一点上是对的，而且，如果这些因素联合起效——老龄化、世界经济更加平衡、银行实力更强大、AI相关投资井喷，并且它们的作用大到足够补偿因不平等加剧而引发的任何消费疲软，那么机器人时代就没有理由成为超低利率时期。的确，有足够的理由可以让人相信，在这种情况下，短期实际利率应该回到2007—2009年的全球金融危机爆发之前的正常水平，甚至可能更高。

储蓄与资本收益

现在是时候谈谈确定实际利率的第二个因素了，即储蓄与资本需求之间的平衡。由于上述及后面几章中将进一步阐述的一些原因，新世界有可能处于高储蓄率状态。在其他条件相同的情况下，这会压低实际利率。但这种设想远非定论。将高储蓄率视为必然是不明智的。尤其是，如上所述，人口结构变化也许会将其推向完全相反的方向，这涉及上面提到的日本、中国和欧洲相当程度的人口老龄化问题。

同时，机器人和AI革命很可能会带来资本收益的大幅提高，从而导致长期资金需求的剧增。在其他条件相同的情况下，这将推高实际利率。

总而言之，我猜想，机器人和AI释放出的绝佳机会将引发投资激增。这不仅有益于保持总需求的强劲，也会因此削弱较低的实际短期利率以刺激需求，并吸收可用的储蓄。这一点尚不确定。但我敢打赌，机器人时代将是实际利率相对较高的时代，不只表现在（政策决定的）短期利率一方面，在整个利率范围内都会是这样。

名义利率

大多数人从名义利率（即货币利率）而非实际利率的角度来思考和交易。要怎么说他们呢？如上所述，两者之差就是通货膨胀率（严格说来，应该是预期通胀率）。正如前文所讨论的，我完全看不出有什么理由认为AI经济将以高通胀或低通胀为特征。至于占主导地位的通货膨胀率最终结果会怎样，很大程度上将有赖于货币当局的工作，及其背后在社会中发挥作用并在投票箱里表达的政治力量。因此，对于我所说的实际利率的可能走势，可以将其作为一级近似，也适用于名义利率的可能水平。

这并不等同于预测AI经济将出现低通胀，并因此出现低名义利率。相反，一旦易于对价格水平造成向下冲击的过渡阶段基本结束，它就是一种不可知论立场的断言了。AI经济中的通货膨胀可能高也可能低。我想说的是，一旦过渡阶段结束，我将看不出机器人和AI带来的变化的本质，它可使经济系统性地倾向于一种或另一种结果。

但警告一下是必要的。实际利率可能的变化幅度相当小，也许是6%或7%，从−1%或2%到约5%。即使在更广泛的范围中，这个幅度也算非常大的了。在实践中，实际利率的范围通常介于0—3%之间。相比之下，可能的通货膨胀率范围却是无限的。在现实中，通货膨胀率一直在−20%到百分之几千之间。因此，我所说的实际利率可能会轻易被通胀环境的变化对名义利率的影响淹没。

不同资产的表现

在机器人时代，利率变化将成为影响不同资产的表现以及投资回报的最重要因素之一。我在这里必须得说点什么，但我不能也无意将它们作为任何形式的投资建议表。

但读者对不同类型资产的平均表现和总体表现有合理的预期。此外，它们的表现甚至可能对宏观经济产生一定的影响。因此，考虑不同类型资产可能发生的情况很重要。

若由于上述原因，实际利率降低了，那么这将或多或少对所有投资类别产生压倒性影响，支撑资产价值，但也将延续低收益率时代。不过，也是由于上述原因，我怀疑这种情况不会发生，而且实际利率将回到2007—2009年前被人们视为正常的水平。在这种情况下，我们能对不同资产的表现说些什么呢？

债券的走势将受到当前和未来实际利率水平以及预期通胀率的密切影响。如上所述，我没有理由认为机器人和AI的广泛应用会推动平均通胀率向任一方向发展，我也没有理由相信金融市场会预期出现这样的结果。我已经说过，预计实际利率将回归"正常"甚至更高水平。换句话说，债券收益率有望回归"正常"甚至更高水平。从目前的情况来看，这意味着现有的资本持有者将蒙受巨大损失。

与此同时，股票很可能会受到相反力量的冲击。一方面，如上所述，债券可能发生的变化会产生一种抑制性影响。另一方面，如果我对经济增长将会强劲的假设是正确的，那么这将产生提升利润增长率的效果。此外，即便没有这样的促进作用，收入分配仍有可能发生上述从工资转向利润的重大转变。

请注意，至于股权投资，微观细节肯定会主导宏观普遍性。有些行业及行业内的企业将从新革命中获得可观的利润，而另一些行业则根本不会从中受益，或者严重亏损，甚至走向消亡。机器人和AI革命将改变生产结构，甚至改变我们生产的那些东西（thing）。但这些词可能会有点误导人。"produce"（生产）一词并不完全合适，无论恰当的动词是什么，宾语都有更可能是"non-thing"（非物）而不是"thing"（物）。

投资的表现将取决于基础资产及其管理工作如何应对机器人和AI带来的挑战和机遇。为了让你能对第4—6章的内容先睹为快，我在此列举四个蓬勃发展的领域：医疗保健、休闲活动、个人发展、老年护理。

类似的考虑也适用于房地产领域。住宅地产也将受到相反力量的冲击。实际利率任何幅度的上升都会倾向于压低价格，而收入的大幅增长则倾向于推高价格。

可以说，商业地产的情况与之大致相同。但在这方面，微观细节也很有可能发挥压倒性作用。而商业地产可能会受到重大的负面宏观因素的影响。如果因为人们选择（或被迫）投入更多的时间用于休闲（我将在第4章讨论这一点），那么工作时间就会大幅减少，这必定会加强最近使商业办公空间需求趋于减少的力量。近几十年来，在没有AI的影响或者至少影响不是很大的情况下，商业空间需求的长期趋势是下降的。自1980年以来，英国的实际办公室租金已经下降了20%。此外，无人驾驶汽车的普及可能会对商业地产价值产生巨大的潜在影响，对此我将在第5章详细讨论。

未来的宏观经济

我对机器人时代宏观经济的可能形态进行了分析，得出了一些或许会令许多读者惊讶的结论：

- 没有令人信服的理由让人相信，AI经济时代将是失业时代。总需求不足的趋势并不是在所难免。其实，我们有充分的理由相信，它可能会很强劲。

● 如果总需求确实不足，那么我们应该期待包括财政宽松和低利率的宏观经济政策会积极投入实施，以维护需求并支持就业，至少暂时行动起来。

● 也没有令人信服的理由来预期机器人时代将是低通胀时代。但应当承认，随着机器人和AI对经济施加的影响越来越大，这将带来一系列的反通胀冲击，类似于20世纪90年代因全球化和中国崛起而带来的冲击。此外，它们的影响或许有助于经济在较高的需求和就业水平上运行，而不会引发通胀加速的后果。

● 要感谢机器人和AI的影响，随着生产率增长加快，经济增长率可能会提高。随着时间的推移，这将有可能极大地提高人们的生活水平。

● 除了采取任何旨在对抗疲软总需求的短期低利率政策，实际利率可能会上升，回到全球金融危机前的水平，甚至更高。名义利率的变化取决于机器人时代占主导地位的通胀机制，也取决于没有绝对的理由让人相信一件事而不相信另一件事。

● 实际利率的上升将会对所有资产的价值产生抑制作用。除了债券，对大多数资产，尤其是股票来说，这种影响可能会被更强劲的经济增长抵消。即便如此，微观效应仍将起主导作用，很多股票甚至会在其他股票一路飙升的时候萎靡不振。

这是一组颇为引人注目的结论。不过应该提醒一句，在这个阶段，你必须将其视为暂时性的。因为这里少了点东西，而这些东西可能会对本章讨论的经济问题和前文列出的结论产生深远的影响。本质上，机器人应用的普及和AI的发展将极大地提高我们的生产潜力。但我们该如何利用这一潜力呢？

AI文献中的很多讨论都聚焦于因为技术或需求不足导致失业而强制休闲的前景。我在本章已论证过，这种前景不大可能出现。但如何考虑人类的选择呢？我的论点是，不管怎样，人类将必须决定自己的工作量。在一种极端情况下，他们会希望承担和以前一样多的工作，尽管采用的方式不同。由此，他们将获得更高的收入，以用于商品和服务开销。在另一种极端情况下，他们将希望工作量大大减少，以至于总产出和收入根本不会提高。如果是这样的话，机器人和AI革命的表现将不是GDP的增长，而是休闲时间的增加。在这种情况下，对就业持悲观态度的人甚至可能会宣称，"失业率"上升证明他们说对了。实际上，他们完全不会被证明是对的，因为"失业率"上升或就业不足是自发的结果，这将是人类的福音。但是，相比和以前工作量一样的状态，这种情况对经济的影响会迥然不同。

这两种极端之间存在无数种可能的结果。那么，在这个范围之中，我们的未来在哪个位置上呢？

第二部分

机器人和AI的影响所及：工作、休闲与收入

.

第4章 工作、休息与娱乐

工作可救人于三大罪恶之中：无聊、恶习和贪欲。

——伏尔泰（Voltaire）[1]

选择自己喜欢的工作，这样你的一生都不会存在不得不去工作的一天。

——无名氏[2]

大多数关于AI驱动未来的技术文献，甚至一些经济学家（他们应该更为了解）的大量著作，都设想了这样一个未来——人类是技术发展进程中无助的受害者。工作消失了，人们被留在了"垃圾堆上"。这并非他们自己的过错造成的，他们对此几乎无能为力，这属于**不可抗力**。

现在，你应该已经知道这不是我的想象，至少在奇点来临之前不是（在本书后记中出现了这一点）。事实上，正如我希望已说服你的那样，在机器人和AI驱动的新世界中，没有任何宏观原因可以解释为什么每个想工作的人都不能工作。

当然，某些人可能会被排除在外，他们将无法重新获得技能并找到工作。转型过程充满痛苦。而且很多人从工作中赚取的收入也会有问题

（我将在第6章讨论这些问题）。此外，这样的前景会引发重要的公共政策问题——个体和社区落后于时代，并且收入分配也会发生重大变化。这些我将在第三部分探讨。不过这与极度悲观主义者设想的关于失业和贫困的未来相去甚远。

第3章中所谈及的对未来愿景的重点在于，未来有多少人工作将不是**不可抗力**的结果。相反，这将是选择的结果。个体自身和整个社会作为一个整体将能够且确实需要在工作、休息和娱乐之间选择合适的平衡状态。所谓"合适"，我指的是达到最适合他们的平衡。

那么，什么最适合他们呢？这是个有争议的问题，不可能有明确而固定的答案。一些人认为人们主要像现在一样选择工作。另一些人则指出，人们会选择增加休闲时间而不是提高收入。接下来，我将分析这两种观点。

如果将来人们确实选择减少工作时间，而花更多的时间在休闲上，那么就会引出另外两个关键问题：

- 在他们的工作周和职业生涯中，何时会获得额外的休闲时间？
- 他们如何利用自己的额外时间？

一旦这些关键问题有了答案，我们就能回答第3章结束时提出的本质性问题，即如果机器人和AI能带来生产能力的提高，那么这种提高将主要凭借哪种方式实现：是增加产出还是增加休闲？

要想对这些问题形成看法，我们需要深入研究人类对待工作和休闲的态度，借鉴我们自己在西方文化中的悠久历史经验，以及任何与之相关的其他文化的经验。即使没有机器人和AI革命，我们也将在这里处理与现代世界中人类状况相关的问题。纵然事实证明机器人和AI革命是"受潮了的爆竹"，是"一枚哑炮"，就像很多愤世嫉俗者推测的那样，我们也依然将面对这些关于工作和休闲的关键问题。但是，由于机器人和AI革命可能给工作领域带来的挑战的特别性质，它们与我们对AI经济的思考尤为关系重大。

古代与现代

纵观历史，人类对待工作的态度始终是矛盾的。在一个极端，有观点认为，工作是实现目标和价值的关键，甚至是通往虔诚的道路。而在另一个极端，工作一直被视为生命的痛苦之源，让人筋疲力尽、乏味呆滞、沦为奴隶甚至丧失人性。

这两种态度都出现在基督教传统中。"The devil makes work for idle hands to do"（无事生非）是一句著名的基督教谚语，它可能来源于公元4世纪圣杰罗姆（Saint Jerome）的一句话。然而，在伊甸园中，工作似乎完全没有发挥作用。这种无工作生活的幻景不仅限于《旧约全书》（*Old Testament*）的描述。在《马太福音》（*Matthew's Gospel*）中，耶稣告诉他的门徒不要担心工作和金钱。他说："想想田野间的百合是如何生长的：它们既不辛苦劳作也不转动不休。"[3]

如今仍然存在的很多对工作的消极态度可以追溯到以前，即便不是伊甸园，也至少可以追溯到第一次工业革命，它把人们吸引进了工厂，改变了工作的性质。相比一个人同时做几个不同的任务，亚当·斯密支持的劳动分工或许更有效率，但它也有其不利的方面，亚当·斯密也承认这一点。在1776年出版的《国富论》中，他写道："如果一个人一生都花在执行一些简单的操作上，而这些操作的效率可能总是相同或者几乎相同，那么他就没有机会施展自己的能力。"[4]

马克思进一步阐释了这一点。他写道："由于机械的广泛应用和劳动分工，无产者的工作丧失了一切个性，因此工人也失去了所有魅力……他们成为机器的附属物，对他们的要求仅仅是这项最简单、最单调、最容易获得的本领。"[5]其结果是，马克思说，只有不在工作的时候，工人才能真切地感受到自己。

因此，你可以很容易地辩称，人类对工作看似自相矛盾的态度其实根本不矛盾，只不过是对不同种类的工作有非常合理的不同看法而已。在人类早期，工作主要是体力劳动——拖运石头和泥土、挖掘、把材料制成有用的形状、折弯、搬运、推、拉。当然，随着时间的推移，人类学会了利用动物来完成许多费力累人的搬运、拖拉工作，但人们依然有很多繁重的劳动要做。

在现代社会，工作之所以不受欢迎，通常是因为它是某种形式的苦差事，有时依然需要大量的体力劳动。乔治·萧伯纳（George Bernard Shaw）的戏剧《皮格马利翁》（*Pygmalion*）被改编成了音乐剧及之后大获成功的电影《窈窕淑女》（*My Fair Lady*）。在剧中，伊丽莎·杜利特尔（Eliza Doolittle）梦想自己变得非常富有，什么都不用做，只需抬抬双脚就可以享受生活。这种情绪类似于为某女佣制作的碑文中所表达的："不要为我忧伤，永远不要为我哭泣，因为我再也不用做任何事情了，永永远远。"

但是很显然，工作的辛苦乏味并不一定源于体力劳动的强度。事实上，很多人已经证实了强体力劳动带来的益处和满足感。仿佛是为了支持这一观点，虽然目前在大部分西方世界中，男男女女均已摆脱了繁重的体力劳动，但他们还是会自愿将自己每周绑在机器上好几个小时，有时甚至每天数小时。诚然，他们的目的不是追求金钱，而是追求健康和形体的美丽。这些现代奴役场所被称为健身房。有意思的是，描述这种活动的最常用的短语是"锻炼"（working out）。我自己经历过这种极大的"痛苦"，虽然对其没有那么心醉神迷，但我清楚地知道为什么用"working"（工作）这个词。不过，我始终不明白"out"一词到底想表达什么意思。

第一次工业革命一拉开帷幕，人们就普遍不喜欢这种工作，其原因与其说是基于它的物质性，不如说是基于它从根本上把人们变成了机器的奴隶，使其从根本上失去了人性。关于这一主题的学术文献多如牛毛，但对该观点最生动逼真的呈现可能来自20世纪早期英国作家D. H. 劳伦斯（D. H. Lawrence）的小说。他认为，工业化不仅玷污和污染了乡村，而且还弱化了人类并败坏了他们的灵魂。劳伦斯的家乡是诺丁汉郡（Nottinghamshire），他深受煤炭业及当地矿工工作生活状况的影响。很显然，非体力工作也会让人感觉像做苦力。许多办公室和行政工作令人高度疲惫，甚至毁灭人的灵魂。使工作表现出"苦力"特征的原因有如下几种：

- 重复性。
- 与同事间的联系不足。
- 缺乏与终端产品和终端用户的联系。
- 缺乏对所生产/交付的东西内在价值的信念。

如果认为工作一定如此，那么设想乌托邦是一个没有工作的世界也就不足为奇了。资本主义是经济和社会发展中的必要阶段，因为其确实提供了商品。但随着生产潜力的不断增长，对资本主义及其赖以生存的能力的需求终将走向尽头。在共产主义的主导下，人际关系和政治制度将会发生变革，因为那时会有丰富的商品可供使用。

其他一些伟大的思想家也得出了类似的结论。18世纪末，美国开国元勋之一本杰明·富兰克林（Benjamin Franklin）预言，人们最终每天工作4小时就够了，剩下的时间将用于"休闲和娱乐"。后来，剧作家乔治·萧伯纳的说法更甚于这个预言，他在1900年提出，到2000年，工作者每天仅需工作两小时。数十年后，颇具影响力的兰德公司（RAND Corporation）预测，未来2%的人口将能生产社会所需的一切。

工作与生活之间的平衡

不过，正如我们稍后将看到的，很多现代工作根本不适合苦力模式。事实上，很多人似乎很喜欢自己的工作。随着我们进入AI经济，这两种关于工作的观点非常显而易见。因此，如果我们正处于一个不需要工作的富足时代的边缘，这将会被不同程度地视为是解放，也是恐怖之事。

你应该已经注意到了，在宏观经济这个主题上，我对约翰·梅纳德·凯恩斯十分尊重，这个主题或多或少是他创立的。不过你可能会惊讶地发现，对我们在这里讨论的工作与休闲之间的平衡问题，他也扮演了重要角色。你很快就会发现，他对该主题的想法远非定论。事实上，相比提供答案，他在该领域的贡献在于，他提出了更多的问题。其中有一个与机器人时代未来工作相关的关键问题，即为何人们当前的工作量和以前的一样多？还有，无论出于什么原因，他们将来一定会以这种方式继续下去吗？

有趣的是，尽管凯恩斯设想了一条通往这种终极状态的迥然不同的道路，但他与马克思有着相似的愿景。凯恩斯在1931年发表了一篇名为《我们子孙后代的经济可能性》（*The Economic Possibilities for Our Grandchildren*）的文章，他在文中提出，100年后的生活水平将是当时的4—8倍。[6]他声称，这将足以解决"那个"经济问题，也就是说，富裕将取代短缺。因此，问题在于如何利用我们的时间。

在某些方面，凯恩斯的这篇文章有点令人尴尬。它带来了生活舒适的中上阶层知识分子的偏见，他们对美好生活的憧憬直接来源于凯恩斯及其朋友的生活方式，尤其是布鲁姆斯伯里团体（Bloomsbury Group，20世纪初英国知识分子小团体）成员的生活方式。这篇文章一方面对人们和阶层之间的收入分配完全没有兴趣，另一方面对地位较低的人（即其圈外人）如何学会有效地运用时间表示焦虑。

虽然凯恩斯的大量文章均写于近一个世纪前，但如今读来依旧异常新鲜。他写道：

我们目前正遭受经济悲观主义的猛烈攻击。人们常说，19世纪经济飞速发展的时代已经结束了；生活水平快速提高的步伐现在将放缓——至少在英国是这样；未来10年，我们更有可能面对的是从繁荣到衰落，而非改善。

我相信，这是对正发生在我们身上的事情的极其错误的解读。我们确实在遭受痛苦，但不是因为"老年性风湿病"，而是来自变化过快带来的成长痛，是一个与另一个经济周期之间重新调整所造成的痛。

为了使凯恩斯的这一观点为我们提供一种方法，以解决AI经济中工作与生活之间的平衡问题，我们首先需要解释自凯恩斯撰写这篇文章以来的这一时期发生了什么，然后我们就可以将注意力转向未来。

凯恩斯是对了还是错了

《我们子孙后代的经济可能性》发表后的那个时期，人们对凯恩斯既友好又刻薄。他在1928年首次发表了这篇论文，经过各种修订，于3年后发布了最终版本，至今还不满100年。但是，就在我写本书时，结论已经相当清晰。

首先，让我们公平地对待这个人。在英国经历了很多年糟糕透顶的经济表现之后，以及在世界经济即将陷入大萧条之际，凯恩斯提出了这些令人震惊的想法。当时，生活水平在百年内提高4—8倍的想法看上去像一种幻想。

然而，至少在发达国家，这种貌似漫无边际的物质进步幻象已经成为现实。具体情况完全取决于你以哪一年为起点，以及采纳哪种"生活标准"定义。在美国和英国，2018年的生活水平是凯恩斯提出其愿景时的5.5—7倍。而在我撰写本书时，距离凯恩斯发表这一想法的百年期结束还有10年（有趣的是，在他的《我们子孙后代的经济可能性》一文中，他对不发达国家只字未提，如今我们称之为"新兴市场"。接下来，我也将聚焦于发达经济体，但我会简短地把新兴市场的情况介绍给大家）。[7]

然而，尽管凯恩斯关于平均收入和生活水平将总体提高的观点基本正确，但工作终结甚至每周工作时间降至15小时的设想尚未发生。目前，大多数成年人一生中的大部分时间都在从事全职工作，每周工作30—40小时，在很多情况下，甚至更多。因此，关于如何利用所有那些休闲时间的问题根本没出现。

此外，现代劳动力市场的一些关键特征与凯恩斯的设想完全相反。事实上，很多专业人士的工作时间似乎更长了。股票经纪人过去过着相当安逸的生活，他们的正常工作时间是每天最多六七个小时，而且这段时间中的大部分还专用于"午餐"上。相比之下，如今的金融专业人士往往早上7点就坐在了办公桌旁，上帝赐予的每个小时都要工作，而且还没有"午餐"时间。

同样，虽然法律专业人士通常上午较晚才开始工作，但他们的工作时间也非常长，常常要工作到深夜（我无法解释金融专业人士和律师之间昼夜平衡状态的不同）。这与法律行业在19世纪乃至20世纪早期到20世纪80年代的运转方式相去甚远。直到比较近的这个时期，一些成功的英国律师还能在上午处理他们的法律事务，然后在下午和晚间去下议院（House of Commons）。

说到政治，在19世纪，英国首相们可能会在夏季到欧洲大陆或乡村庄园待上几个月。现在，他们应该几乎一年到头都很难做到这一点。当一些国家灾难袭来时，如果他们碰巧被发现在国外晒日光浴，那麻烦就来了。有意思的是，这种更大强度的努力或至少是表面上的努力，似乎并未明显改善政府的工作质量。

相比过去，如今的普通办公室职员通常也要为生计辛苦工作更长时间，除了正式的办公时间，往往还有可观的通勤时间。另外，在漫长的通勤时间中，他们很有可能会花费大量时间在笔记本电脑或智能手机上工作，而且他们还可能会在所谓的闲暇时间里在家继续做这些事情。

与此同时，在外工作的女性数量大幅增加。[8]如今，在大多数发达国家，夫妻双方都外出工作，与旧模式形成对比。在旧模式下，有一人（通常为女性）待在家里照顾孩子和家庭。这种变化的结果是，对很多人来说，工作结束回到家里后的时间并不是一段较长的休闲时光，相反，它只是另一种工作。对所有这些工资和薪金的"奴隶"来说，凯恩斯关于休闲生活的愿景，以及如何利用所有那些时间的想法，似乎都来自另一个星球。

其至有证据表明，很多人（即便不是专业人士）自愿在工作中投入比规定工作时间*更长*的时间。在美国和英国，工作者有选择工作时间的能力，其工作时间远远超过欧洲国家的正常水平。在欧洲，工会政策和法律对工作时间都做出了限制。美国的人均GDP比法国、德国的高30%—40%，但在一年之中，美国人的平均工作时间也比这些国家的人要多30%—40%。更重要的是，美国和欧洲之间这方面的差距一直在扩大。1970年，美国适龄劳动者的每周平均工作时间为24小时。到了2004年，该数据为25小时。[9]

如何解释现代人对工作的明显偏好，至少在盎格鲁－撒克逊人（Anglo-Saxon，大部分英格兰人的祖先）的世界中？只有找到了该问题的某种答案，我们才能就未来AI经济中工作和生活之间的平衡关系形成新的观点。

经济学家出手相救？

关于人们为何尽管收入增加了还是要继续做这么多工作的原因，有一个简单明确的经济学解释——"替代效应"（substitution effect，由于工作带来的高收入，休闲的机会成本更高）已超过"收入效应"（income effect）。据此可以推测，休闲需求会增加。

这不仅是经济问题的答案，也是经济学家的答案（不过在我的书中，这不一定代表着认可）。将这一推断的解释用简明易懂的话来说，就是人们现在从工作中赚得更多了，从而让人们更乐于选择工作而非休闲；同时，生活水平提高了的事实让人们至少可以从更多的休闲和更少的工作中获得一些好处。从这些相关证据中我们可以看出，前者的影响超过了后者。

以上是对该现象的描述，但我并不相信它是一种恰当的解释。可以说，技术进步通过拓展娱乐可能性的范围，极大地提高了休闲的主观价值。相比之下，在前工业时代，"休闲"一定在黑暗中坐了相当长的时间。[10]现在，这一因素使人们的选择大大倾向于少工作、多休闲。因此，我们仍然在寻找一个解释，为什么我们明显偏爱工作（和收入）而不是休闲。

竞争欲望

实际上，我们不需要花很长时间就能找到让人们埋头苦干的强大力量。这其中最重要的就是竞争本能。从绝对意义上来说，就算我们已经达到了这种状态，赚取额外收入也已不太重要，因为我们已不太有需求或渴望用其购买额外的"东西"。但是，与邻居和同等地位的人的竞争仍然能够激励我们付出巨大的努力。人们或许还是想显示出，无论与之比较的是谁，自己起码都能够与之匹敌，甚至自己更出色。他们甚至可能会觉得，即便不是与之前的自己或双亲竞争，至少也有一种要展示与自己和双亲以前的生活相比有明显进步的感觉。

不平等的加剧（不平等确实加剧了——具体内容请参见第6章中的讨论）可能也促使人们在工作和休闲之间做出选择。那些处于底层的人希望通过工作获得那些处于上层的人所获得的东西。与此同时，那些处于上层的人也热衷于维持地位较低的人与他们之间的差距。[11]

有趣的是，凯恩斯预见到了相对性的重要性。在其《我们子孙后代的经济可能性》一文中，他写道：

人类的需求似乎是无止境的，这是事实。它们可分为两类，一类在某种意义上是绝对需求，无论人类处于何种状况，我们都能感觉到这种需求；另一类是相对需求，只有当它们带来的满足感让我们得到提升、使我们感到自己比同类有优势时，我们才会感觉到它们。第二类需求满足的是对优越性的渴望，或许的确属于贪得无厌、得寸进尺，总体水平越高，它们也就越高。[12]

对于相对成功的渴望有几个驱动因素。

第一个纯粹是经济方面的。无论我们的社会变得多么富有，有些东西总是限量供应的，比如，伦敦的温布尔登（Wimbledon）或考文特花园（Covent Garden）中的最佳位置、能看到中央公园（Central Park）（纽约）最美景致的公寓，或者是法国圣特罗佩（Saint-Tropez）的漂亮海景房。这些就是经济学家所谓的"地位商品"（positional goods）。从定义上来讲，由于社会无法生产出更多类似的东西，个体对它们的追求将导致人们不断为经济成就而奋斗。某个特定的个体或许能将这些东西成功收入囊中，但其表现形式只能是拒绝他人拥有。

第二个关键驱动因素在本质上是心理和社会因素。大多数人都喜欢赢。他们获得晋升、得到更高职位和赚更多钱的动力可能完全来源于对"赢"、对"击败他人"的渴望。这一点对一些成功商人来说尤其如此，他们似乎对工作有着永不满足的渴望。诚然，有时这是因为他们真的享受自己所做的事情，但通常是由于财富和有目共睹的物质成功是"计分"的一种手段，而且他们拼命想让该分数对自己有利。

第三个相关的驱动因素是对权力的追逐。在很大程度上，权力与经济上的相对成功有关（注意，不是绝对成功）。在现代社会，这种权力在企业尤其大企业中体现得最为明显，也最受追捧。但在整个社会中，包括在中小学和大学里，也可见其踪影。这种权力动机和追求相对成功的渴望背后与另一个驱动因素紧密相连，即对地位的追求。

在上述所有因素的驱动下，我们可以很清晰地看到，争取相对成功的竞争力量在各种专业服务企业中发挥着作用——这些企业在纽约、伦敦、中国香港、新加坡、孟买等地，以及在全球任何专业环境中运作的企业都是这样。为了在企业（有时是合伙企业）内的竞争阶梯上越爬越高，银行家、律师、会计师、管理顾问以及许多其他专业人士都在长时间地辛苦工作。

律师事务所传统上采用所谓的"同步"（lockstep）模式运转，在该模式下，职员的薪酬和地位与其在事务所中的工作年限挂钩。加入一所顶级事务所的初级律师通常会玩命工作，为的是在八九年后有可能成为"合伙人"。在努力实现自己的目标期间，他们一般每周会工作约100小时——差不多是法国法律规定的最长工作时间（每周35小时）的3倍。一般来说，在这些奋斗者中，最终能做到合伙人层级的只有不到10%。

乐趣与回报

对相对成功的强烈欲望和对"胜利"、权力及地位的追求，用一种相当消极的方式解释了持续繁重的工作时间的现象。但还有另一种解释，反映了人性中更具吸引力的一面。人类的需求涉及基本需求、迫不得已的需求、为了生存而工作的需求，以及对安全舒适的渴望。一旦这些目标基本实现，工作的重要性就减弱了，人类会日益将工作视为友谊、消遣、兴趣、娱乐和意志的来源。

这些都是非常真实而强大的驱动力。其反面也极具威力。无数调查研究指出，对于被调查者自述的不快乐情形，失业是最大的原因之一，其影响超过了纯粹的收入损失。[13]换言之，工作可使人**享受快乐**——没了它可就糟糕透了。在很多情况下，与其说这是因为工作本身固有的性质，倒不如说是它带来了同事间的社交互动。例如，在美国，40%—60%的工作者都曾与同事约会过。[14]

此外，除了乐趣方面，工作还能让人拥有更深层次的积极感受。工作可以令人产生自豪感和认同感，给人以使命感。这对雇员和雇主都是如此。对企业家而言，还有更大的快乐来源——创建企业带来的纯粹的兴奋和刺激。

在"事业"这一概念中，"工作是意义和价值的源泉"的理念达到了顶点。也就是说，随着一个人在企业内或其他地方的晋升，久而久之，他会获得更多的金钱、地位、重要性和价值。我想，过去有一些人确实如此——或许在教会或军队中。但是，一些普通工作者拥有"事业"这个概念也是最近才有的现象，更不用说大部分人了。大多数人都有自己的生活、工作、职业、办公室，甚至拥有自己的企业，如果幸运的话，他们还有永远向前向上的使命感，但却没有"事业"。

凯恩斯的《我们子孙后代的经济可能性》一文中没有体现出这一特征。不过在经济学家当中，凯恩斯绝非个例。经济学家被困在幽暗的冥河（Stygian，希腊神话里的概念，介于阳间和阴间之间）世界中，往往会因为在很大程度上漏掉了快乐因素而深感内疚。他们通常认为，工作是十足的坏事，人们从事工作只是因为能拿到钱，这反映在"报酬/补偿"（compensation）一词频繁被用于指代薪水和福利上。然而，尽管很多人的工作体验很可能是辛苦劳累和沉闷乏味的，至少直到最近，在世界上的一些地方仍然如此，但经济学家认为"工作绝对是让人恐惧的事情"的观念错得太离谱了。

重新发现休闲的实情

鉴于存在这些强有力的观点，在思考工作的未来前景时，人们很容易从一个极端走向另一个——从凯恩斯主义观点（在大众富裕的情况下，工作时间将直线下降）到认为工作伦理如此强大，以至于对于人性和人类状况而言，全职工作是极为普遍的存在。如果你持后一种观点，那么你就会相信，未来拥有更多休闲的愿景终将会被证实是海市蜃楼。将之延伸到机器人时代，则会引出这样的推论——即便到了机器人和AI承担了大部分"繁重"劳动，并且收入也高了很多的时候，人们还是会想工作，且做得和过去一样多。

但是，我认为这种**"工作主义者"**（workist）观点被夸大了。现在是时候让一个更平衡的观点得到适当的倾听了。因此，现在我打算着眼于另一种观点。凯恩斯主义认为更多休闲是人类未来的生活方式，反对这种观点的理由基于以下几个方面的证据，我将依次查看：

- 关于过去工作时间趋势的事实。

- 对凯恩斯关于工作时间会减少的预测为何尚未实现的另一种经济学上的解释。

- 很多人认为工作并不令人快乐（与上述讨论相反）的证据。

- 当前工作时间与个体潜在偏好不一致的观点。

- 状况来源可能发生的改变。

- 实现工作之外的意义和使命感的可能性。

历史证据

我们一向如此勤奋工作吗？当然，我们没有原始社会人如何努力工作的数据。不管怎样，那时的工作时间肯定一直由气候和季节所支配。一旦社会安定下来，在冬季的几个月中，人们可能很少或根本不工作；当春天来临，即便不是全部，他们也会在白天的大部分时间里工作。

事实上，我们的确有当今欠发达农业社会的证据作为考量。在这些社会中，人们的平均工作时间似乎没有如今西方社会的那么长。

有趣的是，有证据表明，在工业化之前的欧洲，尽管国外旅行没那么普遍，人们享受的假期也非常长。哈佛大学历史学家朱丽叶·肖尔（Juliet Schor）曾估计，在1300年左右的欧洲，由于日历中满是圣日和节庆日，假期起码占到了全年的1/3。在法国，假期的比例约为半年。肖尔写道："我们的祖先或许并不富有，但他们有充裕的休闲时光。"[15]

从最近的时代来看，凯恩斯的观点也许是错的，但从长远来看，他是完全正确的。平均工作时间已大大减少了。1870—1998年间，在高度工业化的国家里，每名雇员的年工作时间数从2,950小时下降到了1,500小时，几乎减少了一半。经合组织1998年后几年的数据显示，该数字进一步下降了（虽然就以前的数据来说，美国的下降幅度较小）。[16] 在英国，周平均工作时间已经从19世纪中期的约59小时下降到现在的32小时左右。

毕竟不是那么富裕

近几十年来，人们一如既往地偏爱工作而非休闲，其程度甚至超过了包括凯恩斯在内的一些人的预期。对于这种现象，甚至有一个直截了当的经济学解释。直到最近，物质上的改善只能使生活的最基本的层面不再短缺——体面而能持续获得的食物和饮品、采暖和住所、衣服、迁移和娱乐。随着人们生活水平的提高，这并不意味着他们获得收入是为了一种闲适的生活。这只是说，他们现在能够追求高一个层次的基础物质需求了。

毕竟，迟至1967年，英格兰和威尔士几乎14%的家庭还没有配备室内冲水马桶。1960年，这两个地方95%的家庭尚未接入中央供暖系统；到1976年，该数字依然只是刚过50%。[17] 只有这些基础设施确实有所改善了，人类才可能适度思考宁愿增加休闲也不愿增加收入的问题。但这意味着，一旦这些基本物质需求得到了充分满足（就像目前初现的那样），至少在西方发达经济体，人们很可能会开始选择更多的休闲，而不是工作和收入。

你可以在当前的零售消费趋势中看到类似的情形。近几年来，在广泛的商品和服务领域，人们倾向于将更多的支出用于提高质量上，而非增加数量。食品、家具和汽车方面也是如此。我们完全有理由推测，一旦人们的基本生活质量得到了相当程度的提高，人们的偏好就会转向更多的休闲。

诚然，这有条件限制。经济增长不仅让人们可以获得更多甚至质量更好的现有产品，而且还会生产出全新的商品。人们现在渴望拥有电视、汽车、洗衣机、计算机、智能手机、平板电脑等新玩意儿。请注意，你也只能到这种程度了，因为那些曾经的"必须拥有"的东西很快就会变得无处不在。此外，它们的价格通常在进入市场的头几年就急剧下降。因此，获得最新玩意儿的需求并不能在很大程度上激励人们没日没夜地不断工作，直到下一个小玩意儿出现。

其实，对美国来说，一个非常简单的经济学解释可以说明凯恩斯的预言为何还未实现。在最近的几十年中，大多数工作者的工资并没有提高。对30多岁的美国男性来说，2004年的实际工资中位数比1974年的还要低。[18]其原因我将在第6章中阐述。

反工作偏好

对于我在前文讨论的持续长时间工作的情形，你不应该轻率地接受"工作很有趣"这种表面解释。将某些人因工作而获得的自我实现感误认为是所有人的体验，这存在严重风险。于许多人而言，工作并不总是像人们吹捧的那样好。事实上，即使不是大多数，依然有很多人对工作有疏离感。他们觉得工作沉闷乏味、毫无意义、无聊枯燥。德勤咨询公司（Deloitte）的**变换指数**（Shift Index）显示，有80%的人讨厌自己的工作。[19]

有大量证据表明，在同等水平的国家中，工作时间长的国家的人比工作时间短的国家的人的幸福感低。例如，韩国人每年工作时间为2,232小时，比经合组织国家的平均水平多473小时。报告显示，他们的幸福感就很低。另一个极端是丹麦。丹麦人年平均工作时长为1,595小时，比经合组织的平均水平少约200小时。丹麦经常被评为地球上最幸福的国家。这些都不是个别的例子。其他工作时间较短的国家也被评为"幸福"国家，比如瑞典、芬兰、挪威、荷兰。同样，在工作时间很长的国家——希腊、波兰、匈牙利、俄罗斯、土耳其，人们会感受到更多的痛苦。[20]

此外，"幸福经济学"这门正在发展的学科表明，超过一定限度，额外收入几乎不会带来额外幸福。[21]而且，我们似乎还不知道这一点，它还表明，幸福与人际关系的强度有关，尤其是与亲密的家人和朋友之间的关系。然而，现代生活的节奏和紧张度压缩了可用于与亲密家人和朋友相处的时间，并且有可能破坏这些关系。

如今的工作时长是否反映了人们的真实选择

关于人们对工作和休闲的偏好，我们掌握的这些信息存在一个根本性的问题。在文献中，似乎普遍有这样的假设——人们的工作时长反映出他们根据回报和各种替代可能性做出了自由的选择。但是，我们还远远不清楚这种假设是否合理。

事实上，实际情况比平均工作时长所显示的要复杂一点。有趣的是，小时工资与工作时间之间由来已久的反比关系已经发生了逆转。在英国，从事高薪全职工作的男性的平均工作时间比20年前更长。与此同时，收入处于底端水平但仍在全职工作的男性的工作时间减少了。另外，还有很多低薪男性在做兼职。

显然，这不符合人们的偏好。英国官方数据显示，如果薪水较低，有340万人想要工作更长时间，而320万人希望工作时间短些。那些想要更多工作的人通常是低收入的服务员或清洁人员；那些希望少工作的人一般是高收入的医生或其他专业人士。

假如你是成功的专业人士，则很难选择更多的休闲。这往往属于要么得到一切要么一无所有的情况。例如，尽管在更好地平衡工作与生活之间的关系方面，越来越多的女性律师已起到了示范作用，但个体律师仍然少有机会通过修改雇用条款来减少工作时间。逆势而行是极其困难的，在这些竞争激烈的专业服务公司中，选择更少的工作时间通常会带来沉重的代价——阻碍、减缓职业发展。

这是一件很难做的事情。人类是社会性动物，人们会对社会压力做出反应。正如我们在上面提到的，在过去50年间，工作上的成功，乃至花在工作上的长时间，在很大程度上已经成为最重要的社会地位指标。

此外，还存在协调问题。只有当你能与家人或亲密朋友共同分享额外的休闲时间时，它才可能对你有特别价值——家人或朋友或许也有同感。但是，如果可以的话，所有人都会讨价还价、做出自己的工作/休闲选择。因此，由于有协调问题，每个人都有可能更喜欢多休闲，但前提条件是其他人也有更多的闲暇时间。我们比自己希望的更愿意接受更多工作和更少休闲的组合，因为"我们不想独自一人待着"。

改变这些现状的关键在于更广泛的社会环境。态度与社会规范至关重要。但或许政府和企业的行为可以在某些方面有所作为。例如，就业福利结构会使得雇主更热衷于雇用一个人来加班，而不是雇用两个人工作相同的时间。

正在变化的社会地位来源

在前文讨论的为何西方人在生活很富裕的情况下还保持长时间工作的问题中，我提及很多相对性影响，并充分考虑了权力和地位问题。但在未来，因追求相对位置、权力和地位而形成的工作动力并不一定会如此强烈。如果追求相对成功是一场你没兴趣玩的游戏，那么你可以选择退出。在我们的社会中，有些人确实有意识地选择放弃"老鼠赛跑"

（永无休止的竞争），从而为了追求更大的满足感而接受较低的物质生活标准。

同样，由于我们当前的社会和政治体系结构化的缘故，权力和金钱关联在了一起。但有些事情并不一定是这样的。在以前的社会中，权力至少部分源自出身。即使在当今社会，政治权力也不总是来自巨大的财富，也不必然与之有联系。

这与追求地位相似。在这方面，古代世界也有所不同。在古代世界的很多地方，繁重的工作由奴隶承担。比如，在古希腊，生产活动似乎一直由他们所主导。斯巴达（Sparta）有一个奴隶部落，由希洛人/黑劳士（Helots）组成，他们是被征服的人群，活着是为了工作和繁殖更多的奴隶。当地的斯巴达人根本不做事情，他们扮演的角色及尊严的来源是参加军事活动，包括为战争进行训练和发动战争。

在古罗马，也是由奴隶做所有的重负荷工作，实际上，不仅仅是重活，他们几乎承担了所有的工作，包括家政服务。地位较高和比较受宠的奴隶还倾向于为主人打理一切事务。有人指出，在古代雅典和古罗马，多达1/3的人口是奴隶。[22]

有意思的是，无论是古希腊还是古罗马，社会地位都不是从这样的工作中获得的。取而代之的是，它主要源于出身、财富、军事威力和公职。这些因素往往紧密相关。财富主要来自继承的土地所有权，而获得高阶军衔或政治职位的能力也与财富和出身密切相关。古埃及和亚洲的大多数古代社会的情况似乎也与此大致相同。

中世纪的欧洲社会也并没有太大的差别，只是也许我们可以将教会添加进地位来源列表中。在某段时间，甚至在第一次工业革命之前，相比通过土地所有权，借助商务获得财富的空间更大。而且在某些情况下，地位是作为财富的副产品来取得的。虽然在很多社会中，这会招来人们的普遍不满。确实，在某些地方，这种情况依然存在。"贵族世家"（Old money）拥有"新富人/暴发户"可能渴望的某种印记，从定义上来讲，他们无法获得，至少几十年内不行，甚至几个世纪也做不到。

这些关于地位来源的观点与上述追求相对成功的关键驱动因素有关。对地位商品和权力的竞争并不一定会所向无敌。毕竟，它们之所以都会出现，部分原因是它们赋予了人们地位。但在新世界中，地位**可以**来自其他主要方面：美丽、成为全面发展的人、体育运动上取得成功，诸如此类。

使命与意义

即使很多人不需要这样的工作，也不需要从工作中获得的金钱，甚至不需要权力和地位，但他们依然有可能需要当前工作带来的**使命**感。不过，使命并不需要由我们所谓的"工作"来提供。具体而言，人们无须为了拥有使命感而将自己大部分醒着的时间用于追求金钱。使命和意义可通过各种各样的事情获得：追求某种爱好或运动、渴望创造点什么、提高自己某种技能或实践的熟练程度。这适用于桥牌、高尔夫球、滑雪、说外语和许多其他事情。自我价值感和使命感也可以来自慈善和社区工作，以及极限挑战，比如跑马拉松或攀登乞力马扎罗山。

这种对使命性活动的明显需求也可能是文化上的，而非与生俱来的。在一些非西方文化中（包括南太平洋和非洲部分地区的文化），人们似乎整年都懒得工作。他们的地位结构看上去也没有遭到破坏，人们好像也没有因为自己的生活中缺乏意义和使命而感到困扰。当然，在传统上，所有欧洲社会的上层阶级根本不工作，而是用体育运动、爱好和多种多样的社会活动来愉悦自己。是什么给了他们使命感？也许他们不需要这个？

有趣的是，在当今的海湾国家中，富有的阿联酋人的工作习惯与凯恩斯《我们子孙后代的经济可能性》一文中设想的非常相似。他们通常每天工作三四个小时。实际上，与那些或许影响了凯恩斯思想的富有的英国贵族相比，他们的生活环境并没有什么不同。最突出的是，富裕的阿联酋人拥有相当可观的私人财富，即便他们很少工作，这些财富也能为他们提供收入。

如何才能缩短工作时间

因此，我怀疑对于发达经济体中的很多人来说，他们对更多休闲时间有着强烈的潜在需求。我确信，随着人们变得越来越富裕（除了那些目前无论如何工作时间都很少的低收入者），对减少工作时间也有了越来越强烈的渴望。

假使我是对的，对西方发达社会中的很多人（如果不是大多数的话）来说，当他们在未来几十年中变得更加富有时，他们将选择减少工作时间、享受更多的休闲时间。假设包括雇主在内的社会体系都倾向于促成这种状况，那么在人们的工作生涯中，额外的休闲时间从何而来？主要的可能性有六种：缩短每天的工作时间、缩短每周的工作时间、延长假期时间、向单收入家庭转变、拉长受教育时间、拉长退休时间（提早退休）。我将在下面简要介绍每一项内容。

缩短每天的工作时间

如今,人们普遍认为每天正常工作时间的大致区间是上午9时至下午5时30分,但这并非一成不变。实际上,对想逛商店、想和办公室内的某人交谈、想得到某些服务或者想完成一些任务的人来说,即便事情不麻烦,这种"正常工作时间"也可能非常不方便。

显然,如果将正常工作时间延长到常规范围以外,那就与这里讨论的要点相抵触了。但是,在商店、办公室、学校或任何其他地方工作的工作者可以适当安排,让这两种状况同时存在——"开放时间"更长、每位工作者工作时间更短。例如,正常的"开放时间"可以延长到上午7时至下午7时,但同时可安排员工两班倒,每人每班6小时。若每周工作5天,则正常的工作周时长为30小时,4天的话就只有24小时(见下文)。

缩短每周的工作时间

另一种非竞争性的可能方法是减少工作天数。每周工作5天(两天为周末)并非什么神圣不可侵犯的事情。虽然安息日(Sabbath,犹太教节日,每周六不许工作)被确立为非工作日由来已久,这使得每周工作6天成为常态,但两天的周末(双休日)还是相对较新的概念。

银行周六上午开门曾经是正常的事情。在杰罗姆·K.杰罗姆(Jerome K. Jerome)1889年出版的深受喜爱的小说《三怪客泛舟记》(*Three Men in a Boat*)中,三位主人公之一的乔治只能在周末和其他两位一起沿河上游,因为他"每天在银行从上午10点睡到下午4点,周六除外,那天他们会叫醒他,两点钟带他外出"。[23]

此外,在如今的伊斯兰世界,有些人每周工作6天,只在周五的主麻日休息。因此，对在海湾国家的外国人来说，他们的工作生活是这样安排的——上午很早开始工作，到了午餐时间就可以停下来，常常和家人一起去海滩。

在欧洲，工作者特别喜欢把周末和公共假日连在一起，这样他们就能享受3天甚至4天的长周末。假如每周工作4天是一种规范，那么无论在家还是外出，这种延长的周末也会成为常态。有什么理由不喜欢这样呢？

事实上，缩短每周工作时间的趋势正在加快。德国金属行业工会（IG Metall）最近与德国金属和电气行业的雇主达成协议——90万名工会成员每周工作的时间为28小时。

2018年，新西兰保险公司Perpetual Guardian采用了每周4天工作制；在英国，威康信托基金会（Wellcome Trust）已考虑让所有员工均转为每周工作4天，伦敦总部的全部800名员工每周五都不用上班，而且不减薪。[24]不过，这些计划最近都被取消了。

延长假期时间

直到最近，工作者享受带薪年假仍然不是正常模式。很多经营着自己的企业的人依然不休年假，一直工作个不停。最初，假期是神圣的日子，也就是说，是各种宗教节日。现在，这些节日被添加到各种其他非宗教性质的公共假日中，如美国的劳动节（Labor Day）、英国的八月银行假日（August Bank Holiday）。

带薪年假刚开始实行时，规范时长仅为两周。对欧洲的很多资深人士来说，如今已经达到6周，有时甚至更长。对普通员工来说，标准为4周。

这种状况并非必然。对刚从大学毕业的年轻人来说，短假期的现实通常是巨大的冲击，因为他们已经习惯了大约半年没有正式工作义务的生活，甚至其中的一些人再也没有从冲击中恢复过来。

人们有足够的空间从工作中拓展出更长的假期。美国尤其如此，按照惯例，两周或最多3周的假期是正常的。一年中，美国人的平均工作时长比欧洲人的多出30%—40%。欧洲人通常能休完所有的4—5周的假期，相比之下，美国人一般在两周的假期中平均只休息不到4天。

如果美国人直接切换到欧洲的工作时间模式，按照欧洲人的平均假期长度休假，将会减少美国的劳动力供给，相当于在1.6亿人的总劳动力人口中减少了约2,000万人。

双收入家庭

伴随着物质财富的增加，家庭中双亲都工作的现象日益盛行。有大量证据表明，这已经给双亲和孩子都带来了焦虑和压力。当然，在某种程度上，人们认为发生这种转变是因为物质上存在必要性。但在很大程度上，其驱动力来自对社会中的地位和位置的考虑。当人们变得更加富裕时，这种转变肯定会有很大的逆转空间。

家里有小孩（或者即使家里没有小孩），为什么夫妻双方都要全职工作呢？平均而言，人们减少工作时间的方法之一是，如果夫妻一方（甚至双方）大部分时间都待在家里的情形再次变得更加常见，那么他们可能会从事一些兼职工作，也可能不会。假如确实发生了这样的事情，那么双亲应该如何共同承担外出工作和做家务、照顾孩子的责任呢？这部分内容超出了本书的范围。

类似地，在大多数西方社会中，母亲（有时是父亲）在孩子出生后休几个月的假已成为正常现象（再一次说明，美国并非如此）。但这种假期显然还有延长的余地。

拉长受教育时间

还有另外两种减少劳动力供给的方法。第一，年轻人可以延迟进入全职工作状态，可以花更长时间接受全日制教育。在德国，学生将进入劳动力市场的时间推迟到25岁左右的现象已经司空见惯。第二，人们可以在正常工作生活中花一定的时间在教育上，而不是在18岁或21岁后就完全放弃了教育。根据当前教育领域的情况，只要愿意，人们可以从工作中获得周期性的"学术休假"。

这些对教育"时间表"的更改是否会变得普遍，以及其是否的确是个应该推行的好主意，这些是我在第8章中将要讨论的主题。

拉长退休时间

在我们生命的另一端，人们有可能更早退休，从而享受更长的退休时光。当然，目前在应对寿命延长和各种养老金问题方面，压力完全在相反的方向上。但这是因为我们的思维依然受困于包括财政短缺在内的短缺经济学中。假使我们能接受这样的观点——未来数十年中，机器人和AI将能够减轻我们的很多工作负担，同时也让我们更加富有，那么这将是一个与我们当下居住的、正在推动如此之多的公共政策的世界截然不同的世界。

不可否认的是，寿命的延长使大多数人的退休期大大超过了几年前的预期。一些分析和评论人士认为，目前医学的进步可使普通人的寿命延长至100岁以上。[25]若是平均寿命继续提高，这也将可能给社会、给我们正常的职业生涯和退休生活带来重大问题。

要想同时大幅延长预期寿命和缩短正常职业生涯可能太过分了。但我们至少应该留神这样的假设——随着寿命的延长，我们的工作寿命必然应该做相应的延长。两者共存有很大的可能性：更长的职业生涯和更长的退休时间。

休闲生活

现在我们来谈谈我之前提出的第二个重要的工作与生活之间的平衡问题。如果工作占用更少的时长，那在所有空出来的时间中，人们会做什么？答案往往不会是非黑即白的。如今很多人发现，完全花掉自己的时间根本不算挑战。的确，许多已退休的人感觉非常开心，说他们人生中最困难的时期是中年，那时他们有年幼的孩子、抵押贷款，以及需要为之拼搏的职业发展。

一些退休人员甚至说，他们都不知道要如何抽出时间去工作，桥牌加上高尔夫（若经济上能承受）就可占用一周的大部分时间。如果这还嫌不够，那总还有志愿工作可以做。根据荷兰历史学家鲁特格尔·布雷格曼（Rutger Bregman）的说法，周工作时间最短的国家也拥有数量最多的志愿者和体量最大的"社会资本"。[26]

不过，也有很多人**真的**发现不工作是一件艰难的事情。奥斯卡·王尔德（Oscar Wilde）曾说过："工作是那些无更佳事可做的人的避难所。"[27]早在1964年，伟大的科幻作家、梦想家艾萨克·阿西莫夫（Isaac Asimov）就预见过，工作的消亡会造成严重的情感和心理后果。最让他担忧的是普遍存在的厌倦情绪。他提出，到2014年，精神病学将成为最大的医学专业。在西方社会，很多人退休后确实会体验到强烈的地位降低、自尊削弱及目标丧失的感觉。在很多情况下，由此产生的不愉快会导致他们需要寻求精神病学的帮助。

但是，如果从该事实就直接得出这样的结论——我们面临着一场不快乐情绪的大规模爆发，就像几乎所有人在他们的一生中都将经历的那样，就像如今相当多的人在退休后所体会到的那样，那就不恰当了。如今的退休人员的这种体验来自一个事实——他们一生的大部分时间都在工作，等他们退休时，其他社会成员（既有他们熟悉的也有不熟悉的）正在赚取收入、享受工作带来的各种益处，包括友谊、兴趣、使命感、权力和地位等。

所以，他们的体验并不能为普通人在某些情况下可能有的感受提供任何重要指导。这些情况包括，如果他们一生中做的几乎都是无薪的工作（或至少薪水很少），或者他们经历过长期失业、工作时间大大缩减的状况，而与此同时，大多数其他社会成员恰恰也处于相同的境况。

如何处理更多的空闲时间，以及如何更好地利用这些空闲时间，这必定是机器人时代的教育任务之一。我将在第8章论述这些内容。

展望未来

上述分析显示出随着人们变得越来越富有，大家对休闲和工作偏好的看法会存在重大分歧。一种观点认为，大幅减少工作时间并增加休闲时间将是一种福音和解脱。而另一种观点则认为，它不会是大多数人自然选择的结果，甚至可能会引起人们的极大焦虑，并产生对专业精神病学帮助的大量需求，同时伴随着各种各样的社会病态。

从某种程度上讲，第一种看法是合理的，如果AI革命确实会导致对劳动力需求的大幅度下降，或者如果人们能够选择较短的工作时间和较长的休闲时间，前提是人们有足够的收入来源（这可能需要一些国家干预，此内容将在第9章讨论），那么这无论如何都应该不会给人类造成任何问题。而实际上情况正相反。

如果第二种看法在某种程度上是正确的，那么劳动力需求的崩溃可能会给个人和社会都带来巨大的问题。当然，如果人们如此强烈地偏爱工作而非休闲，那么即便工资非常之低，或许他们也会希望继续工作。在这种情况下，最终结果可能是，尽管薪水很低，相当多的人在大部分时间里依然从事某种工作。然后，一些影响收入分配的国家干预可能会再次出现。

事实上，我们永远也不会知道该问题的答案，除非我们真正面对引发这个问题的环境。如果我在第2、第3、第4章中提出的分析是合理的，那么我们将永远不会面对这种情况，因为机器人和AI的进步不会导致劳动力需求的急剧下降（起码在奇点降临到我们身上之前不会。只是想提醒一下，在本书的后记中会提到这种情况）。

两种极端结果的任一种都很容易让人相信：人们承担的工作和以前一样多，休闲时间没有增加；人们将所有的额外生产能力均以增加休闲时间的形式消耗掉，结果人均GDP或物质生活水平没有任何提高。然而在实践中，如果可以的话，大多数人肯定想要选择处于这两种结果中间的某个位置。至于在现实中，他们将在这两个极端结果间的范围内选定哪个位置，将部分取决于他们的收入状况，我将在接下来的两章中讨论该主题，在那之前我基本不会对此做出评论。

倘若机器人和AI革命带来的结果是广大民众收入的下降，而收入被重新分配给资本所有者和高技能拥有者，那么大众最不可能希望的就是提供更少的劳动。的确，他们甚至可能选择提供更多的劳动，以维持自己的生活水平。

然而，这远非必然的结果。确实，在接下来的两章中，我会论证这可能不会发生。所以，让我们暂时假设不管有没有公共政策的干预，收入分配将大致保持不变（我将在第9章中讨论这些），然后会怎么样？

平均而言，在世界上的很多地方，包括大部分非洲国家、一些亚洲国家，人们的生活还远未达到某种物质满足程度。如果在物质满足之后，人们依然为追求更多的物质福利而不懈努力，那就变成了一种病态。事实上，全球约50%的人口每天的生活费不足2美元。[28]随着生产率的增长，物质生活水平得到了提高的机会，那里的人们必然会选择抓住这个机会，而不是以增加休闲的方式放弃对自己境况的改善。

对西方先进社会中收入水平处于底层的人们来说，这种情况同样存在，只是程度轻一些。这些人的收入也远低于物质需求完全得到满足的水平。事实上，因为他们中的许多人目前的工作时间明显较短，只要经济环境能为他们创造足够的就业机会，那么相当多的人可能会希望工作更长时间。

但对发达国家中处于收入分配中上层的人来说，情况就大不一样了。我为他们设想了一个中间结果。竞争欲望、对权力和地位的追求，以及对地位的争夺，将成为维护当下"工作与生活之间的平衡"的强大因素。凯恩斯将工作看得如此消极是不对的，他低估了驱使人们继续工作的各种力量，其中很多与相对位置有关，与对权力和地位的追求有关。同样，他严重低估甚至忽略了分配因素的重要性。增加的休闲时间需要花钱才能充分享受，这一事实也将起到同样的作用。

而对欧洲、北美以及亚洲繁荣地区的许许多多人来说，工作时间非常长已经变成一种社会病态的体现。在历史上，较富裕的社会成员工作如此之长的时间是反常现象，而且不利于健康。这种情况有足够的改变空间。我相信会改变的。对人们而言，每天、每周工作更短的时间将变为正常状态，周末休息3天正成为一种惯例。此外，平均假期长度会增加——即便在"无休止工作之国"美国也将同样如此。

正如我将在第8章中讨论的那样，我不太确定人们是否会在教育上花更多时间。至于更长的退休时间，如果真的发生了，其原因将会是寿命更长了，而不是有很多人选择缩短他们的工作生涯。因此，它不会起到减少劳动力供给的作用。事实上，这种趋势很可能会延长工作年限，从而倾向于增加劳动力供给。

随着人们越来越富有，他们对休闲的需求也越来越大，尤其像现在这样，科技的进步极大地增加了人们可以从休闲中获得的东西。因此，我预计这个世界或至少发达地区的人们会逐渐选择更多的休闲，尽管不像凯恩斯很多年前所建议的那样。

这些改变的总体结果将是减少劳动力的有效供应。社会地位指标的转换会使其成为可能，其本身也会导致这样的结果。将来，对银行家、律师或会计师来说，成为工作狂或许更可能被视为失败而非成功的标识。

假如我对这些转变的看法是对的，其结果不仅是劳动力供给的减少，而且会带来劳动力需求结构的根本性变化。正如我前文所论证的，人们选择更多休闲的情况越多，满足他们需求的就业机会就会越多。这些就业机会是为人类而非机器人产生的。因此，对机器人和AI的需求与对人类的需求之间的平衡将向有利于人类的方向发展，从而减少本来可能会对人力总体需求造成的任何侵蚀。在AI经济中，相比其他所有行业，休闲行业为人类提供的工作数量比例将会越来越大，这很有可能会超出我们的预期。

第5章 未来的工作

> 我们正处在机器人大量入侵的过程中。现在，机器无处不在，而且几乎可以做任何事。
>
> ——大卫·贡克尔[1]
>
> 未来的工作如今不存在，如今的工作未来也不会存在。
>
> ——斯图尔特·阿姆斯特朗（Stuart Armstrong）[2]

让我们由残酷现实坦诚地谈起。我们根本不知道未来会有什么样的工作可做。你可以想象一下自己正身处1900年凝视、展望未来。那时你怎么会知道，美国农业从业人员的比例会降至当时的5%？你又怎么能知晓，那些成千上万的人所做的有关马匹的事情——买卖、保有、打理马厩、喂养、清洁，都会变成多余的？你又如何会认识到，相比在英国皇家海军（Royal Navy）服役的水兵，如今在英国国家医疗服务体系（NHS）工作的心理健康护士的数量更多？你又怎能清楚，会有数量众多的人愿意支付高额费用给私人教练来锻炼自己的身体，并让自己承受一定程度的必要痛苦？

历史上有很多做出长期预测而后被证明完全错误的人。除了我们在第1章中提到的马尔萨斯教士，我最喜欢的、19世纪后期最卓越的经济学家之一是伟大的威廉·斯坦利·杰文斯（William Stanley Jevons）。1865年，他预测：由于煤炭短缺，工业扩张将很快停下脚步。可怜的老杰文斯！

大多数专家（或者更确切地说是上述两位）的失败预测中都贯穿着共同的思路。第一，他们低估人类和经济体系的适应能力。第二，除了他们试图预测其效应的某个重大变化，他们还将未来设想为过去的直接延续。换言之，他们明显缺乏想象力。

并非只有过去那些想要成为有远见者的人才会遭遇这些失败。我们也可能为之苦恼、深受困扰。所以我们必须小心行事。话虽如此，但对于由机器人和AI主导的未来的就业前景，我们还是有很多话可说的，不过我会带着深深的谦卑和满满的质疑。

一些研究试图估计某些特定行业中将消失的工作岗位数量，并冒险猜测将有多少新的工作岗位出现。这些研究具有一定的价值。的确，我将在后文的内容中参考它们的一些结果。但这类研究充斥着大量令人生疑的数据。相比之下，本章试图要集中讨论的是，新经济中潜在的就业减少和就业增加的基本原则。我试图找出在机器人和AI应用普及的情况下，最容易受到威胁及那些相对具有免疫力的工作类型，并解释其中的原因。此外，我还会讨论哪些领域可能会创造更多的就业机会，甚至推测哪些种类的新工作可能会出现。

我会首先分析无人驾驶汽车的应用范围；进而分析在军事领域中用机器人和AI替代人类的范围；然后探讨可能受到威胁的各个领域中的岗位——通常是体力劳动，尤其是家政服务，以及各种各样的常规脑力劳动。

之后，我将转向对现有工作的扩展和新工作的创造问题，其特征是以"人的因素"为主的休闲产业及各类活动的就业增加。

无人驾驶汽车的应用范围

在可能受到机器人和AI威胁的工作类别中,人们谈论最多的之一是驾驶者。在这个例子上花些时间很值得,因为它凸显了AI的潜力和存在的问题,对其他种类的就业也有着明显的影响。

自动驾驶汽车的问世可能会导致面临风险的工作岗位数量非常巨大:公共汽车司机、卡车司机、出租车司机、私人司机、送货司机等。2017年的一份货运行业报告预测,到2030年,在美国和欧洲的640万个卡车运输工作中,其中大约440万个可能因为"机器人"上岗而消失。在美国9个州中,卡车送货司机是最常见的职业。[3](请注意,人们目前还没有感觉到这种影响。事实上,在2018年的美国,强劲的经济和网购热潮共同引发了长途运输量的激增,导致了对卡车运输工作的巨大的过剩需求。作为结果,卡车司机的薪资一直在飙升。)

无人驾驶汽车的广泛应用意味着整个经济领域的成本将大幅下降,尤其在美国这样幅员辽阔的国家。据亚历克·罗斯(Alec Ross)称,司机成本占卡车运输成本的25%—35%。[4]

但事情并不像看上去那么简单。对于无人驾驶汽车,炒作与现实之间存在着巨大的鸿沟。在讨论这些批判和存在的问题之前,我会先分析一下正面的案例并评估其潜在影响。

潜力与希望

无人驾驶汽车的投运并非白日梦,它们已经在工作了。诚然,迄今为止，它们只在指定的区域上路，比如，美国亚利桑那州凤凰城的部分地区；加利福尼亚州也通过了新法规，允许无人驾驶汽车在没有人类驾驶者坐在方向盘后面的情况下运行。在英国，财政大臣菲利普·哈蒙德（Philip Hammond）曾告诉BBC，他的目标是使"完全无人驾驶的汽车"在2021年前投入使用。

包括Alphabet（谷歌母公司）、苹果（Apple）、福特、通用汽车、丰田（Toyota）和优步（Uber）在内的大约50家公司已经在加利福尼亚测试过自动驾驶汽车。事实上，全球当下有100多项自动驾驶汽车试验在进行。而且，据研发这些汽车的公司称，自动驾驶汽车的性能已经相当出色，并且一直在改进。所有这些公司都投入了巨额资金，显然均认为无人驾驶汽车是未来的发展方向。当然，这并不一定意味着他们是对的——如果是对的，他们将获得丰厚的投资回报。我希望自己很快就能为你提供足够的证据，使你能够在这个问题上拥有自己的答案。

你会很容易理解无人驾驶汽车受追捧的原因，部分是因为前文提到的节省成本问题。但其优势远不止于此。人类驾驶汽车每年大约造成120万人死亡，另有2,000万—5,000万人受伤。据估计，在中等收入国家，该项成本约占年度GDP的2%。而且，这些事故一般都是由人类的常见失误造成的——醉酒、疲劳、生病、分心。[5]

此外，想象一下，社会上那些不能开车的老弱病残人士，还有那些不会开车的人，在一个应用无人驾驶汽车的世界里，他们将拥有与其他人口一样的机动性，免于受到公共交通不足和支付出租车费用的困扰。同时，家长也可以从接送孩子参加聚会、上芭蕾舞课、参加橄榄球赛等日常琐事中解脱出来。另外，去酒吧或参加派对也不会再让人痛苦地选择是开车不喝酒，还是掏钱打车。

最重要的是，我们可以节省自己开车去上班、见朋友和家人、购物、度假、办事的时间。如果真的享受开车，那没问题。可是大多数人并不喜欢开车，尤其讨厌在拥挤的都市中开车或被困在堵塞的高速公路上。想想看，如果有人（或者确切地说是别的什么）替你开车的话，会是多么美妙。我们可以看电影、学语言、工作、尽情喝酒或睡觉。多幸福啊！尽管这些效应不会体现在GDP数据中，但其结果无疑会增加人类的福祉。

产生的深远影响

再有，假如无人驾驶汽车真的能成功应用，除了使人类驾驶者变得多余，还可能产生其他巨大的影响。随着人们**集体**放弃私家车，转而乘坐无人驾驶、共享使用的电动汽车出行，超级狂热者开始谈论着城市土地的利用该如何转型。由于人们主要选择搭乘浮动池中的无人驾驶汽车，汽车拥有量很可能会锐减。

世界经济论坛（World Economic Forum）和波士顿咨询公司（Boston Consulting Group）的一项联合研究发现，无人驾驶汽车的共享使用存在巨大的拓展空间，由此会逐渐削弱公共交通的市场。[6]埃隆·马斯克（Elon Musk）曾说过："拥有一辆人类驾驶的汽车将类似于拥有一匹马——罕见而可有可无。"[7]

其结果将是，人们需要制造及销售、维修、投保的汽车会更少。另外，对停车空间的需求也会减少，因为汽车大部分时间都处于闲置状态。当无人驾驶汽车在等待用户时，它们可以首尾相连或堆叠停放。这有可能会改变城市景观，并腾出大量稀缺空间用于其他方面。2016年，谷歌的克里斯·厄姆森（Chris Urmson）告诉某个美国国会委员会（US

Congressional Committee），美国停车场的面积相当于康涅狄格州的大小。言外之意，若无人驾驶汽车的发展全部按预期进行，这些空间可以被释放出来用作他途。

潜在的影响还在进一步扩大。或许交通管理员也会消失，因为严格的停车需求将不再是问题。不管什么情况，如果停车仍然需要监管，那么想必性能良好的机器人就可以完成交通管理员的工作。比如，对无人驾驶汽车进行违章停车罚款，然后等着汽车被接走——稍后我们会回头讨论这个问题。

有趣的是，如果这种情况发生了，这将是一个某项工作在很短时间内出现又消失的例子。50年前，交通管理员的工作并不存在。若无人驾驶汽车的狂热者是对的，那么在比正常人类寿命还要短的时间内，无人驾驶汽车也可能要被扔进废料堆了。

这可能对保险业也会产生重大影响。在美国，车辆保险约占所有保险费用的30%。当无人驾驶汽车发生事故时，谁来承担责任会有一些特殊问题。毋庸置疑，这将为保险公司提供硕果累累的业务领域，同时，一大群律师也必然获得卓有成效的商务地盘。但是，由于需要投保的汽车数量的急剧减少，这对保险公司的收入来源将造成沉重打击。

存在的严重问题

所以，无人驾驶汽车的潜在影响是巨大的。但在做出综合评价之前，现在是时候考虑对此前景持较怀疑态度的观点了。

无人驾驶汽车的想法一直存在，几乎与汽车存在的时间一样长。通用汽车公司在1939年的纽约世界博览会上提出了该想法。当然，此后这项技术已经变得比当时所能想象到的要强大得多（1939年的概念是无线电导航汽车）。

实际上，从那以后，人们对整件事情的看法一直过于乐观——至今依然如此。2012年，谷歌创始人之一谢尔盖·布林（Sergey Brin）表示，无人驾驶汽车将在一年内面向谷歌员工推出，并将会在"不超过6年"的时间内进入商业市场。这意味无人驾驶汽车商用的时间点是2018年。但在我写作本书时，人们仍然在等待。

谢尔盖·布林绝非唯一过于乐观的人。2015年，福特公司CEO马克·菲尔兹（Mark Fields）提出，全自动驾驶汽车将在2020年上市。嗯，在我2019年初写作本书时，料想他的说法仍然*可能*被证明是对的。但实际上这似乎根本不可能。

在实践中，关于未来汽车旅行的极端激进愿景的三个要素——无人驾驶、共享使用、电力驱动，不太可能同时出现。我们需要拆散这个看似诱人且所谓不可避免的三件套。人们对隐私、个性化和控制（至少在表面上）有着根深蒂固的欲望，而共享使用与之背道而驰。同时，电动汽车的广泛使用也面临着电池短缺和充电能力低下的问题。所以，三件套中这两件被认为注定会改变我们社会的事情其实离铁板钉钉还差得非常之远。更重要的是，我们可以看到共享汽车、电动汽车或共享电动汽车的广泛使用，但没有看到市场向无人驾驶汽车的大规模转移。

因为即使没有拼车以及汽油向电力驱动的转换，无人驾驶汽车的广泛使用也不会像其概念暗示的那样简单。可行性不是问题，安全才是。深度思维公司的创始人之一丹米斯·哈撒比斯（Demis Hassabis）在2018年5月说道："从数学上讲，你如何确保系统是安全的？当它们在野外时，你又如何保证它们只做我们认为它们会做的事情？"[8]

他的疑虑和担忧完全有道理。尽管无人驾驶汽车的制造商和开发商声称它们超级安全，但美国密歇根大学（University of Michigan）2015年的一项研究发现，无人驾驶汽车的事故率更高。[9]该研究显示，事故发生时，无人驾驶汽车几乎总是无过错。问题似乎是，当其他车是无人驾驶车辆时，人类驾驶者很难与之互动。这是一个如此严重的问题，以至于一些科技公司正试图让无人驾驶汽车不那么机器人化，甚至诱导它们抄近路、表现得争强好斗、在路口寸步不让。

这似乎暗示着什么，但事情并不那么简单。尽管自动驾驶汽车的制造商和开发商吹嘘他们产品的功能，报告他们的车辆已出色地通过了相当多的测试，但对于这些说法，你不可当真。因为这些测试通常是秘密进行的，未经独立验证。我们不知道——也不被允许知道——这些测试车辆所处的道路和天气状况，也不清楚它们在多大程度上依赖于任何的人为干预。

很重要的是，到目前为止，无人驾驶汽车如此之多的体验都发生在亚利桑那州凤凰城之类的地方，那里拥有得天独厚的迷人气候和良好的驾驶条件。不下雪、不起雾、没有错综复杂的道路系统或随机出现的交通拥堵。这些车辆应该接受更严格的测试，比如在2月份的伦敦、莫斯科或伊斯坦布尔上路考察。

人为干预的程度

现在，立法者、法院和保险公司不得不处理无人驾驶汽车造成的一些棘手问题。根据英国新出台的法规，自动驾驶汽车的驾驶者不得让自己的手脱离方向盘超过1分钟。2018年4月，一名汽车驾驶者被禁止驾车，因为之前在M1高速公路上他被发现坐在副驾驶席上，而该车由AI"驾驶"，驾驶席空着。[10]英国政府正计划取消对"安全驾驶者"的要求，以便在2019年底之前能开展全自动汽车在公共道路上的高级试验。看看它能走多远，这会很有意思。

美国的经验招致了人们的怀疑。2018年6月，亚利桑那州坦佩（Tempe）警察局报告了一起事故——优步的一辆自动驾驶汽车撞死了一名过马路的49岁女性。该报告中提到，这起事故"完全可以避免"。该报告称，有证据表明，"安全驾驶者"一直在用手机观看电视节目，处于分心状态。她可能面临"驾车过失杀人"的指控。

英国保险人协会（Association of British Insurers）2018年的一份报告警告称，汽车制造商和驾驶者需要区分"辅助"驾驶和"自动"驾驶，前者指汽车的计算机可帮助驾驶者完成选定的任务，甚至执行这些任务；而对于后者，计算机实际上控制了一切。根据现行法律，驾驶者必须在有问题的情况下采取控制措施。但那意味着，驾驶者必须一直盯着道路，必须时刻保持警觉。

实际上，在无人驾驶汽车的开发者和AI狂热者中，这样的区分已经做得很细了。在这些讨论中"自动处理能力的六个级别"占主导，其范围从级别0到级别5。级别0的车完全没有自动处理能力：人类驾驶者做所有事情，没有智能系统辅助工具。而对于级别1的车，驾驶者必须控制所有正常的驾驶任务，但可将有限的任务分配给车中安装的智能系统，比如停车辅助。级别2的车的特点是"半自动化"，驾驶者必须一直监视着系统和环境，但在条件合适时，驾驶者可将部分控制权分配给车辆，包括转向、加速和制动。级别3被描述为"有条件的自动化"，汽车自己驾驶，但人类驾驶者需要做好准备，在必要的时候恢复控制；而且系统知道自身的局限性，会定期请求驾驶者协助。级别4被称为"高度自动化"，汽车在驾驶者没有任何干预的情况下自己驾驶，但驾驶者保留对脚踏板和方向盘的控制权，以便能够在必要时接管汽车。车处于级别5的状态时，即便在紧急情况下，人类的介入也是完全不可能的。

事实已证明，级别2和级别3不安全，因为方向盘后的人类会变得注意力不集中、分心，因而无法在必要时立即干预。有一起众所周知的悲剧性事故发生在2016年的佛罗里达州。约书亚·布朗（Joshua Brown）是特斯拉（Tesla）汽车的热心支持者，当时他已经将自己的车置于自动驾驶模式，但车上的传感器未能检测到一辆大卡车正横穿其车道。该车自行驶入卡车底部，杀死了布朗。

认识到这些问题后，现在汽车行业内的雄心壮志是开发出达到级别4的汽车。实际上，瑞典已有级别4的自动驾驶卡车正在等待监管部门的批准。虽然没有驾驶室或控制装置，但若有需要，汽车可由坐在数百英里（1英里约为1.6千米）以外的监督者远程控制，这个监督者最多可同时监控10辆车。这种被称为"T-Pod"的车最初一天只能行驶6英里（约9.6千米），并且只允许在限制时速100英里（约160千米）的公共道路上行驶，在这些道路上，它可能遇到人类驾驶的车辆。[11]然而，除非汽车真的能处理所有情况，否则在很大程度上还是会出现相同的问题。若汽车没这个能力，而你也不能时时保持警觉，那么你如何能准备好在紧急情况下进行干预？要是你喝醉了或睡着了，会怎么样？

假使你这个人类驾驶者、"安全驾驶者"（或随便他们给你的什么称呼）不得不全程集中注意力，那无人驾驶还有什么意义呢？其意义难道不是在于，你这个从前的驾驶者如今可以看报、睡觉或喝醉？

因为依赖技术而造成司机死亡，这颇具讽刺意味。因为无论出于何种原因，正是在技术失灵或无法应对特定处境的情况下，车辆才需要人类的介入，那时人类应该比已经失灵的机器/自动系统更有能力。但是，如果他们已经习惯于被动地坐着，同时自动系统完成所有工作并做出一切决定，那他们怎么可能变得更有能力呢？

这种现象并不局限于无人驾驶汽车，飞机和轮船也存在同样的问题。这方面最严重、最悲惨的例子是法国航空公司（Air France）一架A330客机的失事。2009年6月，该机突然坠入大西洋，机上人员全部遇难。当系统出现故障时，机组人员似乎不能恰当地操纵飞机。

对于达到级别5的自动驾驶，这不是问题，因为在这一级别下，人类甚至不可能介入。但是，要达到级别5，无人驾驶汽车需要能够应付所有的天气条件，包括起雾、暴风雪、降雪，能够在孩子追逐踢入道路的足球时区分二者，能够分得清狗和孩子，能够在沿街挤满人的情形下成功穿越道路，能够常常做不可预知、有时显然是荒谬的事情。目前，所有这些事情无人驾驶汽车均无法轻松做到。

此外，必须找到方法来应对地图上未标明的道路和道路布局的变化。虽然GPS（全球定位系统）很棒，但大家都知道，它可能直接或间接地将人们引入歧途，甚至在某些情况下将人带进大海。

美世战略联盟（Mercer Strategic Aliance）是一家专门针对汽车技术的游说公司，该公司的罗伯特·丁格斯（Robert Dingess）对当前的进展状况描述得最为精当。他指出，制造商已经变得非常擅长"开发在90%的时间内能安全操控的自动驾驶系统，但消费者不乐意要一辆在10%的时间内会撞车的汽车"。[12]

正如新技术的传道者经常做的那样，一些人将婴儿的缺陷归咎于人类。关于无人驾驶汽车，日产汽车公司（Nissan）前CEO卡洛斯·戈恩（Carlos Ghosn）早在他自己没落之前就曾表示："最大的问题之一是骑自行车的人。汽车会被骑自行车的人搞糊涂，因为他们时而像行人，时而像汽车。"[13]想象一下：那些讨厌的骑车人正在干扰这项绝佳新技术的成功运行！当然，我们必须采取措施来确保它们保持清醒。

与飞行员的比较

根据AI狂热者的说法，另一种显然命中注定要被废弃的岗位是航空公司飞行员。不过人们对此已经提了很多年了。众所周知，飞机的大部分飞行工作均已由计算机完成，飞行员只控制其中的一小部分。这种人与计算机的结合是否优于人类独自驾驶飞机？也许吧。很大比例的飞机失事都是由人为失误造成的。

同样，由飞行员和计算机共同完成飞行任务或许优于只让计算机来操控——部分原因是，极端情况发生时，人类飞行员会表现得更好，或者计算机系统会出故障。这里还存在一个公众看法的问题。这确保了客机在没有飞行员的情况下"自动"飞行的前景不具现实性。我真的无法想象，200多人愿意登上一根金属或玻璃纤维管道，然后以超高的速度和极大的高度在空气中被推进，而控制它的只是一台计算机，即便它现在被称为机器人或AI。

为了使自己适应这种状况，乘客自己当然也不得不成为机器人（或许他们会的）。不管事故统计数据怎么说，人类乘客总是会担心无法预料的事件，而当发生这类事件时，人类飞行员可以并有能力处理，机器却不能。汤姆·汉克斯（Tom Hanks）的粉丝肯定会立即想起电影《萨利机长》（Sully），并明智地点头认可。

这与无人驾驶汽车被允许行驶多远这一令人烦恼的问题密切相关。因为航空公司飞行员相当于长途汽车司机。人们对通过乘坐完全控制在AI手里的客车进行的长途旅行真的**集体**做好准备了吗？他们会将自己的孩子放在这样的长途客车上吗？我对此表示怀疑。人们很容易认为，至少商用车和货车是可以避开这个问题的车辆种类。不过我不是很确定。普通商用车横冲直撞起来的破坏力都相当可怕，更不用说载重货车。

类似的观点也适用于亚马逊公司的无人机送货理念。当然，这在技术上可行。但那不是重点。重点是，5磅（约2.3千克）重的有效载荷悬在数百英尺（1英尺约为0.3米）高的空中，其造成事故时的破坏力该有多么巨大！

人类判断的重要性

冷战时期（Cold War）有一个令人不寒而栗的故事，它说明了人的因素的重要性。当时，苏联击落了一架韩国客机，导致269名乘客丧生，局势已经相当紧张。该事件发生后不久的一天，苏联的预警系统报告，美国向苏联发射了5枚导弹。负责该预警系统的苏联官员斯坦尼斯拉夫·彼得罗夫（Stanislav Petrov）只有几分钟的时间来决定该如何处置。根据规程，他应该报告这是核打击。但取而代之的是，他依靠了自己的直觉。他的判断理由很充分：如果美国真的要发动核打击，为什么只发射了5枚导弹？

所以，他确定这是误报，因而没有采取任何行动。他是对的。事实证明，一颗苏联卫星将云顶上太阳光的反射误判为火箭发动机的尾焰。现在人们普遍认同彼得罗夫的判断拯救了世界，使人们免遭核灾难。

我们能想象将彼得罗夫所做的这类判断委托给某种形式的AI吗？这让人想起现在已很古老但仍有价值的电影《奇爱博士》（*Dr. Strangelove*），由彼得·塞勒斯（Peter Sellers）主演。在这部电影中，一旦美国发动核打击，就不可能阻止其进行下去了。系统将全面接管，并且不会对人类试图做出的干预有任何响应。

进一步的问题

安全和法律责任问题构成了无人驾驶技术发展的严重障碍。至少，它们很可能意味着，用于商业目的和休闲旅行的无人驾驶汽车的实际部署，将远远落后于其技术可行性。

但是，除了驾驶者、乘客和第三方的安全这一重要的问题之外，无人驾驶汽车还会引发三个其他问题。

第一，假设某个穷凶极恶的人或组织能够侵入控制一辆或一组汽车的系统，那将会怎样？对心怀不满的个人或罪犯来说，这种风险已经足够可怕了，但请再想想恐怖组织。如果交通工具（包括飞机和汽车）上没有人类驾驶者，而恐怖组织能够侵入控制这些交通工具的计算机系统，那么，他们就可能会蓄意将整个运输系统变成武器，从而制造工业级规模的大屠杀。

第二，还存在一些有关隐私的严重问题，因为无人驾驶汽车会携带摄像头，用以查看车辆内外环境，以及传输有关其所见内容的数据。那么，谁将拥有这些数据，谁又将控制其传输和可用性？

第三，这是经济学家所关心的关键问题，即成本。技术人员似乎很少讨论它。使汽车能够自动操控的必要套件贵得惊人。协和（Concorde）飞机运营商痛苦地发现，仅仅因为某些东西在技术上可行并不必然使其在经济上值得拥有。

如果无人驾驶出租车或商用车仍然需要"安全驾驶者"，那么使用传统驾驶者进行无人驾驶领域几乎不会节省任何成本。而比这更糟糕的是，无人驾驶系统需要大批的软件工程师来解决困难的道路问题，比如交通堵塞。这些软件工程师通常都极其昂贵。因此，无人驾驶远远不会节省成本，反而更有可能增加成本。

无人驾驶汽车倡导者有时试图为其仍然需要"安全驾驶者"的观点争辩。他们指出，这些"安全驾驶者"依然可以提供一些现在司机提供的辅助服务，比如帮助乘客搬行李、帮助他们进出车辆、在旅途中与他们聊天。的确如此。但当他们不再实际驾驶车辆时就不能再这样做了。当他们在车里时，成本是一样的。那么，这有什么意义呢？

综合评价

特斯拉的老板埃隆·马斯克一直警告说，不要将无人驾驶汽车的安全要求定得太高。他认为，毕竟，驾驶时的人为失误也要为大量的人员死亡负责，所以，无人驾驶汽车造成一些人类驾驶者本可以避免的致命事故也是可以接受的，总的来说，无人驾驶汽车的引入还是可以降低整体事故率、减少死亡人数的。但我想，无论是监管者还是公众都不会相信或接受这种说辞。

因此，AI替代人类驾驶者的规模很可能比AI狂热者断言的要小得多。目前市场上没有级别3的自动驾驶汽车在售。当下，该技术处于级别2与级别3之间。只是想提醒你一下，处于这个级别的车辆需要大量的人为干预，因而削弱了无人驾驶的优势，并存在巨大的安全风险。

不过，这并不是说无人驾驶汽车没有发展空间。汽车已经可以在没有帮助的情况下自行在高速公路上行驶，还可以自行泊车。这些特性可以且确实能为用户带来一些益处。毫无疑问，越来越多的人希望能够利用这些服务。不过，这距离人类用户（以前的"驾驶者"）能够完全不再干预汽车行驶还有很长的路要走。在依然需要人类驾驶者具有控制车辆的能力时，大多数被大肆炒作的无人驾驶汽车带来的经济后果根本不会发生。

请注意，规定线路的旅程出错的可能性也有限，这肯定会向AI完全替代人类驾驶者的实现敞开大门。实际上，我们已经相当频繁地遇到过这类AI驾驶者。一段时间以来，在机场和地铁站，无人驾驶轨道穿梭车已经很常见了。

在轨道交通方面无疑存在更大的AI替代人类的空间。在苏格兰，格拉斯哥地铁公司（Glasgow Subway）于2018年9月宣布，到2021年，其新列车将实现无人驾驶且完全不配员工（不过，该提议遭到了运输工会的强烈反对。能够摆脱运输工会的罢工和蓄意阻挠将是无人驾驶列车的主要优势之一）。

对公路运输来说，在规定线路上AI替代人类的空间也一定存在，比如在不同机场的停车场之间接送乘客，甚至可以沿着城市轨道行驶，还有城市巴士线路。实际上，自2011年以来，希思罗机场5号航站楼和停车场之间已有"四人豆荚车（driverless pods）"在运行，用以接送乘客。此外，对于在远离人群的农业用地上作业的无人驾驶拖拉机和其他无人驾驶农用车来说，显然还有增加其使用的空间。

挪威已经推出了无人驾驶渡轮。请注意，到目前为止，它们一直仅限于在特隆赫姆（Trondheim）320英尺（约97.5米）长的水域航行，整个旅程只耗时60秒。我确信，这种在规定水路跨越短距离运送人员和货物的"自动驾驶渡轮"的例子将会有很多。但这与全自动远洋货轮或航行时没有船长的邮轮还差得很远。

无论交通工具是汽车、飞机还是轮船，迄今为止已经实现的，以及在可预见的未来可能实现的无人驾驶，都与AI狂热者认为即将出现的AI

驾驶者大规模取代人类相去甚远。既然如此,那就说明无人驾驶交通工具的益处一直被过分夸大了。事实上,在英国,最近上议院的一个委员会就这个问题得出了一个怀疑性结论,并批评英国政府陷入了围绕无人驾驶汽车的炒作。它建议研究应该集中在其他领域,包括海洋和农业。

一些证据表明,尽管人们因为担心无人驾驶造成的后果而不敢说出来,但在行业内,私下里有越来越多的人认可这一点。整件事情有一种皇帝新衣的气氛。这让我想起在互联网泡沫破裂前夕,人们对所有数字化事物的过度热情。[14]当然,当时井喷般涌现的一些创意和公司也有很多值得赞扬的地方,其中一些不仅活了下来,还像Topsy公司(创意分享平台)一样成长了起来,并改变了商业格局。但当泡沫破裂、人们恢复理智时,也有大量浮渣立马被吹走了。

如果认为花在无人驾驶汽车上的时间和金钱反映了泡沫的确存在,那么当其破裂时,人们将面临一场严重的"清算"。新技术垄断企业有充足的数十亿财力可烧,但汽车制造商没有。对那些大举投资汽车行业的公司来说,除了汽车行业面临的所有其他挑战之外,无人驾驶汽车梦想的破灭可能会引发其生存危机。

机器人和AI在军事领域的应用范围

与无人驾驶汽车密切相关的是机器人和AI在军事应用中的可能性。关键问题是一样的:机器人和AI的普及是否预示着可以用机器替代人类(这里指的是战士、水手、飞行员)?

机器人技术在军事行动中的应用并不新鲜。机器人在第二次世界大战和冷战时期都得到过应用。在第二次世界大战中,德国人和苏联人都使用了自动车辆运载大量烈性炸药。它们实质上都是移动机器人，依赖人类的指示，基本上靠遥控或远程控制。[15]不过它们的军事价值有限，因为其成本高、速度慢。

但从那以后，情况发生了很大变化。目前，大多数军用机器人均为遥控操作，用于定位敌人、监视、狙击手探测、解除爆炸装置。无人机是当下最常用的军事机器人，虽然有时出于监视目的而使用它们，但它们通常都配有导弹。美国的无人机库存从2001年的约50架增加到了2012年的逾7,500架，其中5%左右装备了武器。[16]2007年，美国国会宣布"在新系统采购计划中优先选择无人系统"。

由于机器人不受情绪、肾上腺素和压力的影响，所以一些分析人士认为，用自主机器人替代人类可能会减少暴行和战争罪行。可以这么说，由于具有更高的精确度而没有人类常见的缺陷，自主AI作战系统"不仅会减少受到伤害的人类数量，而且能显著提高那些必须面对危险的人的安全性"。[17]

那么，鉴于军用机器人有这么多优势，是否意味着对军事人员的需求减少了？美国海军机器人先驱H. R.巴特·埃弗雷特（H.R. Bart Everett）并不认为机器人会取代人类，而是设想了一个"人—机器人团队"，很像警犬与其训导员的组合。[18]

与其他许多案例一样，在军事应用中，机器人和AI可节省人力投入的能力似乎也被过分夸大了。美国空军副参谋长菲利普·M.布里德洛夫（Philip M. Breedlove）将军从事无人机方面的工作。他最近发表了一个引人注目的声明："我们空军的首要人员配备问题是无人平台的人员配备。"他指的是修理和维护无人机所需的人类工作者，以及分析无人机出行获得的视频和监视信息的人力。据美国空军估计，要让一架"捕食者"无人机在空中保持工作24小时，需要为之配备168名工作者。更大的无人机可能得配300人。[19]

因此，其结果很可能是，训练有素并准备好面对敌人的前线军事人员数量会降低，而满足军事机器人和AI的各种需求的人员数量将上升。这种变化与整体经济领域的类似。

机器人和AI对体力劳动的挑战

对无人驾驶交通工具和军队中机器替代人的现象的评估，为分析其他行业的就业前景提供了参照。在某些领域，这是一种大肆炒作和过度营销。但在另一些领域，机器取代人类的可能性要大得多。而且，就像在军队中一样，在任何特定的领域中，人类可从事的工作**类型**都有很大的彻底改变空间。

手工职业

人们普遍认为，手工行业中来自机器人和AI的挑战给人的感受最为强烈。实际上，并非所有的手工工作都会受到严重威胁。如前文所述，机器人的手动灵活性依然很差。据认知科学家史蒂芬·平克（Steven Pinker）说："长达35年的AI研究的主要教训是，难的问题容易，容易的问题难。"[20]因此，在可预见的未来，很多对技能有要求的手工工作看起来是安全的，其中包括管道工、电工、园丁、建筑工和装修工。

话虽如此，但Mace公司（咨询公司）的研究指出，到2040年，在建筑业的220万个工作岗位中，有60万个可实现自动化。根据最近的报告，对于那些挖掘道路以识别和修复供水、供气、排污管道故障的人们，最终可能会出现大量失业。英国政府已经在一个开发迷你机器人的研究项目上投资了2,500多万英镑，这种微型机器人可沿着管道行进，以识别和解决问题，而无须挖开道路。而且，就像在人体上做的微创手术那样，管道中修复故障的机器人将由地面上的人类控制。[21]

工作复杂程度最低的领域是零售业，人们认为该领域的工作基本会消亡。最近，新的"Amazon Go"（亚马逊无人便利店）在美国西雅图（Seattle）开张了，店内完全无员工服务，且顾客结账时无须排队。当顾客在店内逛来逛去时，成排的摄像头和AI设备监视着他们从货架上拿下的货品；在他们离开时，货款会自动从其账户中扣除。基岩资本公司（Cornerstone Capital）2017年发布的一份报告估计，这些技术有可能淘汰美国约750万个零售业工作，其中包括350万个收银岗位。

但不得不说，目前，来自人手极少的零售店的证据并不能完全令人信服。英国的首台"购物机器人"名为"法比奥"（Fabio），它在苏格兰连锁超市马尔乔塔（Margiotta）的爱丁堡（Edinburgh）旗舰店试用一周后被解雇，原因是令顾客困惑。当顾客询问它哪里能找到啤酒时，法比奥答复道："它在酒类区。"[22]当然，这个回答事实上没错，但这对顾客并没有多大帮助。

零售业是一个有趣的例子，在这个行业中，不仅传统工作岗位在流失，就业性质也在发生改变。结账助理的工作即将消失。如果曾经做过类似工作的人在别处找到了体面的职业，那么失去这种无聊、重复性的工作肯定不会有太多遗憾。与此同时，商店里还有不同类型的工作可做，比如，帮助、引导、建议顾客购买什么物品、如何搭配比较好、明白不同选择的各自特点。这种新的零售业工作涉及人的因素，需要更多的技能和知识，而枯燥、重复性的工作则留给了机器。

在供应链的上游，英国网上超市奥克杜（Ocado）正在重塑自己，要成为全球零售商的仓储服务供应商。该公司最近与加拿大食品商索比（Sobeys）签订了一份合同，后者将推出在线商店，从多伦多地区的一个自动化仓库中提取订单。在仓库中，不会有很多由人类从事的工作，电池驱动的机器人是奥克杜模式的核心。

请注意，机器人仍然不太擅长从货架上取东西。因此，仓库现在都在使用"詹妮弗装置"（Jennifer Unit），这是一种头戴式耳机，它可以告诉人类工作者该做什么。经济学家蒂姆·哈福德（Tim Harford）认为，这可能预示着更大的问题。正如他所说的："如果机器人在思考方面胜过人类，而人类在从货架上取东西方面优于机器人，那么为何不用机器人的大脑来控制人类的身体呢？"[23]

在餐馆中，尽管机器人在某些时候或许能帮忙清洗餐具，但我怀疑它们永远都不会接管餐厅服务员的角色。与服务员互动是餐厅体验的一部分，而与机器人互动可完全是两码事。

家政服务

另一个似乎面临严重威胁的体力工作的例子是后勤和提供各种家政服务的工作，但事实并非如此。艾罗伯特公司（iRobot）的Roomba机器人可以为地板吸尘，但仅此而已。虽然已卖出1,000多万台，但它们不会去整理咖啡桌上的杂志，不会叠毛巾或拍松靠垫，它们无法完成类似这样简单的任务。

这一点尤其重要，因为AI的进步或许会使人们的收入增加，而这可能会释放对各种家政服务的巨大需求。现有证据显示，人们需要的这些家政帮佣不会是机器人，而是人类。

这种前景很容易让人想起从前的时代。在第一次世界大战之前，大多数中产阶级，甚至包括文员和行政助理这些群体，雇用至少一名家庭佣工都是司空见惯的事情。收入（和地位）更高后，人们会雇用更多佣工——女佣、男管家、厨师、园丁、清洁工、男仆，天知道还有什么。在那些真正显赫的大人物中，甚至对更多的仆人数量和衣着更华丽方面还存在一定程度的竞争。

对家政服务濒临消亡的经济原因进行反思是很有趣的事情。在这里有几个原因，其中税收对中上阶层收入的侵蚀及社会态度的变化都发挥了一定的作用。同样，在20世纪的50年代、60年代和70年代，很多节省劳力的家用设备出现了，比如洗衣机、吸尘器、洗碗机等，它们减少了用于维持家庭运转所需的时间。

但有一个主要原因无疑是机械化使工厂劳动生产率的大幅提升成为可能。这增加了工作者在家庭之外的工作中能够赚到的实际工资，从而提高了雇主为了有能力竞争而必须支付给家政人员的工资和薪金。如果当前在制造业和办公领域，大量工作岗位被机器人和AI夺走，那么这种一直不利于家政人员就业的基本力量可能会逆转。

虽然"楼上楼下"（楼上贵族、楼下仆人）的世界已经一去不复返，但家政服务还是有可能成为未来的一个主要工种。当然，很多人已经使用了某种形式的家政服务，尤其是清洁工和保姆，尽管他们大多是兼职的，而且通常住在外面。这可以走得更远。当今世界，富裕的中产阶级显而易见是缺时间而非缺钱，他们可以很轻松地雇用至少一名家庭佣工（由一些机器人增强其能力）。佣工可能是兼职的且不住在家里，他们可以做一系列的家庭任务，包括购物、开车接送家庭成员等。同时，那些收入最高的人很可能就能像过去那样，通过其家庭随从的数量与衣着华丽程度与他人竞争社会地位。

机器人和AI对常规脑力工作的威胁

许多最容易受到机器人和AI威胁的工作并不是通常所说的手工工作。在底层，机场的登机助理工作正走在退出历史舞台的路上。在另一个极端，基金管理行业的许多工作也可移交给AI应用。2017年，规模庞大的基金管理公司贝莱德公司（BlackRock）解雇了7名基金经理，并将他们过去管理的数十亿美元资金转移到一个名为"Systematic Active Equities"（字面意思为"系统化活跃股票"）的内部部门，这是一个计算机驱动的量化投资部门。

2018年，有消息称，德国商业银行（Commerzbank）正在试用一种AI技术，这种技术可生成分析师对企业和行业所做的研究简报，从而让该银行可以少雇大量人力分析师。而这些分析师历来都是薪酬最高的雇员之一（在我的印象中，投资银行分析师的报告已经在由某些形式的AI编写了）。[24]

房地产估价师同样也有被AI替代的风险。显然，AI可以更快、更低廉、更精确地执行任务。这个意义相当重大。美国需要8万名左右的房地产估价师，房地产估价业务的价值每年约为120亿美元。

同样，日常法律工作现在也可以由AI来做。请注意，这些趋势并不一定意味着律师数量会减少（很遗憾）。利用AI应用程序来做日常法律工作，似乎大大降低了成本，以至于以前始终不便宜的一整类法律项目现在也变得可行了。例如，初级律师可以为AI应用程序设置初始阶段，并让它以正确的方式工作。[25]

另一个不需要人工操作、脆弱的工作是笔译和口译。最初，数字翻译服务只是个笑话。实际上，如今在很大程度上它们依然是。尽管它们还没有达到许多人认可的水平，但其改善的速度还是非常快的。不久之后，只要点击鼠标，它就可以以很高的水平将任何内容翻译成任何语言，这种能力甚至会超出大多数人类译者的能力。

2014年3月，Skype公司推出了实时机器翻译软件。2013年6月，谷歌的安卓系统高管雨果·巴拉（Hugo Barra）表示，预计在几年内会出现可行的"通用翻译器"，可面对面使用，也可通过电话使用。[26]

请注意，即使这些改进得以继续，日常翻译工作全部由机器完成，仍然会有人成为语言专家，并以此为职业。但这些人的水平会非常之高，他们的大部分工作将涉及监督和改进AI驱动的笔译、口译服务。毫无疑问，从事翻译和语言服务的高级语言专家的数量将远远低于当前的人数。

你可能会认为，面试求职者肯定是人类的专利。事实上，在一些领先的企业中，尤其是金融领域，现在很多此类活动都是由某种类型的AI执行的。几十年来，大企业的求职者都必须要接受自动化在线测试，最初的淘汰工作无须人工干预。不过，现在越来越多的面试都是通过计算机进行的。可以预见，求职者的反应是——利用AI来帮助自己做好准备，以通过由其他形式的AI进行的面试。一家名为Finito的金融科技初创企业就利用自己的AI系统为求职者提供专业指导。

机器人和AI对工作的拓展

关于工作的消失问题就先谈这些。那么机器人和AI创造就业机会的情况是怎样的呢？世界经济论坛（WEF）和波士顿咨询公司的一项联合研究显示，到2026年，美国将创造出1,240万个新工作岗位。[27]机器人和AI应用的充分扩展本身就会创造新的就业机会——设计和制造机器人,开发它们所用的软件和应用程序,教人类如何从AI助手处获得最大收益,甚至向那些在与AI的关系方面有严重问题的人提供咨询服务。

此外,还将出现无数个工作岗位,用以监控人类与机器人之间的边界,处理法律和法规问题,甚至可能顾及并监视AI引发的任何伦理问题,特别是在大数据的使用方面(我将在第7章讨论这些问题)。

世界经济论坛和波士顿咨询公司的研究预测,有一个行业将享受到创造工作职位最多的成果,并且其地位已经非常牢固——医疗保健行业。该行业只会失去1万个职位,却有230万个职位被创造出来。

这不足为奇。即将到来的技术变革的本质是将大量的机械工作从人类手中移除,把真正关乎人类的领域留给他们。毕竟,这显然是人类最具比较优势的领域。该领域将非常广阔,个人护理(特别是老年人护理)就是一个很好的例子。

我们经常被告知,在所有西方社会中,对老年人的照料工作都还做得不够。这方面的资源短缺,根本没有足够的护理人员。然而,随着社会中老年人数量的大幅上涨,对护理人员的需求也将急剧增加。

当然,将来会有更多的护理人员。我并不是说这些护理人员是机器人。毕竟,谁会希望家里来个机器人呢?而且谁又会把自己年长的亲人托付给机器人呢?额外的护理人员将会是人类,这些人是从经济领域中其他*非看护*工作中解脱出来的。

不过在这方面,机器人和AI依然可以做出贡献——不是取代护理人员,而是帮助他们。我可以很容易地想象到,一名护理人员带着一系列能帮助他们工作的机器前往老人的家,护理人员设置一台机器进行清洁,另一台为客户洗头发,而护理人员则可以与客户谈论他们最近想做的事情。

因此，机器人和各种AI设备的使用将能使护理人员的工作效率得到根本性的提高。与第一次工业革命以来其他节省劳力的发展一样，护理人员的就业人数不会下降，因为随着人们变得更加富有（且更长寿），对这些服务的需求将会大大增加。

实际上，如今已经存在这种机器人助手，不过它们效率不是很高。有些机器可以抬起并移动老年人。麻烦在于它们本身极其沉重，重达人类体重的10倍，而且非常昂贵。[28]毫无疑问，以后它们将会变得更轻、更便宜。

机器人和AI对现有工作的加强

尽管常常有报道说机器人开始替代人类，但在很多工作中，它们其实旨在辅助人类，并在此过程中提高人类的工作质量。正如我们已经看到的，护理老年人的工作就是如此。

外科手术提供了另一个医学例子。据推测，机器人正越来越多地承担起了外科医生的工作。伦敦大学学院医院（London's University College Hospital）有两台达·芬奇Xi（da Vinci Xi）手术机器人，它们由总部位于美国加利福尼亚州的直觉外科公司（Intuitive Surgical）研制。2017年，它们切除了700个前列腺和膀胱。

这两台机器人可以自如地使用手术刀，但它们受到坐在几英尺外看着3D屏幕的外科医生的控制。[29]所以该机器人实际上是一种非常复杂精细的工具。从表面上来看，使用这种机器人的结果引人注目：侵入性手术更少，精确度更高，事故风险更少，并发症更少，恢复状况更好。

但请注意，这其中并非全都是甜蜜和光明。原因如下：第一，需要成本。2013年，美国售出了大约1,200台外科手术机器人，平均价格为150万美元，这可不是个小数目。第二，安全记录有些令人担忧。根据《医疗质量期刊》(*Journal for Healthcare Quality*) 的文章，目前已有174例受伤和71例死亡病例与使用达·芬奇 Xi 机器人的手术相关。[30] 当然，就像很多时候那样，我们不可能知道这些死亡或受伤病例中的任何一例是否是因为雇用了机器人外科医生，还是无论如何都会发生。不管目前的安全记录如何，我确信它只会越来越好。

医学领域还有其他激动人心的进步。据称，为了跟上已发表的医学研究成果，人类医生每周需要阅读160小时，这显然不可行。但AI不受这样的限制。

因此，AI在诊断方面有优势或许并不令人感到意外。谷歌的深度思维已开发出通过分析医学图像来诊断疾病的AI。据私营医疗保健公司维朋（Wellpoint）的塞缪尔·努斯鲍姆（Samuel Nussbaum）称，**沃森**对肺癌的诊断准确率达到90%，相比之下，人类医生的仅为50%。[31]

医学诊断的发展很有可能会导致更频繁的检查和更早期的诊断。不久之后，我们智能手机的附件将能提供血糖、血压、声音、呼吸等方面的即时检查结果，并立即给出有关我们身体状况的初步评估。这不会减少对医疗专业人员服务的需求。恰恰相反：这很有可能会带来对医疗专业人士的更多咨询和医生的更多治疗行为。

由于使用了能跟踪患者心率和血压的传感器，患者能更便利地在家中而非医院里更早识别问题并治疗。一个可能的结果是，不得不去医院的人数减少了，从而为危急病例释放出了资源。

此外，自然语言处理技术使医生能够花最少的精力和时间抄写、记录与患者的会面内容。谷歌办公室的一名贴标扫描顾问提道："为头颈癌图像贴标是一项需要五六个小时时间的工作，医生通常要在下班后来做这个。"[32]同时，AI还可以帮助急诊室分诊，并有助于减少患者在不同医院科室间流动而造成的"交通拥堵"。

对于AI能在诊断和治疗两方面做出的贡献，医学界和政府都抱有相当大的热情。2018年5月，英国当时的卫生大臣杰里米·亨特（Jeremy Hunt）表示，积极应用AI对确保英国国家医疗服务体系（NHS）的未来至关重要。同月，时任英国首相特雷莎·梅（Theresa May）大张旗鼓地宣布了一项计划，要让AI改变心脏病、癌症、糖尿病、失智症等疾病的预防、早期诊断和治疗。

毋庸置疑，人们的雄心壮志足够真诚，发展机会也是巨大的。但这里存在着大量资金被浪费的严重风险。值得怀疑的是，很多NHS的从业者（临床和行政）当下是否具备相应的技能，可以为NHS合理地使用巨额AI投资。值得注意的是，在一个失败的项目上花费了数十亿英镑之后，NHS仍然无法将所有纸质病例转成数字形式，而这是该项目的主要目标。

诸如NHS之类的AI用户需要确保自己聚焦于AI能够出成果的领域，即便这些改进起初微不足道，而不是被愚弄着开展一些可能最终徒劳无获的大型项目。

机器人和AI对休闲领域就业的影响

我在第4章中指出过，机器人和AI应用的增加会带来更多的财富，这将导致很多人选择减少工作时间，增加休闲时间。人们决定利用自己的休闲时间做的许多事情（尽管不是打桥牌或志愿工作）都会涉及金钱支出。这可能会使你认为这是一个悖论。努力工作的一个众所周知的特征是更容易省钱。工作时你无法轻易花钱，因为即便有意愿，你也根本没时间。而当终于停下工作时，往往因为太累了，除了休息，你也不想做太多事情。

而不用于工作的时间则正好相反，为了充分享受这段时间，你需要有钱来花。这就出现了悖论——这也是AI经济中将涌现出的很多就业机会的关键所在。你可能想要在休闲时间里将钱花在很多事情上，这会涉及他人的就业，特别是在体育、娱乐、教育和个人发展领域。

因为消费者偏好的不断变化，现在这种情况更加明显。越来越多的人希望从休闲时间中获得"体验"。这意味着需要花费越来越多的钱在每样事情上，从夜晚外出到假期再到婚礼，所有这些都属于高就业密集型领域。他们不会希望由机器人来陪伴，或共享、指导自己的"体验"，不管这些"体验"是喝醉、度假还是结婚（请注意，牧师在婚礼上扮演的角色可以用机器人来替代吗？或许不能，虽然在我参加过的一些婚礼上，情况可能已有所改变）。

更多的休闲时间将增加传统的餐饮和娱乐服务提供者的就业机会。但除此之外，很多人或许会尝试更充分地利用他们的休闲时间。个人发展将成为一个大生意，不仅是个人体能训练，还涉及生活指导和精神训练。谁会想要由机器人来完成这些？试试询问机器人关于生命的意义，以《银河系漫游指南》（*The Hitchhiker's Guide to the Galaxy*）为例，它很可能会回答："42。"[33]

这意味着，随着更多人选择更多休闲，越来越多的工作机会将是为了满足那些不工作的人的休闲需求而产生的，当然，这甚至包括那些在休闲产业工作的人的休闲时间。这并不矛盾。在非休闲活动中工作、在休闲产业中工作，以及休闲本身这三者间的平衡会自然而然地出现，这是人们对如何安排自己的生活所做的无数选择的结果。但这确实意味着，在AI经济中，为充实人们的休闲时间而提供便利将成为一个重要的就业来源。

未来就业中人的因素

这一点对娱乐和"体验"行业中的人力需求具有更广泛的适用性。假设对所有服务而言，更便宜的选择是由某种机器来提供的，如果另有人类提供的服务，难道你会不想为因享受这种服务而得到的快乐多花点钱吗？事实上，这难道不能赋予你作为消费者的地位吗？

实际上，我遇到过的一些人声称，在其他条件相同的情况下，他们宁愿和机器而不是和人打交道，包括在超市结账、在机场办理登记手续等。对于这些个体，在与机器提供的服务竞争时，由人提供的服务将不得不打折扣。但我不确信大多数人都属于这一类。

人类喜欢与他人现场互动。以娱乐为例，这个世界充满了"远程"娱乐，包括体育和音乐，涉及录制的和现场直播的两种形式。这往往可免费获得，或者几乎免费。人们大量消费这种内容。尽管如此，人们也会支付数量可观的金钱参加现场活动，观看、聆听表演者的亲自表演，包括各种各样的体育赛事、音乐表演和戏剧。现场表演的吸引力不仅限于超级明星，大量的酒吧和俱乐部都会上演现场音乐，常常能吸引众多热情的本地观众。

人们甚至会偏好选择购买一些由人类制造的**商品**——而且很可能是由人类销售的。卡耐姆·切斯将具有这种偏好的原因命名为"手工变化"。[34]在奢侈品方面，这是我们喜欢古董的主要原因之一。令人惊讶的是，像莫奈（Monet）或特纳（Turner）这些伟大艺术家的原作的价格要比复制品的高得多，即便在未受过教育的人眼里，后者与原作也别无二致。

对于日常生活的细枝末节，我们也往往更喜欢手工制作的小摆设和个性化设计的服饰。还有，比起预先准备好的、批量生产的或可用微波炉烹制的食物，我们当然对"自制"食物情有独钟（即使是在餐馆而非家中制作的）。

在观察和关注的人类

人类的领域必将涉及对各种人类行为的持续监视和指导。你可以想想当今金融投资领域产生的工作量和就业岗位数量。谁能想象100年前会有多少人对人们的过去和未来的投资发表高论并提出建议？撰写昨天的股市报告是一件完全人性化的事情，也就是说，这份报告是在谈论人类的行为和意见。是的，在新世界，基本的事实将由某种形式的AI记录、"书写"，很多投资工作也将由AI完成。但是，无数的工作基本上会集中在人类的思想、观点和行为上。做这些工作的将是人类。

有趣的是，凯恩斯再次预言了这一结果。更有趣的是，在其《通论》（*General Theory*）一书中，当谈到股市投资者如何决定买卖股票时，他将很多股市投资行为与选美比赛做了比较。他写道：

我们并不是要选出那些按自己的判断真的是最美的人，甚至也不是那些一般人真的认为最美的人。我们已经达到第三层级——我们投入自己的智能来预测平均意见、期待平均意见会有的样子。而且我相信，有些人已在实践第四、第五及更高的层级。[35]

关于投资，他的看法可能是对的，也可能不是（碰巧，我认为他说得很有道理）。但他无意间准确地指出了未来就业和活动的可能来源——人们对他人关于自身、他人及由此产生的无数衍生品的看法的迷恋。

与投资领域差不多的是赌博领域。近几十年来，这个行业的规模急剧扩张，随之激增的是与之相关的从业人员数量，以及大量赌客投入的休闲时间。正如太多人类领域中的事情那样，占用如此之多时间和资源的不仅仅是该活动本身，还牵扯所有相关的辅助服务——媒体建设、专家自以为是的看法，以及对公众舆论热度的判断，无论相关的是网球、橄榄球、斯诺克、赛马还是政治。所有这些活动都源于人类特有的某种东西，即人类对他人所思所想的兴趣。在这种情况下，人们用金钱支持自己的观点。

在AI经济中，同样的事情也会在许多其他完全不同的领域中发生。几年来，总部位于英国的广播电台"古典调频"（Classic FM）一直在复活节期间做一项调查，搜集听众对其最喜欢的古典音乐的看法。在复活节周末，最受欢迎的300首曲子会从第300首开始倒序播放，"冠军曲"将在复活节后的周一晚些时候发布。这项活动取得了巨大的成功，引发了大量的讨论、分析和后续报道。请注意，这一切都没有涉及专家对音乐及其价值的分析，更不用说创作任何新音乐了。整个运作就是对公众舆论的测试。

我们可以预见，对人类行为及从性到宗教、毒品等一切东西的看法的调查会扩散开来。诚然，大部分细节性工作和结果汇编都将由AI完成，但人类会负责调查问题的设计、解释和展示。真人秀电视节目、知

心姐姐节目连同他们的非名人模仿者自主群体，它们专注于人际关系的
变迁，将会蓬勃发展。

人际关系

在机器人时代，人们拥有更多的金钱和时间，他们肯定会对在几个
不同的方面增强自己与他人的关系特别感兴趣。为生存而战、挣扎着活
下去这样的事情在很多大程度上已经成为过去。如今，人们无疑会更注
重使自己变得更加美丽，既为了吸引他人，也为了获得自我满足感和自
我价值感。而且他们必将比以往任何时候都更重视*人类的*美丽。在这方
面最重要的是，相比机器人，人类一定具有独特、明显的优势，更不用
说它们无实体的"表亲"AI了。

这也适用于性关系。不可否认，人们正尝试开发增强型性玩偶，由
于有了AI，这些玩偶可以在身体和"对话"两方面都更好地与其拥有者
互动。你可以很容易地想象出一个反乌托邦的世界，在这个世界里，人
类放弃了与其他人类发生性关系的想法，转而依赖人造替代品。我想这
有可能发生，但我怀疑与机器人发生性关系将仍然是少数人的选择。人
类需要亲密关系，但要的是与其他人类之间的。

人们也非常需要友谊和陪伴。鉴于各种各样的关系在机器人时代将
持续存在，甚至可能会变得更加重要，因而必定会出现大量处理各种关
系的工作——如何开始一段关系，如何将关系保持下去，甚至如何改变
或终止关系。关系指导肯定是门大生意。谁会想要机器人来指导他们应
该如何处理与人类之间的关系呢？当然，除非你是机器人。可是，你是
机器人吗？即使是，我仍然猜想你会希望（或被编程为希望）由人类
来做指导。

机器人时代会存在增强型的陪伴市场吗？在18世纪和19世纪，富有、单身、年长的女士往往会花钱请另一位女士陪伴她们，这种同伴通常较年轻，当然相对贫穷。即便在现今世界，我也了解到一些相关例子——单身、年长男士雇用较年轻的住家同伴和助手（不是出于性方面的原因）。他们希望得到综合性服务，兼顾家政服务、安全保障、交谈对话。当然，你也可以雇用机器人来和你说话，假装其为人类，但那不会是"真实的事情"。

未来就业愿景

现在是时候盘点了。不过，在我们对可能出现的新工作的想象中，有一点可以肯定的是，我们必定会错过许多即将涌现的新工作。我们即将进入一个全新的世界，我们的想象力只能让我们走这么远了。

这是机器人和AI对总体就业影响的评估往往过于悲观的关键原因。这是一项简单却费劲的任务，需要查阅大量工作规范清单，评估有哪些类型的工作，以及多少人处于冗余的"危险"之中。这方面已有数不胜数的研究。毫无疑问，也可能有新的研究出现，比以前的研究更好或更糟，并且多多少少会带来某种启示。但是，就对宏观经济的影响而言，这些实践基本上无关紧要。真正重要的问题是，对现有的工作做哪些改变能有效地转化它们，将会出现哪些类型的*新*工作，以及新工作的数量会是多少。

在经济学中，我们对最重要的问题知之甚少，这已经不是第一次了。在为不确定的未来考虑政策时，我们必须小心，不要把政策设计成处理那些似乎可以量化的东西，却忽略或低估那些无法量化的东西。

上述讨论应该已经打消了或许一直困扰你的疑虑，即新世界必然涉及大规模失业。在很多领域，尤其是交通领域，机器人和AI替代人类的范围被过分夸大了。不过在其他领域（如零售业）很可能出现大量失业的情况。在许多活动中，人类的日常脑力工作也将被AI取代。

但在其他许多领域，包括医疗保健和休闲行业，人类就业数量可能会急剧增加。在某些领域，比如医学和法律行业，机器人和AI能加强专业人员的工作能力。这远远不会导致这些行业的工作消失。与之相反，随着专业人员生产力的提高，他们的产出很可能也会增加。

与此同时，如今几乎不存在的新工作将会涌现并成倍增加。因此，我认为机器人和AI广泛应用的未来经济没有理由不伴随着充分就业。

请注意，这并不一定是你会喜欢的未来前景。撇开其他事不谈，很多旧工作的破坏和新工作的出现肯定会对社会的构成产生影响，而这种影响可能会决定政治后果，这是我将在第三部分讨论的主要问题。

但在此之前，还有另一个潜在的问题尚未解决。仅仅因为存在足够的工作有待"分配"，并不能让人确定这些工作会有怎样的报酬。机器人和AI主导的未来是否必然意味着出现大量低收入人群，从而导致不平等现象的显著加剧呢？

第6章 赢家与输家

> 在未来的一个世纪左右，人类将分为两类——神和无用之人。
>
> ——尤瓦尔·赫拉利（Yuval Harari）[1]
>
> 有些人通过研究人工智能致富。而我，我靠研究天生的愚蠢来赚钱。
>
> ——卡尔·伊坎（Carl Icahn），亿万富豪[2]

到目前为止，我们主要讨论了机器人和AI的影响，似乎这些影响对世界各地所有人都是一样的。这显然不是真实的情况，现在是时候该加以澄清了。接下来我将讨论收入分配对不同个人、群体、地区和国家的影响，首先从个人方面开始。

一个人与其他人相比

在阅读过很多关于机器人和AI即将对我们的就业和收入造成冲击的描述后，你会觉得这是某种新事物——当然，这种新事物与最近才出现的持续经济进步形成了鲜明对比。

事实上，尽管总体数据表明，有时经济已经能够应付并适应非同寻常的技术变革，而不会造成严重的不良影响，但隐藏在总体数据下的是令人痛苦的人类悲剧。仅仅因为有足够的新工作替代已被破坏的旧工作，并不意味着特定的个人、群体甚至国家和地区能够轻易地转向有需求的新工作。

这也不只是19世纪遍地污秽、烟囱高耸的第一次工业革命时期的特征。在大部分欧洲和北美地区，20世纪八九十年代开始的去工业化和全球化摧毁了整个社区和地区。直到今天，你依然可以看到其中的一部分影响。

20世纪80年代，现在被称为"撒切尔革命"（Thatcher Revolution）的改革，彻底改变了英国的经济。其中包括创造出了主要集中于服务业的很多新的就业机会。但它也涉及数以百万计的"旧"工作岗位的毁灭，尤其在制造业，最让人痛苦的是煤矿开采业。许多个人因而失业，并且再也没有真正恢复过来。要将一名50岁左右的矿工（几乎无一例外是男性）转成面向客户的呼叫中心接线员，这几乎是不可能的。

该问题不只影响单个的个体，因为受技术和政策变化严重影响的经济活动在地理上非常集中，所以整个社区甚至地区都遭受了损失。事实上，很多社区和地区仍然没有从丧失其主要经济活动和就业来源的情况中完全恢复过来。

如今，类似的事情正在美国发生。在所有美国男性中，劳动参与率（指有工作或正在积极寻找工作的人）从1990年的76%下降到2018年的69%左右。此外，自20世纪90年代末以来，美国中年白人的死亡率出现了令人担忧的上升，这与酒精、毒品滥用和自杀的增加有关。[3]这两件事很可能有关联。就像在英国一样，传统产业在地理上非常集中，其衰落伴随着男性高失业率和心理、社会失调的扩散。

即使我认为即将到来的AI革命在物质和其他方面都会为人类造福的观点是正确的，其益处将来还是不会平均分配。确实，有些人的情况可能会变得更糟，不只是相对变差，而是绝对更糟，就像第一次工业革命最初几十年发生的情况一样，也像近期大多数工业国家一直呈现的那样，因为传统的就业来源数量已急剧下降。的确，在AI经济中，这可能会是美国及其他发达国家数百万人的命运——即便有"足够的工作岗位有待分配"。

在讨论这种可能性之前，我们需要回顾一下当前的状况，因为在AI革命的影响尚未显现之前，人们就对收入分配及其可能产生的后果普遍感到焦虑。此外，已经造成不平等加剧的力量的性质或许会与AI革命相互作用，影响人们能够并且应该采取哪些措施来解决这个问题的决定（我将在第9章重点展开讨论）。

不平等加剧的事实

我们的讨论从事实开始。或者更确切地说，是从我们认为的事实开始。就像经济学中的许多其他关键问题一样，这个问题也饱受争议。

无疑，传统观点认为，近年来，收入和/或财富的分配越来越不平等。根据荷兰历史学家鲁特格尔·布雷格曼的说法，在美国，贫富差距"已经比古罗马（基于奴隶劳动的经济体）时期的更大"。[4]无论这是否有所夸大，基本的统计数据确实显示出已明显加剧的不平等。

1962—1979年，在美国处于收入分配底层1/5的人的实际可支配收入平均年增长率接近5.5%，而处于顶层1/5的人的实际可支配收入平均年增长率不到2%。但在1980—2014年，前者的平均增长率接近于零，而后者的平均增长率为2.8%。1980年，收入最高的1/5的人获得了总税后收入的44%，处于收入顶层的仅1%的人就获得了8.5%。到2014年，这两个比例分别上升至53%和16%。

并非所有国家都有相似的经历，比如英国的情况就完全不同。[5]让我们以美国为例，不平等为何一直在加剧？同样，这也是经济学家始终争论不休的领域。但几乎每个人都认为有两个主要因素在起作用：全球化与技术变革。正是这两个因素的相对重要性带来了学术上的"火花飞扬"。

全球化与不平等

关于全球化的论述简单明了。中国和其他新兴市场对世界经济打开了大门，从而有效地使全球劳动力增加了数十亿。劳动力市场中的额外竞争并没有在所有类别中平均分布。它集中于底端，那里的人们几乎没有什么技能。因此，全球化往往对发达国家中的低端薪酬具有消极影响。

与此同时，很多处于收入分配较高层的人获得了巨大的收益。他们不仅没有受到来自新兴市场低收入人群的直接竞争，而且现在能够以更便宜的价格购买许多商品和服务。除了新兴市场数以百万计的人们变得更加富裕之外，这些生活较优裕的"西方人"也是全球化的赢家。

除此之外，因为全球化有效地为发达国家的劳动力市场增加了几十亿个额外工作者，但几乎没有任何额外的资本，所以它以牺牲劳动收益（工资与薪金）为代价，提高了资本收益（利润）。由于股份所有权集中在处于收入分配最高端的人群手中，尽管通过养老基金间接持有股份的现象很普遍，但这也加剧了不平等——至少在发达国家中是这样（值得强调的是，在全世界范围内，全球化已极大地减弱了不平等现象，因为它大幅增加了中国及其他地方无数贫困人口的收入）。

技术转折

技术上的解释也很简单明确——只不过是有趣而重要的转折。最直接的一点是对劳动力需求的持续缩减，最近主要是由于计算机及其相关技术的发展。

问题在于，通信革命已造成所谓"赢者通吃"市场的扩展。在传统市场中，薪酬往往与绝对业绩挂钩；而在"赢者通吃"市场中，薪酬完全取决于相对业绩。限制"赢者通吃"市场范围的关键因素之一是距离。这使得二流、三流乃至更差的服务提供商能够继续经营下去，甚至生意兴隆。但如今，只要所讨论的服务可以数字化，距离就不再是障碍。这有效地联合了全球市场，让人们能够接触到世界上最好的服务提供商。

更重要的是，数字商品享有庞大的规模经济。这使得市场领导者能以低于任何竞争对手的价格出售商品，并依然可获得丰厚的利润。一旦收回了固定成本，每一件额外生产出的产品就几乎不再有成本。其结果是趋向于垄断，和所有通常的结果一样。据称，亚马逊占据了近75%的电子书市场，脸书（Facebook）是77%的社交媒体所使用的媒介，而谷歌则占据了近90%的搜索广告市场。[6]

新的数字世界产生了前所未有的庞大规模的赢家。J. K. 罗琳（J.K. Rowling）的《哈利·波特》（Harry Potter）系列书籍和电影的成功就是一个例子。另一个例子是韩国流行歌曲《江南Style》（Gangnam Style）

及其伴舞。如果正在阅读本书的你还没有在YouTube上看过这首歌曲的视频（更别说尝试跳这支舞了），那么你就是几十亿尚未看过这首歌的视频的人中的一个。不过，该视频已被观看了24亿次，而且还在继续增加。如此巨大的观众规模史无前例。[7]

经由这种方式积累起来的巨额财富会接着引出二线财富——那些为超级富豪提供服务的人赚取的财富。毕竟，假如J. K.罗琳发现自己陷入了法律纠纷，那么她肯定会雇用最好的律师来应对。她必定没兴趣在无法确保胜算的情况下为排在第二、第三位的律师的服务支付费用，更不用说那些在法律界地位相当低的人了。

这不是什么新鲜事。伟大的经济学家阿尔弗雷德·马歇尔（Alfred Marshall）曾写道："对一个声誉或财富或两者都岌岌可危的富有客户来说，为了确保获得他能得到最佳人选的服务，他几乎不会考虑价格。"

埃里克·布林约尔松（Erik Brynjolfsson）和安德鲁·麦卡菲（Andrew McAfee）引用过运动员O. J.辛普森（O. J. Simpson）的例子。辛普森支付给律师艾伦·德肖维茨（Alan Dershowitz）数百万美元，请他在法庭上为自己辩护。诚然，德肖维茨的服务并没有像辛普森支付律师费那样数字化并出售给无数人。但他们说："借助代理，德肖维茨成了超级明星：他受益于他的超级明星客户们的能力，这些客户的劳动力通过数字化和网络被更直接地利用了。"[8]

这些关于超级明星运动员和作家的讨论，可能会让人觉得"赢者通吃"的结构似乎只适用于极少数的孤立市场。但这种印象是错的。它适用于大部分经济领域。如果你能聆听最优秀的乐团演奏，为何还要去听排名靠后的乐团演奏呢？如果你可以由牛津或哈佛提供的最好的教授远程"教授"，为何还要接受本地大学中最平庸乏味的教授教你呢？如果你能雇用最佳会计师、投资银行家、外科医生或其他什么人，为何还要聘请最差的呢？简而言之，倘若金钱能买到最好的，为何要勉强接受次之的呢？

这个问题有一个答案：一切都视情况而定。如果服务能够数字化，而且客户数量无限制，那么实际上根本没有任何理由。在极端情况下，这将意味着，除了最好的服务提供商，其他商家都会倒闭，而且可能没有足够低的价格让它们留在"游戏"中。正如布林约尔松与麦卡菲所言："即使我们将自己唱的歌曲《满足》免费提供给大家，人们还是会更喜欢为米克·贾格尔（Mick Jagger）演唱的版本付费。"[9]

当给定的供应商能够满足的客户数量受到限制时，这个结果就不太适用了。但是，扩大市场的结果仍然是，以牺牲其他人的利益为代价来推高顶层从业者的市场价值。让我们以外科手术为例，机器人和AI或许能让外科医生给更多的患者做手术，但主要的益处在于提高了他们所做工作的安全性和可靠性，并允许他们进行远程操作，甚至可能距离患者数千英里（1英里约为1.6千米）。结果就是，对顶级外科医生的需求增加了。实际上，他们现在面对的是全球市场。除非机器人和AI的工作质量和可靠性能够提高到最佳水平，否则能力较弱的外科医生仍然会得到雇用，但薪水较低。

皮凯蒂的观点

因此，过去的20年来，全球化和数字化一直是推动不平等加剧的两股强大力量。现在，一个具有（知识）天赋的法国人走进了这个迅速发展的不平等世界。2014年，托马斯·皮凯蒂（Thomas Piketty）出版了一本书，以一种不同而有力的方式解释了不平等加剧的趋势，并且预测这种趋势会加剧。皮凯蒂的《21世纪资本论》(*Capital in the Twenty-First Century*)在国际出版界引起了轰动。事实证明，它已经成为成千上万的书籍、学术论文和博士论文的出发点。[10]

皮凯蒂的论点是，财富和收入分配将会变得越来越不平等，原因很简单——资本收益超过了经济增长率。这意味着财富的增长速度快于国民收入的增长。由于财富高度集中，这势必导致一个更加不平等的社会。

皮凯蒂声称，早在他的数据涉及之前，这就是西欧一直存在的真实情况。他说，在18世纪和19世纪，收入就异常集中。但20世纪早期和中期发生的重大事件——两次世界大战、大萧条、福利国家和累进税制的出现，起到了纠正作用，但也使我们对潜在的现实视而不见。皮凯蒂提出，现在的财富分配已经回到了19世纪晚期的水平，除非采取措施遏制这一进程，否则财富分配将不可逆转地变得越来越不平等。

有趣的是，从本书的观点（即我的观点）来看，有一点值得注意，在皮凯蒂的书中，"机器人"一词仅出现过一次，且在近第700页处。换言之，假如你相信机器人和AI将显著加剧不平等，*并且*接受皮凯蒂的观点，那么，我们确实正在走向一个非常不平等的世界。

对皮凯蒂的批评

皮凯蒂的书的影响力和他本人的影响力一样大，正如你可能预料到的那样，他的论点招来了一大堆批评。这里不是详细讨论这些批评的地方，但在继续研究机器人和AI的影响之前，我们的确需要了解那些关键的批评，并就主要问题得出结论。[11]

尽管开始时皮凯蒂积累、分析数据的规模之庞大引来广泛赞誉，但这些数据的质量和准确性受到了严重质疑。事实上，这些怀疑如此严重，以至于让人们对皮凯蒂在这些基础上建立起来的整个"大厦"产生了质疑，其中最重要的是，包括将个人所得税的最高税率提高到80%，以及将全球财富税提高到20%或更高。

这种批评包括三个方面。

第一，马丁·费尔德斯坦教授指出，皮凯蒂依赖所得税申报表作为收集有关收入的证据。[12]然而，在美国，自1980年以来，税收规则的变化使得高收入者在低收益免税投资（如市政债券）方面的积极性降低了，对借助税率较低的企业运转业务和专业收入的积极性也降低了。因此，尽管纳税申报表也许能体现不平等的加剧，但在现实中，不平等问题可能根本不存在潜在的加剧。

第二，赫伯特·格鲁贝尔（Herbert Grubel）教授指出，皮凯蒂的数据（质量不大好）聚焦于不同时间点上个体间不平等的日益加剧。[13]但是他解释道，同一个体在一生中可能会在不同的收入群体之间出现相当大的变动。他援引加拿大的数据显示，1990年处于收入最低的1/5群体的100名工作者，在接下去的19年中，其中的87名转入了收入更高的1/5群体中，这100人中的21人甚至进入了收入最高的1/5群体中。

第三，《金融时报》（Financial Times）的经济学编辑克里斯·贾尔斯（Chris Giles）指出，皮凯蒂的数据在细节层面存在严重问题，包括原始数据与皮凯蒂的相应拷贝数据之间有差异，以及在原始数据出现缺口的地方粗略地插入了"假设"的数据。贾尔斯说："《21世纪资本论》一书的结论似乎没有得到该书自身来源的支持。"[14]

鉴于这些对皮凯蒂数据的批评如此具有毁灭性，你很可能会认为，那么批评皮凯蒂观点的理论缺陷就多余了。尽管如此,我们还是应该简要地考虑一下该理论。毕竟,经济学中有一句众所周知的俏皮话——"好吧,这个想法在实践中行不通,但在理论上可以吗?"事实上,因为关于这些数据的争论也许会没完没了到让人倒胃口,所以与其相关的核心思想往往能自己存活下来,即使它没有经验事实方面的基础。

在理论方面,对皮凯蒂观点的主要批评之一是,随着资本规模相对于其他生产要素和国民收入变得越来越大,从资本中获得良好收益的难度也会越来越大(经济学家称此为边际收益递减定律)。这与皮凯蒂认为资本收益几乎会永远超过经济增长率的想法存在分歧。

诺贝尔奖得主约瑟夫·斯蒂格利茨利用皮凯蒂的数据,对资本收益递减的原因做了精彩而有力的解释。他说,我们不应该像皮凯蒂那样,将财富等同于资本。他特别指出,在现代世界中,财富的大量增长归根结底是由于土地(和其他产生租金的资产)价值的增长。但是,土地获得的较高价值(因为需求的增长)并不会增加可用土地或其他生产性资本的数量。实际上,斯蒂格利茨认为,在过去的几十年中,随着可测算的财富的持续增长,经济中配置的生产性资本数量可能一直在下降。[15]

另一个主要的批评是,皮凯蒂的分析过于简单,它依赖于这样的假设——所有资本收益均被用于再投资,劳动所得的一切收入都没有被存下来(都用于积累资本了)。然而在现代经济中,与之相反的是,很大一部分资本收益都花在了消费上,而大量的劳动收益被存了起来。在存在养老金和人们普遍拥有财产所有权的世界中,这一点尤其突出。[16]

还有一个更有说服力的批评无关理论,而与实证相关。当你查看财富榜时,尤其是美国和其他地区的,你会惊讶地发现,如此之多的超级富豪是通过工作获得财富的，这使得他们创立和/或建立的企业的价值惊人地增长。这适用于杰夫·贝索斯、沃伦·巴菲特、比尔·盖茨、马克·扎克伯格以及更多的人。

而且关键角色也在不断变化。让我们来看看《福布斯》（*Forbes*）榜单，在1982年被列为最富有的美国人中，到了2012年，还在榜单上的不到1/10。此外，那些通过继承而得到财富的人在《福布斯》400强中的比例似乎也在急剧下降。

皮凯蒂的研究得出一个有趣的结果：最近工资不平等的加剧主要集中在顶层。在美国，熟练和非熟练工作者之间的收入差距似乎在2000年左右就停止增长了。相比之下，最顶层的人的收入却大幅增长。然而，难以解释的是，超级富豪是如何因为技术或雇用外国廉价劳动力而变得更加富有的？皮凯蒂估计，最富有的0.1%的人中有60%—70%是企业CEO和其他企业高管。[17]

这些特点源于完全独立于任何AI或皮凯蒂理论的因素。它们的出现是因为机构股东未能限制高管薪酬，以及一些盎格鲁–撒克逊国家的经济金融化。目前已经存在扭转这两个因素的举措。自世界金融危机发生以来，银行受到了更严格的监管。更普遍的是，机构股东已开始更加积极地限制高管薪酬。不过这两个方面都还有更大的进步空间（有关这一点的更多信息，请参阅第9章）。

结果如何呢？很多左翼人士将皮凯蒂奉为英雄，坚决拥护他的理论——不平等必将不可阻挡地加剧。他们认为这为采取激进的公共行动提供了依据，甚至在机器人和AI产生任何影响之前就能行动。他们可以将新工业革命的再分配影响视为只是对皮凯蒂的财富集中过程理论的一些补充（也许还会加速）。如果他们觉得皮凯蒂的观点有一些严重漏洞的话，那么它就是能够使他们跳往新的导致不平等加剧的主要原因的东西。

而且，正如我们前文所讨论的，它确实存在一些严重漏洞。对于皮凯蒂所做的工作——在如此漫长的时期汇集了一系列国家的数据，学者们似乎一致表示钦佩。但鲜有人认为他的理论令人信服。我也不认为。我们不需要用皮凯蒂简单却有潜在影响力的理论来解释已经存在的不平等现象。更重要的是，许多现实状况都极大地挑战了他的观点。因此，我们现在可以将皮凯蒂的信息留给经济史学家作为数据库使用，这也是无数激烈而前仆后继的学术争论的基础。

工作与报酬

现在我们可以将注意力转向 AI 革命对收入分配的影响。非经济学家往往使用一些绝对性的术语来谈论就业。他们指的是一些工作*正在消失*，而另一些替代了它们。确实，我在第 5 章的讨论中采用了这一简单的方法。

但经济学的自然方法假定体系是灵活的。这种灵活性的润滑剂是价格。因此，我们最好考虑一下，在机器人和 AI 主导的世界中，劳动力市场与供应和需求的关系是怎样的，并将这两个基本因素的变化视为数量与价格变化的体现。对就业而言，所讨论的价格是工资和薪金。当然，这方面的情况会影响收入分配。

那么，谁将成为赢家或输家呢？《连线》(*Wired*)杂志的编辑凯文·凯利对该问题的讨论做出了重要贡献。他曾说："未来，你的薪酬将基于你与机器人合作的好坏。"[18]谷歌首席经济学家哈尔·范里安（Hal

Varian）常常提道，人们应该寻求成为某种日益丰富且廉价的东西的"不可或缺的补充"。比尔·盖茨曾表示，当他看到软件将要用于计算机时，决定进入软件行业。

事实上，就像我在第5章中所论述的，这并不意味着为了在AI经济中取得成功，你就必须成为一名AI极客。实际上，我在那里提到，职场中提供的许多工作（以及其中的好工作）都将以人为中心。与人类互动的好坏至少和你与机器人互动的好坏同等重要，或许更重要。AI经济中的输家是那些本质上做着机器人工作的人，以及/或者在与他人打交道时自己无可救药得像个机器人一样的人。我可以肯定，读者会从他们自己的经历中发现无数这类人的例子。

人们很容易做出这样的假设——输家将是收入和受教育程度最低的人，他们会在竞争中被机器人和AI击败。假如他们终于设法找到了工作，那收入肯定也会非常低。确实，他们在市场上的价值可能非常低，以至于跌到了像样的水平之下。因此，成千上万的这类人也许会选择（或被迫）依赖国家福利。与此同时，很多（即便不是大多数）收入和技能水平较高的人将受到保护，免遭机器人和AI的冲击，就像处于高地的人们免受不断上涨的洪水的侵袭那样。

实际上，我完全不确定这种看法是否正确。早期的几轮机械化（其实是计算机化），甚至机器人的工业应用，确实都是以替代工厂中无技能或技能低的体力劳动者为中心的。专业性工作甚至办公室的工作起初几乎没有受到影响。但随后它们确实受到了重大影响。的确，秘书和档案管理员的工作实际上都消失了。在大多数西方国家，这一进程现在已接近完成。

正如我在第5章中所讨论的，现在很多受到AI威胁的工作是技能水平处于中等的非体力工作，这些工作的薪酬往往都相当不错。相比之下，对基本体力劳动的需求很可能会维持在较高水平，因而从事这些工作的人应该仍然会（适度）获得较高的报酬。此外，AI革命可以在某种程度上改善他们的工作，因为随着收入和财富的增加，对AI服务的需求也在增长。

人们普遍认为，鉴于大多数因技术提升而流失的工作都相对具有高技、高薪，那么新出现的工作很可能是低技、低薪的职位，主要分布在服务业。我们的脑海中对提供的新工作的印象是——快餐店中的低薪工作或户户送公司（Deliveroo，英国在线点餐外卖公司）的送餐骑手。但实际上，英国工作的平均技能含量一直在提高。过去10年间，英国三类薪水最高的职业（管理者和高级官员、专业性职位、准专业人士和技术人员）在总就业数量中所占的比例从42%上升至45%。

再则，即使对于可能最没技术含量的活动，工作者其实也需要掌握几项基本技能：使用电话和计算机进行交流的能力、驾驶汽车的能力，而这些技能是前几代所不具备也不需要的。没错，当今社会也有很多成员没有这些技能，但大多数人是具备的。更重要的是，这些技能通常不会以任何正式的方式学习得到，而是作为现代生活的正常组成部分而获得的。驾驶能力或至少通过法律规定的驾驶考试（不完全是一回事）是个例外。结果是，工作者拥有比初看之下可能显现的更多的技能，也就是说（如果你愿意接受），他们拥有更多的人力资本。

AI如何减少不平等现象

AI某些方面的进步为低收入人群带来了意想不到的有利结果。优步出租车服务已经改变了很多城市的出行方式。在伦敦，它破坏了著名的"黑色出租车"行业。众所周知，这些标志性出租车的驾驶者花费了大量的时间和精力用心了解伦敦的街道——"知识"。但是，由于智能手机可以接收到卫星地图，这种"知识"的价值已经大大降低。所以，黑色出租车的生意经常被那些对自己行驶的城市几乎一无所知的驾驶者抢去。

从纯粹的经济学角度来看，这种供给的增加导致了均衡价格的下降。然而，如果你试图向伦敦的出租汽车司机建议，黑色出租车的价格太贵，该行业应该降低收费标准（由监管机构设定），那么你将会很幸运地逃离自己的生活。你的出租车司机会认为你在暗示他"活该"赚得比通常的少。

因为优步提供的打车价格要低很多，所以它们极大地拓展了租车服务市场。而且，由于该技术能让优步司机快速而高效地识别、招揽乘客，相比传统出租车司机，他们在闲坐和巡街以期接到"乘客"方面花费的时间较少。根据一些人的说法，其结果是优步司机比传统出租车司机赚得更多。据称，在美国，他们每小时的收入约为19美元，相比之下，传统出租车司机每小时的收入约为13美元。[19]

诚然，若无人驾驶汽车的数量最终出现激增，至少对一些商业驾驶者来说，这种收入的增长可能只是暂时的。不过，就像我在第5章指出的，无人驾驶汽车对人类驾驶者需求的影响很可能比其狂热者宣称的要小得多。

在技术对收入分配的普遍影响方面，优步的例子提供了一个有趣的观察窗口。优步的出现将收入从传统的出租车司机那里转移到了技术水平较低的优步司机手中。这会加剧不平等吗？几乎不会。相比其他工薪阶层，传统出租车司机的薪酬往往相对较高。事实上，你可以说这种转移使得收入分配更加公平了。

另外，优步变革对消费者有益。这些倾向使情况更好了吗？未必。事实上，情况或许正好相反。你如何评价现在新技术带来的出行增多，以及具有更大的便利性和安全性？无疑，那些收入水平较低的人最能敏锐地感受到这种益处，他们的出行需求对价格相当敏感，而在过去，他们一直负担不起出租车费。

不可否认，优步变革确实有可能带来一个使收入分配更加不平等的因素，也就是说，优步所有者可能获得巨额利润，而他们的所得不会在整个收入分配体系平均分布。他们必将成为社会中较富有的成员。但至少到目前为止，这一点仍然只在理论上有价值，因为优步当下亏损严重。

较廉价服务的益处

优步现象并非孤例。如今大多数颠覆性技术都在侵蚀着受专业人士、有技能的工作者、成熟企业所宠爱的职位，从而使全体人口受益。

金融科技行业尤其如此，该行业正在蚕食包括外汇交易、吸收存款、发放贷款等传统银行业以前巨大的利润空间。其结果是，将以较低成本提供这些服务的益处扩散到整个收入分配体系中。除了银行的股东，损失惨重的还将是那些在银行传统的中介角色中找到工作的各种银行员工，他们的报酬通常非常丰厚。

基本的法律服务可能也有类似的情况。由于AI的应用，它们将会便宜很多。其结果是更多人更频繁地使用此类服务。其受益效应将不均衡地落在不太富裕的人群中，大体上，这些人目前感到法律服务贵得让人望而却步。

因此，AI革命必定会加剧收入的不平等的说法并不明显。事实上，AI革命的影响有可能会*减少*收入，至少在收入分配体系的某些部分会这样。毕竟，前面几章内容的重点在于，很多手工工作不会轻易屈服于自动化。与此同时，许多技术熟练但本质上属于例行公事的白领工作会被压垮。后者的主要例子包括大量处于中级水平的律师和会计师，这些人通常比一般体力劳动者赚得多得多。

请注意，这并没有解决问题。在美国，最近对处于收入分配最顶端的那些人的技能的需求增加了，对大量处于底层、相对缺乏技能的人的服务的需求也增加了，而那些处于中间层、具有机械类中等技能的人，很容易被AI取代。但这似乎对提高底层工作者的工资没有起到什么作用，因为人们会不断从中等技能和收入水平的职位向较低技能和收入水平的职位流动。

相比之下，没有太多的中产阶级人口向上流动，因为要进入更高层次群体通常需要更高的教育水平，包括专业资格，而这些不是一夜之间就能获得的。即使自身有能力，一个人也可能需要经过好几年的训练才能进入更高的阶层。

在文献中，收入分配的顶层和底层两端都有更多工作的现象，被称为"工作分极化"（Job Polarization）。这似乎预示着，处于收入分配底层的人增加收入的机会很小，因为他们的收入持续受到来自高于其层面的不断流入的人口的抑制。但麻省理工学院的经济学教授大卫·奥特尔（David Autor）却不这么认为。他怀疑，计算机和AI对中等收入工作的大部分侵蚀现象现在已经结束。我们如今剩下的是很多AI与人类技能互为补充的职业，包括放射学类、护理技术人员和其他医疗支持工作。[20]

奥特尔指出，记者、评论员甚至AI专家通常都会夸大机器人对人类劳动的替代程度，而低估机器人补充人类劳动的程度，因而忽略了提高劳动生产率和实际工资的空间。这对于计算机和早期机械化浪潮是这样，对于AI也是如此。

但这通常意味着，为了能与AI进行富有成效的互动，工作者必须将自己的技能提高到某种程度。同样，对于计算机也是如此。而今，几乎没有什么办公室的工作（甚至任何工作）能由无法操作计算机的人来完成。市场对能挥舞铁铲但不会操作机械挖掘机的建筑工人或许仍然有些需求，但他们赚的钱要比既会拿铲子又会操作挖掘机的工人少得多。

技术与垄断

我在前文提到过，在数字世界以及由扩展出的AI广泛应用的新世界中，可能存在一种内在的垄断趋势，这往往会导致利润增加。因此，在其他条件相同的情况下，由于富人更有可能拥有享受这些垄断企业的所有权，所以不平等有加剧的趋势。

但这种观点不能被不加审辨地接受。虽然数字世界的确似乎具有高度寡头垄断或垄断的特征，但其始终存在的特征是颠覆性变革。毕竟，像脸书、谷歌、亚马逊这样的标志性企业在25年前尚不存在。它们从无到有，侵蚀、毁掉了很多老牌企业的利润，为消费者带来了巨大利益。

因此，认为自己的市场地位永远坚若磐石是最不明智的。由于存在规模经济和先发优势，面对试图与自己做同样事情的竞争对手，它们可能不会非常脆弱——尽管它们无法确定这一点。它们真正的弱点在于，一些新技术或许会随之而来并削弱它们，就像先于它们的那些企业所经历的一样。

此外，一些现代技术（如区块链和3D打印）可促进小规模生产。

再有，第4章就工作与休闲的讨论产生了对收入分配的另一个令人惊讶的可能影响。事实表明，在人类历史的大部分时间里，处于收入分配顶层的人往往比处于底层的人工作时间更长。有证据表明，无论对于哪个群体，这都不符合人们的偏好。

现在假设这是对的，并假设在未来经济中，处于顶层的人工作少，而处于底层的人工作多。这自然会缩小顶层与底层之间的收入差距（以金钱衡量，不考虑休闲时间）。

应当承认，尽管如此，机器人和AI革命还是很有可能有利于资本而非劳动力。而且因为资本主要为富人所有，在缺少干预的情况下，这很可能会导致机器人和AI带来的益处向收入最高的那些人倾斜。

这个问题可能会在代际方面有明显的体现。资本的拥有者将主要是老者，而劳动力的出售者则大多是年轻人。因此，很容易看到AI革命带来的这种变化——以牺牲年轻人为代价，让老年人受益。

而且这可能会对社会流动性产生重大影响。假如出现大规模贫困，原因无论是工作稀少还是薪酬很低，利用收入积累资本的行为都将变得极为困难。

综合评价

在一个机器人和AI主导的未来世界中，许多人担心未来的收入分配情况是可以理解的，因为在这个世界里，大多数人都在争夺低薪工作。同时，还存在有利于资本所有者及拥有新世界所需技能的少数人的倾向。在这些情况下，许多人会面临低薪就业（或许不规律且不稳定）和长期失业之间的选择。

现代经济中已经存在朝着这个方向推动的强大力量，而这种影响将加大这股力量。无疑，很多人会害怕这样的未来，其中包括许多数字和AI领域的大人物。

如果确实发生了这样的事情，那么很可能需要国家实施重大干预措施，以预防和/或纠正它。这就撞上了关于何为理想的或至少可接受的社会收入分配的问题，以及为了纠正不平等加剧而可能采取的措施所带来的成本和意外后果的问题。我将在第9章讨论这些。

然而，关于AI经济将严重加剧不平等的问题，这远非预料中的必然结局。事实上，AI革命中的很多发展都将朝着减少不平等的方向推进，因为它们通过提供较低价格的服务来逐渐动摇中产阶级的收入，从而使收入水平较低的人获益。当然，很多工作会流失，但新工作将取而代之。这些新工作的薪水会较低的情况也并非不可避免。绝大多数人获得相对高薪工作的能力取决于一系列因素：

• 机器人和AI的技术能力（目前，在独立于人类而行动的大量的各种活动中，它们的表现一直令人失望）。

• 机器人和AI的制造、维护及融资成本。

• 机器人和AI与人类有利互动的空间（机器人和AI作为人类劳动力的补充而非替代品的作用越大，人类能赚到的工资就会越高）。

• 人们有多想从他人那里购买东西，尤其是服务。

• 机器人和AI能在多大程度上降低当下由相对高薪的人提供的服务

成本，以使薪水较低的消费者受益。

- 人类自愿决定增多休闲的程度（如果这种情况出现的频率高，将会加强人类劳动力与资本和AI讨价还价的余地）。

- 处于收入分配顶层的人偏向喜好更多休闲的程度。

显然，所有这些事情都是相互作用的，很难判断事情将会如何发展。但是，即使机器人和AI的应用开始激增，若上述各因素处于平衡状态，那么也很可能会使大多数人享受到不断增加的收入。不会出现收入不平等大大加剧的情形亦完全合理。

如果出现的话，那也很可能是暂时现象。伟大的经济学家西蒙·库兹涅茨（Simon Kuznets）认为，经济发展初期会加剧不平等，但随后这种差距的拉大会被逆转。此外，这个故事与第一次工业革命的历史相吻合。正如我在第1章中提到的，在19世纪的头几十年中，工作者的实际收入下降了。

结果是，现在下结论说随着机器人和AI应用的兴起，社会必然**会**朝着不平等加剧的方向大步向前，还为时过早。我们根本不知道未来会怎么样。毕竟，如果我们在19世纪末就知道，农业、照料马的行业及家政服务业的就业率即将直线下降，那么就很容易得出结论——富裕程度较低的人的前景很快会明显恶化，而且能想象到，大幅扩大了的穷人队伍将会四处争夺工作和收入的"残羹剩饭"。当然，其结果恰恰相反。类似的事情为何不可能再度发生呢？

输赢地区

地区和国家是否也是同样的情况？你可能很容易假定，因为机器人对其所在地没有偏好，起码在它们接管这个世界之前是这样（将在后记中探讨），即便它们有偏好，人们也不会注意到，而AI肯定可以在任何地方应用，所以，即将到来的革命会削弱地理上集中和集聚的优势。

这会很容易被理解为，经济活动可以在任何地方进行。因此，这可能意味着，地区差距将随着经济活动的开展而缩小，此后人们的住所也可能迁到土地和服务更便宜的地方。可能的结果是人们从生活成本昂贵的城市向更低廉的城镇、乡村和地区迁移。

但我对接受这些结论持谨慎态度。这不是第一次有人过早地贸然宣布"距离的消亡"。这应该是计算机和通信革命的结果，因为人们现在可以在彼此相距很远的地方工作、娱乐和交流。当然，在某种程度上这已经发生了。但它一直没有导致经济活动的分散。实际上，集聚的趋势看起来还在继续。

伦敦就是个极好的例子。你可能会很容易想象，通信革命会削弱伦敦作为金融中心的地位，促进英国地方性中心的发展，比如爱丁堡、格拉斯哥、敦提（Dundee）、珀斯（Perth）、伯明翰（Birmingham）、诺威奇（Norwich）、布里斯托（Bristol）、利兹（Leeds）、曼彻斯特（Manchester）和埃克塞特（Exeter），所有这些城市都曾有过大量的金融活动，我年轻时曾作为金融市场分析师去过上述地区。但实际上，在这些地方已经看到了总部设在当地的金融企业被合并或接管的情况，金融活动转移到了伦敦。只有爱丁堡设法作为重要的金融中心存活了下来，尽管其规模只是伦敦的一小部分。

有趣的是，伦敦*内部*的情况并非如此。以前人们常说，要想在金融领域成为任何人、取得任何成就，你就必须位于伦敦金融城（City of London）的心脏地带，步行即可到达英格兰银行。但是，假若这曾经是真的，那现在肯定不是了。金融服务业已经分离开来。虽然大量机构仍位于旧城区，但如今很多商家都迁到了东部的金丝雀码头（Canary Wharf），另有很多则向西迁移，搬到了圣詹姆斯（St James's）和梅菲尔（Mayfair）周围的聚集区，那里是对冲基金的大本营。维多利亚（Victoria）和马里波恩（Marylebone）也有分支机构。

如何解释这两种截然不同的趋势呢？我想原因一定是，尽管很多业务可以远程完成，但这只起到了增加面对面会议重要性的作用（如果有的话）。如果你驻扎在圣詹姆斯的对冲基金巷，则可以很容易地随时安排与在金融城甚至金丝雀码头工作的人见面。但你无法和在伯明翰的人这么做，更不用说在格拉斯哥的了。

同样，在伦敦这些不同地区运营的企业能够有效地利用相同的、规模极其庞大的熟练劳动力池/库。相比之下，格拉斯哥、伯明翰和大伦敦地区的劳动力在很大程度上处于隔离状态。

在休闲领域，促成集聚的类似力量也在发挥作用。足球/橄榄球比赛、赛马场、电影院、歌剧院、音乐厅、顶级餐厅等都需要位于顾客能够轻松到达的范围内。这对很多经济活动的发生所在地都产生了明显的连锁反应，而不仅仅是提供这些各种娱乐服务所涉及的一切事情。假如你是一位领先的对冲基金经理，可支配收入可观，能在去餐厅、购物和/或听歌剧等方面消费，那么你希望住在斯肯索普（Scunthorpe）还是伦敦？（如果在美国，可通过伊利诺伊州的皮奥瑞亚和曼哈顿的对比来理解。）

据说，这一因素与大量对冲基金在伦敦的持续存在有着明显的关系，甚至在某些不利的税收变化使得迁往瑞士似乎更具吸引力的情况出现之后依然如此。日内瓦（Geneva）当然有其迷人之处。但在购物、听音乐和去餐厅方面,它无法与伦敦比肩。再就是瑞士的州首府楚格市(Zug,顺便说一下,我没有反对去楚格市。我的一些最好的朋友都去过那里)。

牛津大学的伊恩·戈尔丁(Ian Goldin)教授认为,AI革命带来的变化实际上将**拉大**地区差距。在地理上,最脆弱的城镇和地区与经济强劲增长、充满活力的城市隔离,高房价和高通勤成本阻碍人们前往这些城市。

英国智库"城市中心"(Centre for Cities)也得出了类似的结论。它预计,到2030年,在自动化和全球化的双重影响下,英国城市中约360万个现有工作岗位(占总量的1/5左右)将被替代。它认为,北部和中部地区的工作流失情况会更严重。同时,南部地区的城市已在软件开发等方面处于领先地位,这将使需求增加,相应的流失也可能会减少。[21]

公共政策研究所经济公正委员会的一份报告总结道,在英国伦敦,面对自动化时可能具有弹性的工作比例最高。[22]有意思的是,该报告还指出,在从事易受自动化影响的工作的人群中,女性和某些族裔的数量所占比例过高。

作者和AI梦想家卡耐姆·切斯表示,人们将日益根据收入的多少而形成不同的群集。对大多数穷人(85%)来说,旧金山和纽约这样的温室城市将是禁区。他说,他们将借助"免费娱乐和社交媒体这些鸦片/麻醉剂"来适应社会中明显的不平等。[23]

就我个人而言,我对所有这些都不是很确定。就像对收入分配的影响一样,当如此之多未来的情形都笼罩在纯粹的不确定性中时,我们需要小心谨慎,不要妄下结论。我们必须做好受到震惊的准备。

输赢国家

到目前为止，我一直含蓄地假设，机器人和AI革命会平等地席卷所有国家。然而，片刻地认真思考就应该能明白，这是最不可能发生的事情。我们正在逐渐步入的新世界与旧的那个迥然不同，它带给个人、企业和政府的挑战如此激烈，以至于我们必须假设，不同的国家将做出不同的选择，并在实施时取得不同的成功。

正如第一次工业革命彻底改变了国际力量的均衡那样，这场新的革命也能做到。第一次工业革命使英国走向伟大，因为英国首先推行了一段时间的工业化，享有相当大的先发优势，直到被德国和美国超过。在机器人时代，是否会有某个国家明显处于领导者地位？我们能不能轻易识别出哪些国家可能成为输家？

应该强调的是，能充分利用AI的形式有两种——生产和消费。两者并不一定结伴而行。完全有可能的情况是，只有少数国家在生产支持AI的产品甚至提供服务方面发挥主导作用（或许是美国、中国，也可能是英国），但这些产品和服务也许会在更多的国家得到应用。

这反映了计算机的发展历程。只有极少数国家从事计算机制造，而且相应软件的开发主要由美国所主导。但是，世界各地都在使用计算机。此外，如果一个国家因为本国不生产就决定不使用计算机，那么它就会把自己扔进经济垃圾堆。

AI也是如此。仅仅因为你的国家不生产AI（既没有任何算法、驱动AI的深度学习应用程序，也没有像机器人那样的物理实体），这并不意味着你不能通过应用它们而获益。实际上，若不这样做，你就有陷入经济孤立的风险。

尽管如此,关于创新(包括AI)及其收益如何在全球范围内分配,技术行家之间存在明显的意见分歧。一种极端是《纽约时报》专栏作家托马斯·弗里德曼(Thomas Friedman)倡导的"世界是平的"(World is Flat)的观点。该观点认为,由于现代技术的廉价和互联性,任何可以访问互联网的人都能发明一种具有潜在全球规模的服务或产品。

另一种极端是多伦多大学教授理查德·佛罗里达(Richard Florida)提出的"世界远非平的"的观点。实际上,它起码有几座大山。这种观点强调了这样的事实——创新发生在一定数量的特定大都市地区,通常围绕着一家大型、成功的企业和/或一所领先的大学。

然而,尽管在起步和起步刚过的阶段,世界似乎由美国科技公司主导,但创新已经实现全球化,充满活力的技术中心在中国、印度和欧洲蓬勃发展。一份由佛罗里达教授联合撰写的报告显示,如今硅谷在风险投资交易中所占的份额不超过50%,而在20世纪90年代中期,这一比例为95%。[24]

不过该研究还显示,排名前6位的城市吸引到了一半以上的风险投资,排名前24位的城市吸引到了超过3/4的风险投资。引人注目的是,资本投资量排名前10名的城市中有3个在中国。

经合组织2018年的一份报告得出结论,总体而言,相比南欧和东欧,北欧和北美的就业风险较低。在西斯洛伐克,几乎40%的工作面临风险。相比之下,在挪威的奥斯陆周边地区,据说只有约4%的工作面临风险。

这些差异本质上与当前的就业结构有关。但是展望未来,国家间取得相对成功的关键特质可能会有所不同:在AI开发和研究上花费的资金,对机器人和AI进行严格监管和/或征税的程度,决定大众对机器人和AI接受程度的文化因素。

差别开支

各国机器人的应用强度已经存在巨大差距。2016年，有记录的韩国制造业每万名员工拥有工业机器人数量最多，达631台。其后一些主要国家的排名如下：新加坡（488台）、德国（309台）、日本（303台）、美国（189台）、意大利（185台）、法国（132台）、英国（71台）、中国（68台）、俄罗斯（3台）。[25]

不同国家在AI方面的投资量也大不相同。高盛集团的数据显示，从2012年第一季度到2016年第二季度，英国投资额为8.5亿美元，中国为26亿美元，美国约为182亿美元。尽管比中国和美国的量要差得多，但英国的投资量依然高居世界第三。值得注意的是，中国已承诺到2030年成为AI领域的全球领先者。届时，其目标是建成价值1,500亿美元的"AI生态系统"（AI ecosystem）。[26]

提到AI时，人们的思路往往转向机器人或无人机方面，但其最大的影响常常来自与视觉不大相关的地方，即分析数据的能力。中国在该领域可能拥有巨大的优势，即拥有更多的数据。有迹象表明，中国将成为AI的最大雇主之一。2017年，中国申请了530项摄像头及视频监控专利，是美国同类申请数量的5倍多。中国人已经可以利用面部识别购物、付款和进出建筑物。

值得关注的是，美国的AI研究很大程度上与互联网相关，而德国的研究则一直集中在AI可以改善制造流程的领域，以及集成AI的"智能商品"的生产，比如汽车和家用电器。同样值得一提的是，英国AI研究与其工业和智慧发展史保持一致，主要在政府完全没有试图决定甚至影响其方向的情况下蓬勃发展的。

然而，2018年4月，英国政府宣布，将投资3亿英镑用于AI研究。这听起来应该很了不得，但实际上相比国际上的花费，这只是九牛一毛。在提交给英国上议院人工智能特别委员会的书面证据中，微软指出，"中国和印度一年分别培养出了30万名计算机科学毕业生，而英国只有7,000名"。

诚然，英国在AI研究方面有着出色的记录，但是正如在很多领域中的那样，英国在将这一杰出技术转化为商业获利方面不大成功。另外，英国市场上有一种十分明显的趋势，即小型和创新型AI企业被出售给大型的外国（通常是美国）企业。DeepMind卖给谷歌就是有目共睹的实例。DeepMind创立于2010年9月，2014年售出。而且，不管在英国成立的企业是否被卖到了国外，很多英国的顶尖AI人才都流失到了其他国家，主要是美国。

就像许多其他领域一样，英国试图全面发展AI的重要前景正在走向失败，因为英国不希望达到中国或美国的支出规模。相反，正如德国似乎在做的那样，英国在专业化方面还是有很多可圈可点的地方。上面提到的那份提交英国上议院人工智能特别委员会的报告似乎认为，英国在AI的伦理和监管方面可以成为全球领先者，尽管目前尚不清楚如何将其转化为重大的经济成就。[27]

然而，英国的AI专业化领域可能会宽广得多。鉴于AI将成为很多类型的熟练人类劳动力的补充，所以看到国家层面AI应用的专业化普及，也就不足为奇了。它反映了这些人技能的跨国分布情况。因此，美国和英国可能会专门研究AI在金融、法律、会计、商业服务，或许还有医学领域的应用。德国、中国和日本或许会将 AI 应用引入先进制造业。

与此同时，从最近的形势来看，你不会轻易认为很多非洲国家会设法投入足量资本，或者进行彻底的组织变革，从而实现 AI 革命的成功。如果他们这样做了，那么他们未来的专攻领域可能会是将 AI 应用于基础制造业、采矿业和农业。

请注意，仅仅因为一个国家一开始在某个特定领域拥有"领先地位"和专长，并不一定意味着它一定能保持这种领先地位，并成功地在该领域的 AI 应用方面发展出专长。相对的能力和专长能够且确实会发生变化。而且，如果一个国家在将 AI 融入其已发展出专长的活动方面做得不好，那么它的专长就很可能会被其他能够更好地融合 AI 的其他国家取代。

监管倾向

根据过去的形势并基于当前在 AI 上的花费金额，你或许会很容易地期望美国和中国走在 AI 及其相关发展的最前沿。另外，它们是最有可能允许 AI 革命所隐含的经济变化发挥主导作用的国家，而不会因为社会原因而对其减速和抑制。Ocado 公司对英国上议院人工智能特别委员会表示，"围绕应用和技术监管较少的情形正加速实验和创新的进展，包括在数据和 AI 的使用方面"。[28]

相比之下，你可以轻易想象到，一些国家比其他国家对机器人和 AI 征税更重、监管更严格。一般而言，这些国家很可能是那种已经倾向于为现有生产者群体利益提供严密保护的社会。对此，人们很容易想到欧盟，它可能就是对机器人课以重税并严加监管的组织。

我们不可能自信地确定英国会落在此范围内的哪个位置。在很大程度上，这取决于英国如何在脱欧后的世界中寻求自我定位。我猜可能会介于美国和欧盟之间的某个地方。

在第7章，我将讨论各国如何监管机器人和AI的可能选择及其后果，包括可能引入机器人税的问题。

文化因素

税收和监管在这里并不是最重要的。文化也很重要。总的来说，亚洲国家，尤其是中国、日本和韩国，似乎比西方国家更容易接受机器人。一般而言，亚洲人不认为机器人具有威胁性。一代代的日本孩子在成长过程中将机器人视为乐于助人的英雄。《铁臂阿童木》（*Astro Boy*）是一部总销量达1亿册的日本系列漫画。相比之下，机器人在西方被看作是极具威胁的东西。人们内心对它们的偏见很大程度上是受到《终结者》（*Terminator*）系列电影影响的结果。

或许这种差异有着更深的文化根源。日本东京大学机器人学教授石川正俊就这么认为。他提出，造成这种差异的根本原因是宗教。他将西方的一神论宗教与东方的唯心论宗教做了对比，前者无法相信一个重要的非有机实体能有智能，而后者的追随者很容易相信机器人有"灵魂"。

无论其根源是否与宗教有关，西方文学中都充斥着人类创造出无法控制的事物的故事，其中最著名的或许是玛丽·雪莱（Mary Shelley）的《弗兰肯斯坦》（*Frankenstein*）。结果是，机器人和AI在美国和欧洲可能不如在亚洲那么易于被公众接受。这也许会影响这些社会对机器人和AI

严格监管和征重税的倾向。

不同国家的选择

如果机器人和AI应用的普及有望引发生产力的大幅提高，那么，各国在GDP排行榜上的相对排名的显著变化，应取决于对机器人和AI的易于接受程度，而非征税和严苛监管。

各国在工作与休闲之间权衡取舍方面的不同选择也会产生类似的结果。假如一个国家决定以增加休闲的方式获取AI红利，而另一个办法是提高实际产出和收入，那么相对于后者，前者的经济权重会较低。

在很多方面，这也许无关紧要，但在一个方面确实重要，即防御能力。在其他条件相同的情况下，如果一个社会选择更多的休闲，而另一个选择更多的产出和收入，那么随着时间的推移，第二个的防御能力将会相对更高。我用了"防御"（defense）一词，但或许我可以更准确地说是"**进攻**"（offense）。如果不同国家在对机器人和AI的税收和监管方面采取非常不同的政策，那么同样的观点也一样适用。

不过，这里可能再次出现政策回应。如果一个国家能发现自己的能力低于其国防开支的要求，从而造成战略脆弱性，那么这种担忧也许会对其领导者起作用，说服他们放缓或阻止其社会选择更多休闲而非产出的趋势，还可能缓和对机器人和AI过度征税和监管的倾向。

发展进程的测量器？

AI革命的影响之一或许是使发展中国家更难跻身经济发展的前列。

近几十年来，一连串的国家和地区（尤其在东亚）基于低劳动力成本而实现了转型，使得它们能够经由高度依赖出口来扩大制造业。这是日本、韩国、新加坡、中国大陆、中国香港、中国台湾等国家和地区采取的发展路线。这些国家和地区实现了令人瞩目的出口增长，从而使它们能够在规模经济中受益。

最初，这仅限于制造业，但随着通信行业的变革，其扩展到了服务业的部分领域。呼叫中心、基本会计和法律等方面的工作已日益转往更廉价的国外中心，尤其是印度。

但在机器人和AI普遍存在的新世界，劳动力成本的相关性将会降低。倘若可以在几乎没有人力投入的情况下以低廉的成本制造商品，而且能在本地生产，从而省下运输费用且不耽误时间，那么，你为何还要将制造基地设在亚洲呢？你可以很容易地想到，这和过去30年的趋势正好相反，那时西方制造业的很大一部分都转移到了东方（如果这样的事情发生，最大的输家行业之一将是大型国际运输集团）。

同样，当你可以应用成本几乎为零的App时，为何还要在印度雇用廉价但成本非零的人类来做行政工作，而且还要解决可能由此产生的所有问题？应当承认，有时候，数字服务在不同地点之间的切换可以有一些令人惊讶的功能。最近，有一种举措是将机器安置在气候较冷的地方——在那里，使服务器保持低温的成本较低。[29]显然，冰岛是最受欢迎的地方。

当然，正如200年前大卫·李嘉图在其比较优势理论中概述的那样，驱动国际贸易发展的因素是*相对*成本差异。所以，开展贸易始终比没有贸易有利。不过，该原则并未确定可获利（且可取）的贸易量。在新的经济状况下，从狭义范围和全球整体水平的角度来看，减少国际贸易量很可能有益处。

但这是否会毁掉很多发展中国家的繁荣之路？它可能不会对东亚经济体的发展造成任何阻碍。对它们而言，那只鸟已经飞过去了。它们中的许多人已然达到或起码接近西方发达国家享有的生活水平。诚然，中国和印度尚未实现，但它们拥有庞大的内部市场，这应该可使它们避开依靠出口而取得成功的路线。此外，在这两个国家（不过特别是印度）中，劳动力仍然相对便宜，在广泛的经济活动中，相比机器人或AI，雇用人类劳动力依然有利可图。

损失惨重的输家可能会是那些在发展阶梯上尚未设法取得很大进步的国家。经济学家丹尼·罗德里克（Dani Rodrik）已就"过早去工业化"（Premature Deindustrialization）提出警告，因为依然处在发展阶梯较低位置的国家无法通过出口实现工业化，却会被迫发展成服务经济。

很多非洲国家很容易立马呈现在你的脑海中。经常有人争论说，这些国家中的一些可能即将走上众多东亚国家踩出的发展道路。毕竟，东亚国家已发展起来，它们的劳动力成本已经猛增。这使得人们能够想象，日本过去将其大部分的制造业转移到中国，以从当时更低廉的劳动力成本中获益，而随着中国劳动力成本的持续上升，中国可以将其大部分制造业转移到非洲。

但是，如果劳动力成本不再那么重要，这个过程就可能永远不会开启。因此，非洲可能永远无法享受出口繁荣带来的好处，而正是出口繁荣推动了许多亚洲国家的经济增长。在这种情况下，非洲国家将不得不依赖内部产生的需求。但是，由于国内劳动力如此低廉，我们完全有理由想象，这些国家在机器人和AI的部署上会比较迟缓，因而在发展方面将一直远远落在后面。

最近，对于很多发展中国家将无法沿着发展阶梯向上前行的担忧，国家货币基金组织（IMF）发表一项研究对其进行了反驳。该研究认为，制造业在本质上没有什么特别之处。制造业的增长不是发展中经济体进步的先决条件，也不是防止"好的"和"坏的"工作之间出现巨大差距的关键。

另外，该研究还发现，几个服务领域的生产率增长与表现最佳的制造业相当。该研究引用了邮政服务和电信、金融中介、批发和零售分销等行业的数据。该研究的结论是，"跳过"传统的工业化阶段不一定会拖累发展中国家整体经济的生产率增长。[30]

小结

在前文关于AI革命对收入差距的影响的讨论中，我认为要确定其总体影响还为时过早，我们需要保持开放的心态。对有关AI革命对地区差异的影响，我们同样应该做个不可知论者。但至于机器人和AI对国家间收入差距的影响，我们或许可以更有信心一些。这些影响将部分取决于各国在AI上的投入。但这将主要影响它们在生产机器人和AI方面的作用。

不过，真正重要的差异因素，是各国对机器人和AI**应用**的接受程度，或者寻求严格监管和/或对它们征税的意愿大小。针对这些问题，中国看起来可能是AI领域的赢家。当然，如果是这种情况，由于中国的人均GDP远低于美国和欧洲，所以AI革命的效应可能会减少全球不平等，很像过去20年间全球化实现的效果那样。

所有这些AI革命可能对不平等造成的影响或许都需要政策回应。当然，这种行动不可能留给个人或企业。它一定会不可避免地落到政府头上。事实上，在我们为AI经济做准备的时候，政府可能需要成为以下三个主要政策问题的支持中心：

- 对机器人和AI进行监管并可能征税。

- 彻底改革教育体系，以使人们做好准备，能在机器人时代兼顾工作与休闲。

- 可能进行收入再分配，也许涉及通过引入全民基本收入（Universal Basic Income，简称UBI）的方案开展。

关于这些问题，现在是我们从讨论和猜测转向行动的时候了，或者至少是考虑行动的时候了。

第三部分

未来已来：我们该做些什么

第7章 是鼓励它，还是对其进行征税和监管

很遗憾，机器人不纳税。

——卢西亚诺·弗洛里迪（Luciano Floridi）[1]

若你唯一拥有的工具是锤子，我想，将每个问题都当作是钉子来对待会很有诱惑力。

——亚伯拉罕·马斯洛（Abraham Maslouw）[2]

机器人和AI的发展对人类是好是坏？这个问题是前几章中讨论的许多材料的根源。它引发了一系列政策问题。我们是否应该致力于刺激并鼓励AI的发展？如果是，应该如何做？还是我们应该致力于限制它们的发展或至少减缓其推进速度？如果是，又该如何做？是否有很好的理由来设置"机器人税"？

除了这些问题，前面各章还揭示了AI引发的很多伦理、监管和法律问题。无论AI对人类的幸福是好是坏，这些问题都必须得到解决。而且这些问题只能通过政府选择和执行的公共政策来解决。

在讨论支持和反对征收机器人税的理由之前，我首先会问，试着抑

制或鼓励使用机器人和AI的应用在原则上是否可取和可行。接下来，在讨论如何防止网络犯罪和网络恐怖主义之前，我将讨论监管、法律和伦理问题。最后，我将讨论AI对民主政治系统的影响。

我们应该阻止机器人和AI的发展吗

支持阻止的理由是，AI革命威胁人类的福祉。因此，阻止机器人和AI应用的普及符合公众利益。据推测，机器替代人类恐怕会导致大规模失业、工作者收入减少、不平等程度急剧上升。对许多人来说，没有工作会带来贫穷、烦恼、疏离感，以及通常伴随这种状态出现的所有常见社会弊病。

该论点的另一种说法是，即使AI和机器人对人类没有坏处，社会也将发现其很难适应其中涉及的巨大变化。因此，为了让人们和机构有时间调整，延迟这些变化的到来符合公众利益。

然而，正如我在本书中所指出的那样，有充分的理由表明，机器人和AI革命将产生与这些令人担忧的结果完全相反的结果。这场革命将提高我们的生产能力，并在此过程中使我们有可能在生活中既提升消费水平又增加休闲时间。就像我在第5章中所论证的，如果任由该过程自行发展，将有可能导致一些旧工作被破坏，另一些旧工作得到增强，以及一些全新工作的出现。在很多领域，人类劳动力和机器人将会相辅相成。

但我们无法预先确切地知道，这种毁灭/增强/创造的效果会落在何处，更不用提它们的变化程度了。我们也无法知道人类会在多大程度上偏爱休闲而非工作，也不知道他们选择怎样打发多余的休闲时间。在相当大的程度上，这是一个让市场找到自我运转方式的领域，对每个人来说都将是一个发现的过程。假若事先强制推行决策制定者的选择或假设，而不让市场发挥自己的作用，则可能具有非常大的破坏性。

在工作和休闲的选择方面尤其如此。在这个人类历史的紧要关头，为何人们做出的决定会受到决策者的认知的严重限制？即使在他们试图影响的事情已充分确立并得到很好的理解的时候，他们也有能力造成巨大伤害。而当他们在未知领域中运作时，即便是出于善意，无意识干预造成伤害的能力也是无限的。

AI 梦想家凯文·凯利的观点挺合适。他写道：

政客们竭力阻止机器人从事的许多工作，都是没人早上起来真的想做的工作。[3]

所以我认为，虽然有理由让公共资助项目来帮助那些因这些和其他技术变革而变得多余的人，并协助其参加再培训，但没有充分的理由试图阻止甚至减缓机器人和 AI 应用的拓展。

鼓励 AI 发展吗

这是否意味着政府有理由积极鼓励并刺激 AI 革命？美国卡内基梅隆大学计算机科学学院院长安德鲁·摩尔（Andrew Moore）对此坚定不移。他曾说："我们中的很多人相信，在道义上，让技术发展并应用势在必行。我觉得故意对其横加阻止是一种无礼行为。"

这相当于不抑制、也不刻意鼓励 AI 发展的论点。确实，反对鼓励它的主要论点和反对阻止它的论点实际上是一样的。我们根本还没有充分明白AI将如何影响经济与社会。此外，找出答案的唯一方法是让人们和企业做出自由选择。政府最不应该做的事情是，在不知道其可能产生什么样的扭曲和成本时积极鼓励AI的发展。

请注意，政府有必要采取一些行动。我们在本书前文中提到过，萨里大学物理学教授、英国科学学会主席吉姆·艾尔–哈利利担心，除非政府和其他官方机构做出积极的努力，就AI带来的风险和益处教育公众，并和他们一起展开全面讨论，否则，公众可能会强烈反对AI，类似于几年前反对转基因作物的情形。[4]

支持机器人税

我觉得这样的做法没道理，但如果社会判断应该努力阻止或起码减缓机器人和AI应用的普及，那么这样做的最具吸引力的方法之一就是借助税收体系。毕竟，看上去仿佛对机器人征收的任何税款均会由"它们"支付（当然，在实践中，所有税款最终都将由某处的某些人类支付）。

"机器人税"的构想已经获得了相当多的支持，其中就有比尔·盖茨。他认为："如今，人类工作者在工厂里做着价值5万美元的工作，他的收入被征了税，而你得到了所得税、社会保障税等所有这些东西。如果机器人来做同样的事情，你会认为，我们应该向该机器人征差不多水平的税。"[5]盖茨认为："未来20年，工厂中必定有不少有意义的工作种类将被机器替代，例如仓库管理、驾驶、房间清理。"[6]

韩国已经在向阻止机器人应用的方向上迈出了一步。它宣布了对适用于自动化机器投资的税收优惠的限制措施。在法国，2017年总统大选的社会党候选人伯努瓦·阿蒙（Benôit Hamon）在竞选中提出过这一想法（当然，他没有赢，甚至离赢还差得远）。在英国，工党党魁杰里米·科尔宾（Jeremy Corbyn）已经支持征收机器人税的主意。他在工党大会上表示："我们迫切需要面对自动化的挑战——机器人技术可能会使太多的当代工作变得多余。"他已经制订了一项计划，向机器人和AI征税，以资助成人教育。[7]

另外，有人向欧洲议会（EU Parliament）提议征收机器人税，其理由是，"在为支持及再培训失业工作者（他们的工作已减少或被淘汰）提供资助的背景下，应该检视对机器人完成的工作征税或对使用、维护机器人收费的问题"。[8] 该提议被否决了。

事实上，负责欧洲数字单一市场的欧委会委员安德鲁斯·安西普（Andrus Ansip）强烈反对机器人税，他表示，如果欧盟采用了机器人税，"其他人就会占据这一领先地位"。他由此提出了国际竞争力的概念。"当一个国家引入机器人税，而其他地方不实施时，则可能只会引发其他地方的创新，并且企业和有技能的工作者都将向税收制度更优惠的国家转移"。[9]

毫不奇怪，技术工业的领导者和一些国际组织将机器人税称为一种"创新惩罚"。国际机器人联盟（International Federation of Robotics）认为，开征该项税"会对竞争力和就业产生非常严重的负面影响"。[10]

支持和反对机器人税的争论

那么，机器人税的利与弊是如何叠加的呢？我已经陈述过，一般情况下，限制和/或阻止机器人和AI的发展经不起推敲。不过，征收机器人税存在三个具体财政方面的理由，需要对其进行依次分析。

财政中立原则

第一个观点认为，**不对机器人和AI征税**会给税收体系带来破坏性失真情况。雇用人类劳动力必定会被征税，其方式是，不仅要向雇员征收所得税，还要向雇员和雇主征收就业税（Employment Taxes），比如英国的国民保险税（National Insurance）和其他国家的社会保障税。这种观点认为，如果不对机器人和AI征缴相应的税，税收体系就远非处于中立状态。这实际上是鼓励机器人和AI替代人类劳动力。[11]

因此，税收制度可能会使技术性失业、工资下降、不平等加剧等问题更加严重。就算你不相信会造成大规模贫困的情况（我不相信），它仍然意味着，资源配置扭曲会导致社会收入减少。

但是，对于何为税收体系的中立与不中立，关键取决于你是将可能替代人类工作者的机器人和AI视为"人工工作者"（Artificial Workers）还是资本投资项目。如果它们被看作是人工工作者，那么对它们征的税低于人类工作者的就显得奇怪了。这有点像对不同类型的工作者征缴不同的税——矮个子工作者与高个子工作者、上半年出生的与下半年出生的，等等，诸如此类。

然而，一旦你视机器人和AI为机器，这个问题的面貌就会发生根本性变化。毕竟，我们不仅不会断然对机器（资本投资）征税，而且在很多国家，我们还特别提供补贴，且补贴方式往往是各种形式的税收减免。但是，这种资本投资很可能会造成某特定行业或职业的就业人数的下降。

这种对资本投资的税收优惠待遇基于三个关键假设：

● 一个职业或领域失去的工作总是会由其他职业或领域创造出的工作来弥补。倘若这种结果不是经由市场的正常运作自然产生的，那么各种各样的政府计划将确保其无论如何最终都会实现，这些计划可缓解结构性困难，由当局旨在实现充分就业的货币和财政政策提供支持。

● 整个社会对实现高水平投资有着强烈的兴趣，因为这是提高人均GDP水平、进而提高人们生活水平的途径。出于多种多样的原因，企业也许不愿意像对公共利益那样进行那么多的投资。所以就有了通过减税给予一些刺激以增加投资的想法。当资本投资涉及创新元素时尤其如此（对机器人和AI无疑也是这样）。的确，因为创新给社会带来的益处大于创新者产生的利润，所以美国前财政部长劳伦斯·萨默斯（Lawrence Summers）认为，"对体现创新的资本补贴和征税都有理由"。[12]

● 在日益全球化的世界中，假如一个国家对资本设备征税，则其境内的资本投资更有可能减少。另外，部分活动、企业或行业或许会转移到另一个国家。

鉴于这三个假设，借助提高前者的实际税率来实现资本设备与劳动力之间的税收平衡不具有吸引力。而且，为什么应该将机器人和AI与其他种类的资本设备区别对待呢？如果对机器人和AI征税，但不对可能同样损害工作者（其工作受此类投资的威胁）短期利益的其他类型的机器或软件征税，那将是极其古怪的。

事实上，如果对机器人和AI征收特别税，这会导致一些严重失真。毕竟，机器人是什么？AI又是什么？ATM（自动柜员机）技术毫无疑问已经淘汰了银行业的一些工作。是这个符合征税条件，还是会计软件程序符合征税条件？

我在本书开头就已明确指出，机器人和AI尚无被普遍认可的定义，这有充分的理由。交响乐投资公司（Symphony Ventures）的CEO大卫·普尔（David Poole）曾说过："机器人不等于人。大多数不是物理机器人，而是软件机器人。它们与电子表格软件真的没什么不同。"因此，如果政府试图征收机器人或AI税，那将出现巨大的法律和避税问题，还会有相当多的投资转移到"几乎算机器人"和"几乎算AI"的设备、技术上。

关于对机器人和AI征税的争论，或许可以得出的结论恰是，不应该对它们（不管它们是什么）征收类似的就业税，而应该废除对人类雇员征收此类税。

当然，在其他条件相同的情况下，这将在公共财政中留下一个缺口，必须通过增加其他种类的税收（或削减支出）来填补。但人们并没有在排队等着任何形式的增税或减支。此外，正如诺贝尔经济学奖得主罗伯特·希勒（Robert Shiller）指出的，所有种类的税收都会造成某种程度的失真，所以机器人税会导致失真的论点并不能圆满地解决该问题。问题的关键在于失真的程度有多严重，以及替代的方式有哪些。[13] 但是，上文提到了将机器人和AI与其他形式的资本投资分开的定义问题，肯定表明"机器人税"引发的失真将具有非常大的破坏性。

税源流失

尽管如此，征收机器人税还有第二个财政方面的理由。在美国，大约80%的联邦税收来自所得税/工资税。在其他国家，这一比例肯定也差不多。随着机器人和AI替代了人类劳动力，除非对它们征收类似的税，否则税基会缩小，在极端情况下甚至会崩溃。所以，该观点认为，存在填补收入缺口的迫切需要。

但是，对于机器人和AI替代人类工作者是否会导致税收减少的问题，取决于那些人类工作者的状况。如果他们因此失业，那么会出现收入的净损失；但假如他们在别的地方找到了工作，就不会这样。在后面这种情况下，这些被取代的工作者将继续缴税，包括令人讨厌的就业税。

此外，机器人和AI的应用使提高产出成为可能，这将*增加*政府的收入，因为人们总体上缴纳的所得税和以前一样多或更多，而企业要交更多的公司税，消费者则要交更多的消费税。这是自第一次工业革命以来的经验。在此基础上，税基不会被侵蚀，因此也无须增加额外收入。事实上，情况恰恰相反。

唯一主要的条件是，工人在多大程度上选择以增加闲暇时间而不是增加产出（和支出）的形式来获得AI红利。由于休闲活动不*直接*征税，这可能不会导致税收的整体增加，反而很可能导致税收下降。而财政收入的任何下降都必须被某个地方的税收增加取代。因此，对机器人和AI征税是一个可能的候选项。

实际上，这并不是一个向机器人和AI征税的好理由。正如我在第4章中所指出的，人们不太可能以增加休闲的方式拿走所有AI红利。如果他们只是以这种形式获取一部分，其余部分以增加收入和支出的方式得到，那么就像我说过的那样，很可能存在扩大税基的足够空间。此外，即便不是这样，基于先前给出的理由，寻求额外收入也需要以最不失真的方式进行。如上所述，"机器人税"不大可能符合条件。

政府支出增加

第三个支持征收"机器人税"的财政方面的理由是第二个的进一步发展。随着人类被机器人和AI替代，不仅政府收入可能会下降，而且相应地，在失业救济金方面的政府开支或许也会大幅增加。事实上，很有可能的是，就业岗位的大量减少，很可能使引入某种形式的全民基本收入（UBI）或最低收入保障（GMI）成为可取方案（我将在第9章就支持和反对这一建议陈述相关论据）。在这种情况下，有人认为，对造成这种政府开支增加的事情（即机器人和AI应用的普及）征税既合适又有效。

当然，可能会存在特定的个人或群体，由于机器人和AI应用的普及使他们处于严重不利的地位。在极端情况下，他们也许会因为自己的技能变得多余而失去生计。他们将不得不在其他地方寻求再就业机会，而这可能涉及以高昂代价获取新技能的问题。其中一些人或许没能力获得新世界所需的技能。因此，有充分的理由需要公共资金来缓解人们从一种就业形式向另一种就业形势的过渡，并让那些出于种种原因而根本找不到工作的人能够维持生活。

但是，如果这是个重要的收入问题，需要通过提高收入来为采取措施使过渡更容易或为过渡减轻困难提供资金，或者为UBI供给经费，那么与任何其他种类的政府支出一样，这种收入应该运用所有常用的方式，以对整个税基最不失真的方法来提高。尤其考虑到上面讨论过的定义问题，对机器人和AI征税似乎不太可能是最佳的（即最不失真的）增加收入的方式。

所以，对于向AI征税以减缓其普及并由此保护人类的工作的问题，需要将其与是否应该以某种形式增加公共援助（如UBI）的问题分开，后者的目的有二，一是为缓解AI发展对特定个人和群体的不良影响，二是为更广泛地提供缩小收入差距的方法。

机器人与公共政策

仅仅因为机器人税是个坏主意，而允许由市场来决定机器人和AI应用的适当普及是个好主意。这并不意味着，政府可以简单地以完全自由放任的精神退出整个AI领域。在一系列关于机器人和AI的问题中，政府的参与必不可少。

很多年前，颇有远见的艾萨克·阿西莫夫（Isaac Asimov）[14]就认识到机器人有可能造成伤害的问题，因此他认为需要设计管理其应用和发展的伦理（或许还有法律）框架。他提出了三项原则，虽然它们留下了许多尚未解决的具体问题，却为考虑私人行为和公共政策构建了良好起点：

● 机器人不可以伤害人类，也不可以在人类受到伤害时无所作为。

● 机器人必须服从人类给予的命令，除非这些命令与第一条原则相冲突。

● 机器人必须始终保护自己的存在，且这种保护不与第一、第二条原则发生冲突。

欧洲议会最近投票支持建立有关机器人的"伦理—法律"框架。无疑，这在原则上完全正确。但是不知道欧盟在实践中会如何运用这一框架。就像所有种类的监管一样，现实中存在一种风险——监管措施可被有效地用于阻碍创新，以此作为保护特定类型就业或总体就业的一种方式。这完全符合经济与商业发展的历史，也完全符合欧盟的历史和先天倾向。于政府而言，取得平衡非常重要。

AI 研究方面的限制

即使我们不试图限制或阻止机器人和 AI 的应用，为了防止未来的发展对公共利益不利，在限制 AI *研究*方面也可以有所争论。

首先，我要说的是，只有当你就机器人和 AI 对人类的影响持极度悲观看法时，对研究的一般性限制才开始变得有意义。如果你接受我即将在后记中讨论的关于人类命运的一些激进观点，那么这或许是有意义的。但就像本书中阐述的关于机器人和 AI 影响人类未来一样，任何限制或阻拦一般性 AI 研究的企图都是荒唐可笑的。

不过该结论存在一些例外和局限性。假如可以证明机器人技术或 AI 的某些类型的开发活动对人类有害，不是上述一般意义上的，而是在一些特定方面上的，那么就有理由对这些应用的研究加以限制。

在微观层面上，已经在实施一些限制性措施。韩国研究型大学韩国科学技术院（Korea Advanced Institute of Science and Technology，简称 KAIST）因为决定开设 AI 武器实验室，遭到了 50 多名世界领先机器人专家的抵制。一些国家正在开发自主武器，这些武器可在没有人类控制者干预的情况下选择行动路线并实施打击。联合国和人权观察组织（Human Rights Watch）已倡议禁止此类武器。

然而，更为普遍而广泛的限制是否可行则是另一回事。阻止甚至减缓科学或技术进步的企图在历史上从来也没有成功过。让我们以核武器为例。的确，自两枚核弹在第二次世界大战末期被投掷到日本以来，一直没有发生过核交火/核战争。虽然拥有核武器的国家数量有所增加，但在某种程度上，它们始终受到条约的约束。同样，化学和生物武器的使用也一直受到国际条约的限制，并取得了相当大（但非完全）的成功。但这一切只是和使用有关。没有证据表明，人类已经停止积累关于如何制造或运输这种大规模杀伤性武器或增强其杀伤力的知识。

当近在咫尺的前景对人类有如此之多的益处，而奇点降临后可能出现的黑暗前景似乎还如此遥远的时候，要限制AI研究尤其困难。另外，我们再一次遭遇到了定义问题。如果你打算尝试禁止或限制机器人和AI研究，那么你将如何定义它们与其他类型的机器和软件之间的边界呢？

此外，还有一个共同行动的古老问题。一个国家可以独自做出判断，认为人类面临的危险是如此之大，以至于它会有效地压制AI研究，甚至可能力图阻止机器人和AI在社会中的应用。但如果一个国家决定独自沿着这条路线前行，几乎可以肯定的是，它的国际地位将下滑。这会严重影响该国保卫自己和/或影响世界事务的能力。这表明，有必要就限制AI研究形成国际协定。然而，在任何一个国家中阻止知识的不断进步都是极其困难的，更不用说让国际社会就此达成协议了。

如果整个世界都不签署约束协议，那么事情可能就会变得非常糟糕。设想一下，如果世界上的其他地方都限制了这种研究，只有一个流氓政府没有这么做，那将会发生什么？后者最终可能拥有完全主导其他地方的能力。想想看，倘若ISIS极端组织或其他一些类似的组织继续开发AI，而世界其他地方停滞不前，将会发生什么？那简直不堪设想。

犯罪应用

AI 有一个方面需要政府进行认真干预，即预防网络犯罪。它有许多可能的表现，其中之一是开发高级恶意软件（恶意软件包括未经同意安装在电脑或移动设备上的病毒、间谍软件和其他不需要的软件）。目的是窃取浏览历史记录或个人信息，企图利用这些信息实施诈骗或攻击账户。据报道，各种不同恶意软件的数量从 2014 年的 2.75 亿个暴涨至 2016 年的 3.57 亿个。[15] 此外，机器学习系统能够识别数据中的模式，无须经过专门编程就能"学习"，这也带来了更多的风险。

人们可以通过开发 AI 程序来自动监视个人电子邮件或短信，并创建个性化"钓鱼邮件"。其中包括使用诈骗电子邮件或短信向某人发送安全漏洞警告，鼓励他们点击链接，因而泄露其个人信息。在 AI 的帮助下，这些诈骗信息变得更加个性化，因此需要安全系统具有更高的智能来识别它们。

应用 AI 可能会导致安全软件专家赛门软件科技公司（Symantec）所描述的"网络犯罪与安全之间的全面军备竞赛"。正如乔治·P. 德沃斯基（George P. Dvorsky）曾说过的："由于如今 AI 已经成为现代黑客工具包的组成部分，防御者不得不想出新方法来保护易受攻击的系统。"[16] 但是就像如此之多的其他情况一样，采取措施来有效应对该问题需要成本。这是个严重的问题。如果代价过高，那么更好的行动方案或许就只是与其共存。

AI 与恐怖主义

恐怖分子也开始将 AI 用于加密。极端组织已经着手采用"虚拟策划者"恐怖主义模式，作为管理独行袭击者的方式。高级特工能够招募成员，协调袭击目标和时间，并在不被发现的情况下提供炸弹制作等方面的协助。此外，人们担心恐怖分子会用自动驾驶汽车和无人机来实施袭击。

自然，就像常规战争一样，这些危险已经引发防御活动的相应增加。脸书拥有利用 AI 运作的反恐侦测系统。该公司表示，2018 年上半年删除或标记的与恐怖主义相关的内容达 190 万条，比前一个季度增长了近两倍。尽管如此，其防御行动可能依然不足。欧盟委员会（European Commission）于 2018 年 3 月发布指导方针，对脸书和推特等社交媒体平台施加压力，要求它们在 1 小时内将有关恐怖主义或激进材料的内容侦测到并将其删除。

在提升抵御犯罪分子和恐怖分子破坏性活动的社会能力方面，肯定还存在巨大的空间。《电子通信隐私法案》（*Electronic Communications Privacy Act*）于 1986 年通过，尽管其允许美国政府访问数字通信信息（如电子邮件、社交媒体消息）和公共云数据库中的信息，但加密信息依然可以不被侦测到。

有人提议允许政府访问私人加密信息。这引发了激烈讨论。一群学术计算机科学家已经得出结论——这些提议在实践中不可行，它将带来相当多的法律和伦理问题，并且在互联网漏洞造成极度严重的经济损失时，会使安全进程倒退。假使政府可以访问每个人的私人信息，那么黑客只需要攻破政府的防火墙就能够大规模访问所有这些信息。

法律与保险问题

即便没有任何人试图限制或阻止机器人和 AI 的发展，现实中也需要监管和法律框架来管理它们的运作。首先面临的问题涉及了机器人和AI对人类造成伤害的能力。这里存在一个关于哪一方应承担此类伤害的责任的问题。责任属于机器人的用户、制造者还是设计者？还是说上述任何一方都不承担责任？所有与机器人和AI互动的公众成员是否都要为自己的命运负责？

《罗马法》以与奴隶相关的法律形式提供了可能的答案。若有奴隶发生了意外事故或对他人的财产造成了损害，那么相应的责任会落在该奴隶的所有者身上。至于法律责任，我们是否可以将机器人和AI当作罗马法之下的奴隶那样对待？（当然，一旦奇点出现就不行了，不过那必须要读到后记。）

以对我们来说是老生常谈的无人驾驶汽车为例。当这些车辆发生意外事故时，谁应该来担责？在与无人驾驶汽车互动时，其他人类驾驶者应承担哪些义务？对保险公司有何影响？对这些问题都将需要谨慎起草相关法律。

这不仅仅是一个可选的额外工作。如果法律上没有明确规定，AI应用将受到严重抑制。这可能会导致AI的技术可行性与实践中的应用程度之间出现相当大的差距。

这个任务只能由政府来承担。确实，对于鼓励AI应用普及，如果说政府有一件事情可做的话，那就是明确法律和保险责任。皇家放射医师学会告诉英国上议院人工智能特别委员会："在AI的广泛应用成为现实之前，法律责任往往被表述为需要克服的主要社会障碍。"[17]

不过也存在私人行动的空间，以确保安全并提高公众对AI的接受度。2016年6月，有报道称谷歌DeepMind将与牛津大学的一些学者合作开发"切断开关"（Kill Switch），即一堆代码，它将确保AI系统可以

"被人类监督者反复、安全地中断，而该系统不学习如何避免或操纵这些干预"。[18]

为了既能确保安全又能增强公众的信心，保持透明必不可少。例如，患者不太可能准备好接受某种算法对数据进行分析后得出结果的治疗方案。他们很可能希望获得合格专家给出的明确理由。但是，要让专家的观点体现出价值，那么通过算法得出结论的过程必须要让患者理解。

布里斯托机器人实验室（Bristol Robotics Laboratory）的艾伦·温菲尔德（Alan Winfield）教授告诉英国下议院科学技术特别委员会，能够"检查算法"很重要，"这样的话，假如 AI 系统做出了被证明是灾难性错误的决定……人们就可以调查做出该决定的逻辑"。[19]

微软的戴夫·科普林（Dave Coplin）曾对该委员会表示："在 AI 领域，人类每次编写算法时都会将自身持有的所有偏见嵌入其中。"他强调，需要"用心留意组织的哲学、道德和伦理……创建我们每天愈发依赖的算法"。

有趣的是，现在越来越多的人认识到需要监管人类与机器人和 AI 之间的互动，不是因为其造成伤害的能力，而是一些人和机构（尤其是警方和行政部门）可能企图将自己的错误归咎于机器人和 AI。2018 年 9 月，英国皇家联合服务研究所的一份报告指出，应用算法来决定嫌疑人是否应该被羁押的情况日益增多，这方面缺少"明确的指南和实践准则"。

数据的力量

有关数据的更多法律与伦理问题也会出现。AI 的很多有益应用均源于机器学习，它依赖于对巨量数据的处理、分析和操控。所以有了"大数据"这一表达。这些数据涉及规模巨大的个人信息,包括个人的偏好、习惯、行为、信仰和关系。[20]收集并分析这些数据能提供有关个人信息的来源,这很可能会改善推销给他们的商品和服务的供应信息质量。但这或许很容易侵犯他们的隐私,损害他们的权利。

在进行汇总和分析时,这些数据可提供关于群体行为的信息来源,这对于一些试图调整其上市产品的企业来说是非常宝贵的。但除此之外,它也会带来影响、操纵选举的可能性。贯穿整个问题的是,谁"拥有"数据并具有将数据传递给其他潜在用户的能力与法定权利,天知道会有什么结果。

这里存在国家采取行动的合法理由。北卡罗来纳大学教授泽伊内普·图菲克希(Zeynep Tufekci)的研究领域是技术的社会影响,正如其所言:"数据的私密性根本无法逐人协商,尤其在不存在有意义的知情同意时。人们无法理解他们的数据将揭示什么,特别是在与其他数据相结合的情况下。就算是公司也不知道这一点,所以它们无法通知任何人。"[21]

用户数据的转售是主要问题。在《电子商务时代》(*E-Commerce Times*)的一篇文章中,帕姆·贝克(Pam Baker)说道:"数据货币化是脸书的商业模式。脸书和其他一些技术公司的存在只是为了收集并出售每个人的数据,越来越详细地暴露用户的生活状况。"[22]

剑桥分析公司(Cambridge Analytica)最近卷入一起丑闻,它从脸书获取数据,据说试图利用这些数据影响选民的意见。一名剑桥大学的学者在工作之余开发了一款脸书应用,收集了大约8,700万个脸书用户的数据。[23]随后,该公司开发出了"复杂的心理分析和个性化算法"。[24]然后,政客可以雇用该公司来设法影响选民的意见。

剑桥分析公司的总经理告诉一名卧底记者说："基于事实进行竞选活动的效果不好。"与之相反，他们认为，"实际上，这一切只与情感有关"。[25]

对有关数据可能带来的后果的恐惧开始影响人们的行为。全球市场研究公司英敏特（Mintel）开展的研究发现，71%的英国消费者积极避免在各个公司创建新账号。实际上，英国人最担心其财务数据的安全性，87%的人声称他们对与各公司分享这些细节感到担忧。由此，英敏特公司的高级技术分析师阿德里安·雷诺兹（Adrian Reynolds）表示："使用联网设备访问网站和App的行为日益增多，并因此产生了大量共享的个人数据，使消费者很难一直掌握事态动向。对很多人来说，限制更多的暴露是他们的首选。"[26]

虽然目前只有有限的政策和法律专门针对AI，但已经存在旨在保护个人数据的措施。欧盟的《通用数据保护条例》（*General Data Protection Regulation*）于2018年5月出台，"其目的在于保护和增强所有欧盟公民的数据私密性，并重塑整个地区的组织处理隐私的方式"。根据《通用数据保护条例》，只有被视为绝对必要的数据才会由企业保留，若发生数据泄露事件，相关企业必须在72小时内通知有关当局及其客户。未能遵守该条例的组织可能会被罚款，最高可达年度全球营业额的4%。[27]

人类的自由和尊严

AI对人类的自由和隐私构成了威胁，这令人们为之担忧。政府可利用具有AI功能的监控摄像头网络及对互联网活动的监视来实施大规模监视措施。

例如，欧盟为名为INDECT的研究项目提供资金，该项目由几所欧洲大学开展。该项目鼓励欧洲科学家和研究人员开发能够自动侦测威胁的解决方案和工具。一些人指责INDECT项目滥用隐私信息。在为《电讯报》（Telegraph）撰写的一篇文章中，伊恩·约翰斯顿（Ian Johnston）将其叫作"奥威尔式的AI计划"。人权组织"自由"（Liberty）的前负责人沙米·查克拉巴蒂（Shami Chakrabarti）称，这种大规模监视技术的引入对任何国家来说都是"邪恶的一步"。在欧洲范围内，这"确实令人不寒而栗"。[28]

不仅欧盟、英国和美国在大规模监视方面表现出兴趣，亚洲也对其投入了大量资金。新德里NLU通讯治理中心研究主任钦马伊·阿伦（Chinmayi Arun）谈到了AI对印度的公民自由和民主造成的威胁。她说道："在像我们这样的民主国家中，公民与国家之间的权力平衡真的很微妙，AI极有可能打破这种权力平衡，使之有利于国家。"[29]

从另一个完全不同的角度来看，人类必须关注机器人和AI的权利和福利吗？一些人已经开始考虑这样的问题。机器人和AI没有意识，它们无法思考或感受，它们可能做出的任何"决定"最终都来自它们的人类创造者和所有者。这是当前的"游戏"状态。所以，就目前情况而言，机器人和AI不会引发任何特别的道德或伦理问题。

当然，事情并不一定始终如此。一旦机器人和AI能够思考、感知并做出独立的决策，那么一些严重的伦理问题就可能会出现。不过我们可以将对这类棘手问题的检视推迟到后记中，那时奇点就快要造访我们了。

AI对政治结构来说意味着什么

直接相关程度很大的是对民主的潜在影响。很多AI专家已经得出结论，机器人和AI的进步将改变社会形态，使大多数精英都过上"游手好闲的休闲追逐者"（Lumpen Leisuriat）的生活。社会结构将变得类似于中世纪时期的样子，只不过那时农奴在干活。事实上，如果他们不干活，领主就没有财富或收入。相比之下，在现代，大众不工作，这对精英阶层的财富和福利不会产生太大影响。

机器人和AI将成为一切财富和权力的来源，那么谁会拥有并控制由其组成的军队？许多AI梦想家提出，这必定会导致民主的终结。他们说，未来将是某种形式的独裁统治，最好的情况是政府表现为寡头政治形式。

正如奈杰尔·沙德博尔特（Nigel Shadbolt）与罗杰·汉普森（Roger Hampson）所说的，"……问题不在于机器可能从精英手中夺走我们对生活的控制权。问题是，我们大多数人或许永远也无法从占据指挥所的人手中夺取对机器的控制权"。[30]

这将是具有讽刺意味的事情，因为万维网和随后的很多数字开发活动均源于极端自由主义精神。互联网的创建者蒂姆·伯纳斯–李（Tim Berners-Lee）爵士在其发明中没有确立任何专利或产权，因为他希望它是免费的。互联的世界应该是社会的一股平衡力量，应该起到反独裁、反等级制度的作用。

不过，正如我们刚刚所讨论的，即便在西方国家和地区，个人自由和隐私权也受到了严重的威胁，这种威胁甚至来自私营领域内部。此外，主导当今世界数字时代的伟大企业——亚马逊、谷歌、苹果——的创始人无疑都是这种类型的：美国人、白人、男性。通常，虽然创始人会通过出售自己所创企业的股份而变得超级富有，但他们仍然拥有控制权。

巴拉克·奥巴马（Barack Obama）在参加2012年美国总统竞选时使用了机器学习和大数据。结果，该次竞选活动"不仅在动员选民方面，而且在说服他们支持奥巴马方面均取得了巨大成功"。[31]然后，在2016年美国总统大选期间，剑桥分析公司基于他们对不同论点的敏感性的预测，利用大数据和机器学习向不同的选民发送不同的信息。[32]

最近出现的另一个问题是利用假新闻影响竞选活动，这可以说妨碍了"公平的"选举。虽然"假新闻"在某种程度上始终存在，但社交媒体和机器学习"能够使假新闻更加蓄意、高效地传播"。[33]机器人往往可以有效地瞄准反对党的支持者，阻拦他们投票。

在最近法国总统选举日的前几天，机器人被用来在社交媒体上散播"#MacronLeaks"话题（2017年马克龙电子邮件泄露事件）。将马克龙描述成骗子和伪君子的信息淹没了脸书和推特。[34]请注意，这并未能阻止其当选。

关于谁应该为发布假新闻负责的问题一直存在争议。诸如脸书和推特之类的公司宣称，它们只是"平台"，而非"发布者"，所以不对发布的内容负责。[35]不过脸书确实也承认，在阻止人们于美国大选期间使用社交网络"侵蚀民主"的行动方面，自己表现得过于迟缓。[36]法国总统埃马纽埃尔·马克龙（Emmanuel Macron）告诉《连线》杂志，若任由其发展，AI可能"全面危及民主"。[37]

还有一个更广泛的政治经济问题与此相关。AI和机器人的世界是否天生具有反民主倾向与它对收入分配的影响有何关联？如果是这样，可否借助收入再分配得到更加平等的结果，以此抵御这种结果并维护民主？还是有可能加剧该问题？对此我将在第9章加以讨论。

当然，这并不一定是AI悲观主义者所吹捧的问题。正如我在前面各章中所指出的，机器人和AI将带来大规模失业和/或贫困这一说法远未成为定局。事实上，我的观点恰恰相反。

需要采取公共行动

本章的结果既不能作为激进限制机器人和AI的理由，也不能作为对其完全放任的观点。关于采取公共行动的必要性，结论各不相同：

• 没有令人信服的理由赞成对机器人和AI征税。而且，这一措施会面临巨大的实践困难。

• 也不存在不可抗拒的理由来限制机器人和AI的一般性研究。不管怎样，试图这样做很可能会制造实际困难。

• 仍有理由限制机器人和AI应用于显然有害的研究，包括那些会促进罪犯和恐怖分子活动的研究。然而，实际的困难将是巨大的。在打击网络犯罪和网络恐怖主义方面，更有希望的方法或许是运用公共资金支持如何在机器人和AI的帮助下打击此类活动。

• 但是，即便不投入任何行动来促进或限制机器人和AI的发展，政府也需要采取措施制定影响深远的法律和监管框架来管理它们。确实，若做不到这一点，企业将很难充分利用它们提供的机会。

• 进一步制定管理数据使用的框架也是迫切需求。

• 相比之下，对机器人和AI福利的关注可等到奇点即将降临的时候（如果真的会出现的话）。

• 但迫切需要有人（可假定不是政府）研究新的AI世界对政治结构

和体系产生的影响。

对所有那些希望在机器人时代接受工作和生活教育的人来说，最后一项也许应该是布置的关键论文任务之一，当然，前提是论文写作的艺术能够在AI的冲击下存活下来。因为，毫无疑问，AI革命的一些最大影响会出现在教育领域。但它们未必是你想象的那样。

第8章　年轻人应该如何受教育

> 教育是社会对你做的，学习是你为自己做的。
>
> ——伊藤穰一（Joi Ito）[1]
>
> 计算机没什么用。它们只能给你答案。
>
> ——巴勃罗·毕加索（Pablo Picasso）[2]

人们很容易相信，良好教育的基础是不变的。该想法很诱人，但事实并非如此。在中世纪的欧洲，大学的作用是培养教会牧师、律师和教师。他们研究的对象反映了这些要求。

整个19世纪，一直延续到第二次世界大战，伟大的英国公立学校将其主要职责之一视为培养那些管理帝国的人。在这一时期的早期阶段，牛津大学和剑桥大学中有很高比例的学生仍然学习神学和古典文学。直到很久以后，诸如化学、物理、生物和工程等科学技术学科才被广泛研究（经济、政治和社会学等令人半信半疑的学科更是后来才出现）。

现在的情况当然完全不同了。如今，研究神学和古典文学已成为少数人的职业。因此，我们或许会认为，教育领域如今已经"赶上了"现代的现实状况，所以目前不需要做进一步的彻底变革。但实际上，这也不是事实。教育体系是当今社会最陈旧、最不同步的部分之一。如今，由于机器人和AI的发展，经济和社会都即将经历另一场根本性变革。教育也必须有所改变。

这里需要讨论四个主要问题：

● 考虑到机器人和AI带来的就业前景和休闲机会的变化，中小学和大学应开设哪些学科？

● 机器人和AI对教育方法有何影响？

● 它们对全日制教育年限又有何影响？

● 国家在为新世界塑造合适而高效的教育体系中扮演何种角色？

机器人时代的教育

让我们首先考虑工作领域的教育。自从于20世纪50年代开始作为一门科学学科诞生以来，AI一直是深奥的，甚至属于精英学科，学习者主要限于各大高校计算机科学专业的研究生。[3]而今它肯定已经进入主流学科领域。不仅如此，它还必须与孩子们在学校所学的内容有关键联系。那么，是什么样的联系呢？

人们经常认为，未来必须完全取决于STEM学科，即科学（science）、技术（technology）、工程（engineering）、数学（mathematics）。你能明白其中的原因。尤其是像我在第5章中解释的那样，不仅会有很多工作与机器人和AI直接关联，而且几乎每个人在日常生活中都需要应对它们。至少，人们必须学会与它们互动，就像人们必须学会与电话、汽车和计算机互动那样。

因此，很多人认为，所有人文学科，比如语言、历史、地理，以及艺术、音乐与戏剧，即便不完全被淘汰，也应该退居次要位置。你可以说它们是现代的神学和古典文学。也许依然会有少数学生（可能在研究生阶段）学习这些科目，但它们应该不再是核心课程的一部分。那些过去一看到本生灯（Bunsen burner，实验室用喷灯）就逃跑、一想到二次方程式就胆怯，以及在法语不规则动词或英国历代国王和王后信息中寻求庇护的学生，都需要醒过来，闻闻咖啡的香味（你知道你是谁）。现在，"书呆子"占了上风。

如果这是事情必须要发展下去的样子，那么还有很长的路要走。2016年，只有约40%的美国学校教授计算机程序设计，仅有5.8万名学生参加了计算机科学（AP Computer Science A）考试，相比之下，参加微积分测试的学生数量则为30.8万。虽然这一数字在上升，但很明显，要想达到将计算机技能视为与通用数学同等重要的地步，还有很长的路要走。

但这不仅仅是选修一门与不断变化的世界息息相关的课程的学生比例的问题。目前学校教授的信息通信技术（ICT）技能在很大程度上已经过时。更新的框架会将AI纳入学校的课程计划。虽然英国于2015年决定用修订后的计算机科学资格取代英国普通中等教育证书/课程（ICT GCSE），但选课学生人数只有小幅增长。[4] 现在其大部分内容都聚焦于编码和程序设计。

但是，当这门课不是必修课程时，如果部分学生对这门课不感兴趣，那么对课程的修订可能不会有什么效果。IBM公司的开发人员戴尔·莱恩（Dale Lane）曾帮助创建面向孩子的教育工具"机器学习"（Machine Learning），他说："由于AI不属于核心课程，所以挤出课堂时间投入其中是一件具有挑战的事情,这在一定程度上说明了AI在现实中的应用进展一直很缓慢的原因。"[5]

严重缺少接受过计算机科学培训的教师也是主要障碍之一。实际上,尽管缺乏提供公共产品的明显动机,但部分私营领域正在为推动AI教育向前发展做出重要贡献。确保有更多训练有素的教师的可能途径之一是与科技公司合作。由微软提供支持的"校园技术教育与扫盲"(Technology Education and Literacy in Schools,简称TEALS)计划帮助美国的高中开发计算机科学课程。[6]计算机专业人员每周与高中教师结伴交流几小时,以期产生连锁反应。[7]教育工作者、政府与业内专业人士之间的合作可能是未来教育的发展方向之一。

事实上,越来越多的中小学开始教学生如何编程。但这并不能完全让学生为适应AI经济做好准备。伦敦大学教育学院的罗丝·勒金(Rose Luckin)教授认为,在当前的学生进入职场之时,这项技能其实已经过时了。[8]

当然,学校需要教授的不仅仅是编程。正如教育家本·威廉姆森所说:

> 了解隐私与数据保护、新闻传播方式,认识到网络攻击、机器人与黑客非法侵入行为、算法与自动化如何改变未来的工作,以及这背后的程序设计者、商业计划、政治议程和利益集团,这些内容也值得纳入有意义的计算机教育中。[9]

此外,在任何涉及AI的教育计划中,伦理占据突出地位这一点非常重要。因为AI技术面临很多严重的伦理困境。重要的是,那些直接参与开发和操控AI技术的人不仅要熟悉这些伦理问题，而且要能促进社会对这些问题的辩论，并能够与政策制定者进行有效互动。

为传统教育辩护

所以，学校课程中需要更多地关注AI。然而，这并不意味着教育内容应该只是甚至主要是机器人学和程序设计。毕竟在过去的50年中，汽车一直是我们生活的中心部分，但是几乎没有人清楚自己的车的内部工作原理。他们也不需要知道，更不用说在中小学或大学学习它们的运转方式。

其实计算机也是如此。事实上，虽然现在计算机基础操作课程已经在学校中广泛存在了很多年，但我不认为这是计算机被普遍接受和应用的关键。除了学生，社会上的其他人也必须学习如何使用它们，而这种技能在很大程度上是自学而来的（不过应当承认，社会上还有相当一部分老年人根本不知道如何使用它们，还有更多的人不清楚如何利用它们的全部功能）。

智能手机近来变得无处不在。据我所知，没有学校教过智能手机的使用方法，也不需要这样做。因为人们在使用过程中就学会了这些技能。我估计，与机器人和各种形式AI之间的互动可能就像学习使用智能手机那样。

无论是教还是学，如何与机器人和AI互动的技能都不会成为主要需求，更不用说唯一的需求了。我在前面的章节中已经论述过，AI经济将带来对人类领域的全面发现。因此，将教育目标全都放在机器领域的发现上就有点怪异了。

因此，传统的学科和教育方法仍将占有一席之地。每个人都会受益于完整、全面的教育。而社会上的资深成员，无论是管理企业、国家还是文化活动，仍需要培养和磨炼批判性思维技能。这对传统教育的需求是一种支持，传统教育包括对历史、宗教、艺术、戏剧、音乐、哲学和其他文化的学习和研究。

如今，企业家和教育家都开始普遍接受这一结论，他们在商业和教育期刊上就这些问题进行了积极的辩论。事实上，应对这一主题的小型产业已经兴起。我将带你了解一些主要倡导者的言论。

美国亿万富豪马克·库班（Mark Cuban）甚至预测，随着自动化应用成为常态，社会需要"在文理通识（Liberal Arts）方面表现出色的自由思想者"。[10]因此一些评论者认为，艺术需要与STEM学科平起平坐。他们还提出另一个反映这一点的首字母缩略词"STEAM"。

与此相关的是，未来学家和技术大师戈尔德·莱昂哈德（Gerd Leonhard）认为，为了平衡STEM学科，有必要强调具有明确以人类为焦点的学科。因为我们似乎要身处各种缩略词的混战之中，所以他提出了"CORE"的优点——创造力/同情心（creativity/compassion）、原创性（originality）、互惠性/责任感（reciprocity/responsibility）、同理心（empathy）。[11]

美国卡内基梅隆大学教授大卫·科斯比（David Kosbie）在与他人合著的一篇文章也表达了类似的观点，该文发表在《哈佛商业评论》（*Harvard Business Review*）上。他们写道："随着AI接管工作场所的日常信息和手工任务，我们需要更加强调将人类工作者区别于AI的特质——创造性、适应性和人际关系技巧。"[12]

教育家、思想家格雷厄姆·布朗–马丁（Graham Brown-Martin）表示，我们应该鼓励发展机器人无法重复的技能。他说道："这是个大好消息，因为这意味着我们可以将工作自动化，使工作人性化。"[13]

美国东北大学（Northeastern University）校长约瑟夫·奥恩（Joseph Aoun）为人们需要在数字时代学习的新学科取了个名字——万幸，没有又造出一个缩写——他称之为"人文"。他说，学生需要在原有基础上再增加三种素养/能力——数据素养、技术素养和人文素养。[14]

需要改革

请注意，即使包括艺术和人文学科在内的传统学科的持续重要性被接受，这也并不意味着教育可以故步自封。实际上，即使没有考虑到机器人和AI，雇主最看重的员工素质似乎也不是传统学术研究体系所教授的甚至鼓励的。2006年的一项调查显示，雇主对准雇员最看重的素质是"领导力"和"团队合作能力"，紧接着是"书面沟通"与"问题解决"能力。技术能力排在调查反馈的中部——低于强烈的职业道德和主动性。

诚然，你可能会说，在这项调查中显示出的最重要的技能是由传统的文科教育培养的，而不是由技术教育培养的。但是，传统的通识教育特别擅长培养这些素质吗？恐怕不是。如果我们想要的是充满创造力、主动性、具有领导力与团队合作能力的年轻人，那么严厉批评整个现代教育方法无疑是合适的。教育家肯·罗宾逊（Ken Robinson）爵士曾说，惩罚"错误答案"的整个过程会扼杀创造力："我们的创造力不会伴随着我们的成长与日俱增，而是慢慢失去，更确切地讲，我们所受的教育会让我们丧失创造力。"[15]

教育有时等同于"学习"，过去，学生在死记硬背上承受了相当大的压力。今天依然有大量这类东西——从乘法表到与国王和王后相关的各种日期。在亚洲的部分地区，死记硬背尤其受到重视。当然，这种学习方法的很大价值最初源于获取信息和知识的困难（及成本）。事实上，最好将其交给储存设备。

而现在对于一切东西，只要点几下鼠标就能得到几乎任何相关信息。因此你会认为，教育应该聚焦于从哪里找到信息，无论你是否信任它，以及如何衡量它。仅此一点就应该能证明教育的本质发生了转变。

不可否认，我们必须小心不要"把洗澡水和孩子一起倒掉"。如果根本不去尝试"学习"任何事实，那我们还能有任何理解吗？例如，如果对重大历史事件发生之时、之前、之后的情况连个大概的了解都没有，那我们还能真正开始思考它吗？

也就是说，随着AI对教育的影响日益增强，我们不应该只是简单地寻求加固现有的教育体系。AI带来的变化为人们提供了从根本上重新思考教育体系的运作方式和教育目的的机会。

对于第二个问题的答案，古代哲学家和现代教育家给出的肯定答案是"改善受教育者的生活"。我也赞同这一目标。除此之外，还有一个目标是改善每个人的生活。因为教育可能会引起经济学家所说的外部效应。换言之，它可以对受教育者以外的其他人产生溢出效应。这是因为，受过良好教育的人可以作为公民发挥更充分、更有价值的作用，除了受教育的个人获得的额外收入之外，还可能提高经济的整体生产能力。有些人可能会说，更好的教育也能培养人善良、诚实、平和的品质，所有这些都会给整个社会带来更广泛的益处。请注意，这最后一组益处令人高度怀疑。

休闲势在必行

为进入工作领域和参与社会做准备并非教育的唯一目的，让人们为休闲做好准备也应是其作用的一部分。我在第4章中提到，在AI经济中，人类可能会选择将更多的时间花在休闲上。毋庸置疑，这些额外休闲时间的大部分将用于开展更多的日常活动，人们可以自己或与家人、朋友一起进行。而且，无论是充分利用、享受这段时间，还是发展新的爱好、开展新的活动，很多人不需要任何帮助。

但是相当多的人已经发现很难充分、有效地利用自己的空闲时间。随着休闲时间的增加，人们将面临如何以令人满意的方式运用这些额外时间的挑战。教育可以对此起到重要作用。它可以教会人们如何依靠自己过得充实而愉快。这可能包括教授他们文学、音乐或其他可以带来乐趣的东西。

这种说法听上去很容易让人感受到一种精英主义和居高临下施人恩惠的傲慢态度——把对贝多芬和巴尔扎克的欣赏派发给大众，作为度过休闲时间的"认可"方式。这一切似乎太容易让人联想到"老大哥"。当然，在实践中，教育工作者无法控制人们如何使用自己的时间，他们也不应该这样。

然而，他们可以对人们在青年时期接触到的东西产生决定性的影响，也能对人们的余生起到有益的作用。在效果最佳的情况下，教育体系能向人们介绍没有它的介入时他们通常不会遇到的东西。对很多学生来说，这必将包括贝多芬和巴尔扎克之类的信息。如果这听起来也像是精英主义，那就太苛刻了。

至少，在教育体系的促进下，与这两位绅士及类似人士的接触，为衡量那些大众娱乐的拥趸提供了标准。这些流行文化的例子包括《名人老大哥》（*Celebrity Big Brother*）、《与卡戴珊姐妹同行》（*Keeping up with the Kardashians*）等（任何不知道这些节目的人都应该感到庆幸。它们是被称为"真人秀"一类电视节目的样本，在这种节目中，人们做的任何事情、说的各种陈词滥调都被录制下来，以娱乐在家看电视的人们）。

让年轻人接触到事物的概念正好触及了教育的核心。"教育"（education）一词似乎源于两个拉丁词根（动词"*educare*"意为"培养"或"塑造"，动词"*educere*"表示"从中引出/引导/启发"）。年轻人不仅需要被引导走出由贫穷、偏见、无知构成的世界，还需要被引导摆脱充斥着《名人老大哥》和《与卡戴珊姐妹同行》的世界。如果他们已经被带离了这种不幸且阻碍发展的世界，然后又决定回去，那就是他们自找的前景了。但是，如果一开始就不帮助年轻人逃离这些，那对负责教育的人来说就是一种失职。

然而，休闲教育不应该仅仅是关于智力和文化方面的事情，它还应该向年轻人介绍木工、绘画、烹饪等手工艺。它也应该引导他们参与体育运动，而不只是观看。它还可以帮助人们养成享受保持身体健康的乐趣，并了解如何能最好地保持健康的适宜性。在现代社会中，有大量的人可能在没有人为干涉的情况下成长，因此，他们在这方面几乎变得一无所知，或者起码倾向于不活动。

另外，教育还能发挥一种关键作用——教授人们社会技能、培养社区价值观和公民责任。它还可以向人们介绍志愿领域的优点和长处。

所有这些都与最近诸多关于教育体系的评论的重点相去甚远，这些要点强调教育必须具备高度的学术性，让STEM学科占主导地位，以便让学生为AI经济做好最佳准备，并/或聚焦于技能或较窄的知识面，使其与将来的工作前景直接关联。生活远比工作重要。事实上，文学、音乐、艺术等远比工作重要。

教育方法

除了在机器人时代需要在中小学和大学教授的科目之外，教育方法无疑需要经历一场革命。在当今这个时代，我们经常看到，教师和讲者站在班级或听讲座的群体面前朗读讲稿，听讲的人则忠实地记录下来，这有什么意义？令人惊讶而可耻的是，我们大多数的教育机构仍然在做着这样的事情。

根据英国白金汉大学校长、杰出的教育家安东尼·塞尔登（Anthony Seldon）爵士的说法，许多教育机构依然在采用1600年前的方法，更不用提考虑机器人技术的进步了。[16]我估计，自公元前4世纪的亚里士多德时代以来，教育方法其实没发生过太多变化。若能恰当应用，AI可以有效地结束这一切。

大多数人似乎认为，AI革命对教育的影响将导致对教师需求的大幅减少。正如马丁·福特所言：

现在想象一下这样的未来——大学生可以参与由哈佛大学或牛津大学教授讲解的免费在线课程，并随后获得雇主或研究生院认可的证书。那么，谁会愿意为了支付三四线院校的学费而负债呢？[17]

实际上，这样的变革已经在进行了。在哈佛大学近400年的历史中，注册在线课程的人数已经超过在其"实体"校园中读书的人的数量。[18]

不过，我认为，关于中小学及大学教师需求将大幅下降的结论完全不正确。无论如何，当下学校教师承受的压力使得目前的体系难以在现有资源的支撑下得以维持。在现有体系中，要么必须有更多的教师，要么必须找到某种方法来减少对他们的需求。英国《卫报》（*The Guardian*）于2016年进行的一项调查显示，英国82%的教师表示难以应对自己的工作量。其中近1/3的人说他们每周工作60小时以上。[19]教育支持合作伙伴（Education Support Partnership，英国的一家慈善机构）开展的一项调查揭示，在过去的两年中，80%的教师都曾遭受过心理健康问题之苦。

班级大小是一个长期存在的问题。在英国，一个班级很容易超过30人。在发展中国家，这个数字可能是60人或者更高。而教育家约翰·杜威（John Dewey）在100多年前就已提出，理想的班级规模为8—12人。大学里的情况类似，讲师在数量庞大的听众（有时达到几百人）面前高谈阔论，而两者直接、间接接触的时间却少之又少。

所以说，目前教育体系的师资供给严重不足。随着机器人和AI对教学能力的提高，其影响或许不会是大规模筛选淘汰教师，而是缩小班级规模，降低讲课的重要性。事实上，潜在的变革比这要彻底得多。就像新世界中的很多其他事物一样，AI进步的效应将要求教育服务进行彻底地重新配置。

肯·罗宾逊爵士对当前教育结构的描述有很好的措辞："学生按照年龄分批接受教育，仿佛他们最重要的共同点就是生产日期。"[20]当然，未来的方向是借助研讨和辅导来使教学更具个性化和互动性。一旦实现了这一点，根深蒂固的"一刀切"教育问题就将得到解决。

具有讽刺意味的是，牛津大学和剑桥大学由来已久的学习方法（即一对一辅导，剑桥大学称其为督导）一直被很多人批评为过时，并争论其是否为众生之路。然而，这很可能成为未来的教育方法，不只是精英机构，更多的教育机构也可以采用这种方法。

AI可以为学生提供量身定制的个性化课程，有效地终结低效的小组学习形式。教师将有更多的时间投入更为积极的一对一课程。这甚至可能导致对教师需求的*增加*，即便到了机器人和AI接管了传递信息的传统教学角色之时。

技术可用于吸引学生并促进更个性化的学习，同时也可以提供在线平台，使那些出于种种原因以前无法接受传统教育的学生有机会获得教育材料。正如教育技术专家唐纳德·克拉克（Donald Clark）曾说过的：“谷歌是最伟大的教学法的成功案例，它是AI的一部分。”[21]现在有一些公司可以定制教科书。教师与AI算法之间的互动可生成特别适合学生个人需求的材料，教师要做的是输入教学大纲的要求和学生个人的信息。

在2012年的一次演讲中，时任英国教育大臣（Secretary of State for Education）迈克尔·戈夫（Michael Gove）称赞了游戏和互动软件的功能，夸赞它能如何吸引学生、使学习变得有趣、帮助他们获得复杂的技能和严格缜密的知识。另外，适应性软件还可以根据不同学生的理解设置个性化教学过程。[22]这些交互式系统不仅可以帮助学生，还有助于计算机科学等学科的教学，这些学科的教师有可能缺乏相关知识。

虽然我们可以确定AI在教育中的应用会增加，而且肯定会产生有益影响，但我们无法完全确定其影响的程度。这一直没有阻止一些人和机构过分追捧其可能带来的效应。机构报纸《校园电子报》（*eSchool*

News）在其最近的一项研究中宣布，到2021年，AI在"教育行业"中的应用将增长47.5%。

在预测行业做了一辈子的经历让我学习到，对任何事物的3年预测，若其值涉及小数点，则不值得写成论文，或者至少如今不值得写。我们对一切都无法确切地知道，比如危险驾驶导致的死亡率、中美洲的降雨量、非婚生育数量，更不用说精确到小数点了。举这些例子是说，即便声称AI在教育中的应用会增加一半左右也已经够英勇了。

AI能做与不能做的事情

除了促进班级规模的缩小，安东尼·塞尔登爵士还认为，AI最终将能够指导学生、批改作业和撰写报告。他是正确的吗？对于简单的问答练习或多项选择题，AI可以很容易地完成批改工作。一些狂热者甚至认为，AI很快就有能力有效地给论文评分。除了处理最基本的问题和最基本意义上的批改，我对此表示怀疑。在更高的层面上，我不认为AI能取代人类评估者——至少在奇点降临前是如此。

我在牛津大学时听到过一个关于哲学入学考试题的故事（很可能是杜撰的），题目很简单："这是个问题吗？"在这个故事中，一位勇敢的学生给出了简洁而干脆的答案："如果是，这就是答案。"对于这类问题，AI如何批改呢？实际上，就算是牛津大学的教授们也一定会觉得这很困难！假如我负责给该考试评分，我当然不会希望这位学生不及格。他/她可能无知而懒惰，也可能绝顶聪明（而且勇敢）。至少我希望这位学生能被安排面谈，而不是以某种方式与AI打交道。

我最喜欢的另一个哲学问题是："一个人即将展开穿越沙漠的冒险

之旅，那里没有水。他给自己装了一葫芦水。在他睡觉时，他的一个敌人在水里下了毒。另一个人劈开了葫芦，这样水就流出来了。那么，谁杀死了他？"同样，我也不希望由 AI 来评估该问题的答案。

激发人兴趣的问题并不仅限于哲学领域。我在牛津大学遇到的最喜爱的经济学问题是："黑死病是好事吗？"要回答这个问题，既不需要详细了解14世纪黑死病爆发期间发生的事情，也不需要掌握关于中世纪欧洲的任何一般性知识。你需要知道的只是黑死病杀死了欧洲很大一部分人口。这个问题仅仅要求学生运用自己在经济学上的理解来分析结果。我无法想象，任何形式的 AI 能恰当地评估出该问题的可能答案范围。

AI 还存在更普遍的局限性。教学具有突出的人文方面的内容，它涉及教师与学生之间特别类型的同理心/共鸣。对那些真正适合教学的人来说，这就是它能为其带来这种回报和满足感的原因。而在该人际关系的另一面，学生可以基于人类的互动而茁壮成长。在回想自己的成名之路或其他任何已经取得的成就时，我总能追溯到一位特别能启发人灵感的老师。对于这种情况，我知道自己远远不是个例。我把一切都归功于他（后来出的问题都怪我自己）。无论机器人多么擅长传输信息，它都不可能复制这种效果。因为有一个很好的理由，或者不如说是两个，同理心是人类的一种品质，启发灵感也是。

人的因素在所有学科中都很重要。对于非学术性学科，比如艺术、音乐、戏剧和运动，它也许尤为重要。正如我上面所论述的，这些学科是优秀而全面教育的核心内容。在 AI 的帮助下，教师将有更多的时间致力于这些非学术性活动。

教育的程度如何

以上关于学科和方法的大多数观点都适用于教育的所有阶段。但是有一个与高等教育相关的问题特别需要引起注意，即"它是否太多了"？

甚至在AI革命发生之前，高等教育进行根本性改革的时机就已经成熟，不过，是机器人和AI使这种变革成为可能。这为人们提供了重新思考的机会——教育的目的是什么？当前体系在实现这些目标方面的有效程度如何？如果社会未能考虑这些问题，那么AI革命也许会加剧本已严重的资源浪费。在英国，自托尼·布莱尔（Tony Blair）的工党政府以来，当局一直推动确保50%的孩子上大学的目标。相对于我当时（1970年）的情况，这可谓急剧增长。那时，进入大学学习的孩子只有5%—6%。诚然，我们当时还有其他叫作"科技专科学校"（Polytechnics）的机构，但即使包括这部分，年轻人接受中学后学术教育（大学及科技专科学校）的比例也仅有14%左右。实际上到2016年，英国30岁以下年轻人上大学的比例已经上升至49%，仅落后托尼·布莱尔的目标一点点。2017年，教育专家尼克·希尔曼（Nick Hillman）提出了新的目标——到2035年，大学入读率要达到70%。

布莱尔政府扩张政策背后的想法是，总体而言，大学毕业生比非大学毕业生赚得更多（因而很可能对经济的贡献更大），如果提高了年轻人上大学的比例，将会增加很多人的收入，否则这些人就有可能朝着收入分配的底层发展，与此同时，国家生产力也将得到提升。

这种推理是有问题的。只是因为平均来说，大学毕业生常常比非大学毕业生赚得多，但这并不能说明，如果你打造出更多的大学毕业生，那么他们的收入就一定会比没有学位的人的更高。教育体系的大部分作用都是指导学生跨越与生产潜力很少或没有关联的任意障碍。因此，让更多的年轻人去学习如何跳过这些障碍几乎不会有任何效果，更不用说让他们越过一些相当简单的障碍，那样收获就更少了。

这个问题比最近高等教育的过度扩张更为严重。的确，它直抵所有教育的核心。教师因其学生而取得的成就是否提高了社会的整体生产能力（或者你喜欢的话，也可以说幸福能力）？还是说，他们所做的仅仅是维护他们自己学生的利益，而与其他老师所教的学生的利益相抵触？在我的《市场的麻烦》（*The Trouble with Markets*）一书中，我用于描述这种区别的术语是"创造性"和"分配性"。[23]

经济上（尤其是金融领域）发生的很多事情，本质上都是分配问题。也就是说，它影响到谁赢谁输，进而影响到整个社会的收入分配，但不影响总收入（除非在对社会无益的活动中使用稀缺资源而造成其减少）。

教育领域差不多也是这样。假设向学生反复灌输有关日期和国王、王后的知识，对个体的生产能力不会有一丁点儿的促进作用。引申开来，它也不会提高整个社会的生产能力。但是，通过帮助"他们"的学生通过历史考试，从而有资格进入一所好大学，优秀的教师或许增加了自己获得一份好工作的机会。老师和学生可能都会对此感觉良好。然而，在本案例中，此类活动纯粹是分配性的，而非创造性的。

可以说，当前很大一部分的教育活动本质上都是分配性的。无论学生在学习某特定课程时是否取得成功，几乎都提高不了多少个体的生产能力。不过成功有助于区分"赢家"和"输家"。大部分教育过程都由一系列任意障碍组成，如果能成功穿越，就能让学生准备好面对下一组障碍，如此等等，直到最终"完整的文章"出现。其实，擅长跨越这些障碍与学生在余生中将遇到的事情没有太大的关系。

少受教育的理由

鉴于教育过程中"分配性"活动的优势，你可以说，相比"需要更多教育"的流行观点，事实上需要的是更少的教育。美国乔治梅森大学经济学教授布莱恩·卡普兰（Bryan Caplan）在《反对教育的理由》（*The Case Against Education*）一书[24]正好论证了这一点。他提出了两个证据来证明现代教育体系实质上崇尚"文凭主义"，而与人力资本的创造性无关。

首先，他说，那些刚好在拿到学位之前辍学的大学生比刚毕业的大学生赚得少得多，实际上几乎不比高中毕业生多多少。然而，如果真正重要的是他们所学知识的内在价值，那么差异应该非常之小。

其次，很多学生只下最少的工夫来确保自己拿到"文凭"，他们意识到教育体系试图传授给他们的知识和技能几乎没有价值。他说，50年前，典型的美国学生每周用于上课或学习的时间大约为40小时，而现在则降到了27小时。[25]

卡普兰对教育体系的批评过于严苛。即使成功死记硬背那些很快就会被遗忘，而且基本上毫无用处的知识，对一个人从事某项工作的能力没有任何帮助，但这也并不意味着它完全无益。与学习甚至死记硬背，然后在特定时间以预定方式输出信息有关的技能，在工作生涯的许多方面都很有用。而且，成功做到这一点需要自律和决心。此外，雇主确实需要某种证书来帮助他们做出选择。

不过卡普兰的说法无疑是对的，文凭主义已经走得太远了。布莱尔派的教育扩张政策已呈现出与预期大相径庭的结果。仅仅给年轻人一个学位并不会使他们在劳动力中更有能力或更有价值。而且整个过程开销昂贵。所以，现在的劳动力市场满是20出头的孩子，像潮水涌来一般，他们拥有毫无意义的"学历"，要么找不到工作，要么只能得到不需要"大学毕业生水平"的工作。结果，对于很多"非大学毕业生"就可胜任的工作，拥有学位现在已成为一个关键要求，即使它对求职者从事该项工作所需的能力没有任何帮助。

英国特许人事和发展协会（Chartered Institute of Personnel and Development）的一份报告称，英国58%的大学毕业生都在做不需要大学水平的工作。相比之下，德国的这一数字仅为10%。一个令人遗憾的后果是，很多没有学位但可以相当好地从事这些工作的人被排除在外。这些年轻人来自弱势家庭的比例奇高。因此，这种"学位膨胀"远非单纯的游戏。它不仅浪费大量的金钱，而且助推了不平等的加剧，并使其代代相传。

在英国，为了享有获得学位的好处，年轻人背着沉重的债务离开大学，而这种学位在其内在价值方面几乎无用，只是使其持有者借此挤掉现有的非大学毕业生，从而挤进过去被认为不需要大学水平的工作。该问题不仅限于英国。2018年，美国学生的债务总额超过了1.5万亿美元。布鲁金斯学会的一项研究显示，到2023年，这些借贷者中将有近40%的人可能违约。[26]

整个体系的存在是一种昂贵的耻辱。我们应该为少得多的年轻人上大学做好准备。但这并不意味着年轻人在中学毕业后就不应该再学习或继续接受教育。他们很可能需要进行更多的"在职"学习，并与教授他们特定技能的短期课程相结合。在工作生涯的各个阶段，他们非常有可能受益于（尽管不一定是经济上的）短暂的脱产学术学习。

人工教育

AI革命可以帮助促进这一结果的产生，但为了做到这一点，它绝不能只是简单地被纳入现有的教育体系。在机器人和AI驱动的世界中，至关重要的是，新的和提高了的教育能力要定向用于教育的创造性方面而非分配性方面。用另一套在技术上更为复杂的障碍来替换一套人工障碍毫无意义，设计这种更复杂的障碍只是为了从那些能力较弱的人中筛选出能更好地跨越这些障碍的人。机器人和AI革命需要成为彻底反思教育的催化剂，重新思考教育的目的，以及如何更好地实现达成共识的教育目标。

区分创造性与分配性对两个方面有着惊人的影响，一方面是学术与职业发展研究之间的教育平衡，另一方面旨在增强休闲生活的研究。尽管人们在学术和以职业为重点的教育上投入了大量的精力，但在某些情况下，这种努力很大程度上是分配性的，而旨在提高学生最大限度地利用休闲时间的能力的教学，本质上是创造性的。毕竟，如果接触巴尔扎克和贝多芬的作品能帮助学生摆脱《名人老大哥》和《与卡戴珊姐妹同行》，这对保护他们有益，也不会使其他任何人的享受能力遭到相应的损害。

有趣的是，在所有发达国家中，瑞士是年轻人上大学比例最低的国家之一。你不会想说瑞士的发展是失败的。它的劳动力拥有非常高的技能基础，而且它是世界上实际平均收入水平最高的国家之一。这当然与那些不上大学的人有提供高等职业和技术培训的机构可供选择这一事实有关。

顺便说一下，也许你会认为这种做法意味着严重降低学术水平。但值得注意的是，瑞士拥有除英国以外唯一经常跻身世界顶尖大学之列的欧洲大学——苏黎世大学。相比之下，法国、德国、意大利以前的那些一流大学已不知所踪。我们可以向瑞士人学习很多东西。

何地与何时

作为AI革命的一部分，我们需要彻底思考教育常规，比如上课日的长短、学年的长短、假期的长短。另外，我们也需要重新考虑学位课程的授课时长。学位课程通常为3年，最多4年，而实际上大学的时间大约只有一半。为什么要这样呢？肯定有设置更紧凑的一到两年的学位课程的空间。毕竟，AI能使学习变得更加个性化，这样学起来就可以快得多。

教育是否需要在被称为学校或大学的物理实体中进行也不是很明朗。由于如此之多的教育将采用学生与某种形式的AI驱动的教育程序进行互动的方式开展，这就使学习可以很容易地在家里完成。无论如何，在家接受教育的人数似乎呈上升趋势。2016—2017年，英国有3万多名儿童因家长的选择而在家上学。在美国，相应的人数约为200万名。[27]

至于大学教育，英国的开放大学（Open University）很久以前就率先实现了远程学习。此外，许多大学已开发出可部分或全部进行远程学习的学位课程。

但是这应该有个限度。我在上面已经论述过，全面而适当的教育涉及人类的潜能和个性的发展。这必须包括社会互动，以及体育、戏剧和其他活动。因而需要一些共享的物理空间，我们很可能希望将其称为学校或大学。

但在机器人时代，投入教育的全部甚至大部分时间将不需要在这些地方度过。相反，大量的教育时间可以花在家中或工作场所，偶尔造访物理上的"学府"作为穿插行动。要想理解这一点，我们就需要从根本上重新思考如何使用教育资源（包括建筑物和物理基础设施）。

终身学习

从某种程度上来说，本章的标题"年轻人应该如何受教育"是不合适的，因为并非只有年轻人需要受教育。传统的教育和培养模式会占用一个人婴儿期后的头10—20年，此后在约40—50年的全职工作期间，人们不再有更多的受正规教育、学习或培训机会。

当经济发展停滞，或者即使经济产出在增长，但经济结构及对某些技能的需求相当稳定的时候，这种模型也具有一定的逻辑。实际上，我们已经很久没有生活在这样的世界了，但工作与教育之间的关系还在缓慢发展，仿佛什么都没有改变。AI经济有望与我们成长过程中的经济环境大不相同。

这意味着，人们在一生中需要经历数个学习、培训阶段，就业阶段穿插其间。[28]伟大的思想家和未来主义者阿尔温·托夫勒（Alvin Tofler）很早以前就提出："21世纪的文盲不是那些不会读和写的人，而是不会学习、摒弃再学习的人。"[29]这句话隐含的意思是，劳动力必须能够随着周围环境的变化而迅速作出改变。

这同样适用于"休闲教育"。没有充分的理由解释这个问题——关于享受生活及从休闲时间中获得极大愉悦的能力，为何我们对它的投资应该只限于生命的前10—20年。

请注意，技术进步并不一定对公民的教育和整体心理健康都有积极作用。有证据表明，最近的技术发展导致人们的认知能力下降了，尤其是视频游戏技术和智能手机。尼古拉斯·卡尔（Nicholas Carr）在其《浅薄》（*The Shallows*）一书中指出，互联网正在对我们的思考能力产生不利影响。[30]2013年，他在《大西洋月刊》（*The Atlantic*）上发表了一篇题为《一切都可能丧失：把我们的知识交给机器产生的风险》的文章，他在文中哀叹"以技术为中心的自动化"的兴起，这种自动化"将技术能力提升到高于人们的利益的位置"。类似地，有人认为，依赖GPS进行定位干扰了我们的空间推理及记忆能力。[31]

对于接触这些东西，如果确认超出一定的阈值水平的确会损害认知能力，那么就有了限制人类对这种技术依赖的证据。事实上，教育过程的一个关键作用或许是教会人们如何从新技术中获得最大收益，但又不致对其上瘾，也不会遭受认知衰退之苦。

政府职能

在机器人时代，政府应该制定怎样的教育和培养政策？我已经讨论过机器人的普及和AI的发展对最有利可图、最值得去做的教育类型的影响，以及在新状况下哪些教育方法最有效。一般而言，正常的市场力量能够实现教育在这个方向上的转变，因为家长、孩子、教师和教育专家都会逐渐认识到新世界的需求，并相应地改变他们的教育偏好。

但在现代社会中，几乎没有哪个社会将教育完全留给私营领域，而政府不发挥任何作用。有两个很好的理由可以解释这一点。第一个原因正如我们之前讨论的，教育也许具有很强的正向外部效应/正外部性（Positive Externalities），也就是说，个体受教育的所有益处并非全部落在该个体身上。有些益处会广泛地分布于整个社会。如果你愿意接受，社会在其成员受教育方面有自身的利益。换言之，假如教育完全由私人供给，那么为公共利益提供的教育就会不足。

部分原因是在市场上提供教育资金形式的不完善，还有一部分原因是社会中较贫穷的人（通常受教育程度最低）缺乏远见，而且不了解教育的预期收益信息。

不可否认，确实有一些思想者认为教育可能会带来**负向**外部效应/**负**外部性（Negative Externalities），比如前面提到的布莱恩·卡普兰教授。如果在某种程度上他们是对的，那就有理由**减少**国家对教育的资金投入。的确，卡普兰恰恰就是这种观点。他提到自己支持将学校和政府完全分离。但正如我上面说的，卡普兰夸大了他的理由。

此外，即使卡普兰大体上是对的，他的激进处方也会与政府参与教育的第二个理由（分配因素）相冲突。若没有某种形式的公共供给或财政投入，教育会趋向于变成社会中较富裕者的专属，这将加剧社会分化和不平等，这种不平等甚至会世代相传。

我将在第9章讨论减少不平等的政策。而为了减少在AI经济中的不平等，政府能做的最好的事情或许就是投资教育。实际上，这在AI革命开始之前就是事实，而现在更是如此。

有效的教育政策可以从多个方面来减少不平等。最重要的是，它可以与这种优势抗衡——富裕、成功的家长将孩子送进私立学校，使其享受私人指导，或者直接在家里接受具有优势的教育。投入更多公共资金对国家教育体系进行彻底改革，会寻求将公立学校的教育水平提升至私立学校现行的水平，包括非学术学科的水平，这将有助于人们适当地装备自己，从而能够充分并"有益"地利用休闲时间。

通过恰当地构建教育内容，政府可使年轻人获得一定的技能和特质，这些东西将帮助他们在未来的劳动力市场上找到并保有可得到回报的工作。不过政府也可以为终身学习和再培训提供资金，从而再次帮助人们以有用的技能重新装备自己。这对改善数百万人的生活条件尤为重要，这些人时不时就会遭受经济中破坏性创新风暴的侵袭，包括机器人和AI应用的普及所带来的影响。

最重要的是，为了减少AI经济中的不平等，教育体系需要培养出能够作为AI补充的蓬勃发展的工作者群体。麻省理工学院教授大卫·奥特尔指出，1900年，典型的土生土长的美国年轻人只接受过非常基础的教育。由于农业就业规模急剧下降和工业就业规模的上升，儿童需要额外的技能。作为回应，美国政府使美国成为世界上第一个向公民提供普及性高中教育的国家。真正值得注意的是，推进普及高中教育背后的运动是由"农业州"（Farm States）领导的。[32]

当然，在接受这种终身学习和再培训方面，个体本身也会获得利益。但他们可能没有足够的经济条件来支撑这种教育，而且在确保人们被雇用方面也存在外部效应。我们也不能依赖雇主在员工的终身学习和培训上进行投资（至少没有达到必要的程度），因为雇员可能跳槽到别的企业，或者雇用企业在投资还没全部收回来之前就破产了，这意味着它们将无法获得此类投资的全部社会效益，因而它们不会投入很多。

请注意，要想在此议题上取得进展可谓知易行难。只是在现有体系中投入大量金钱并没有什么用。正如我前文所说的，教育结构需要做根本性的改革，一切都需要改——从小学教育、中学教育到大学教育，再到终身学习和再培训。这种激进的改革已经遭到教育界的强烈反对。这种情况将继续下去，甚至有所加剧。教育体系是现代社会中最保守的部分之一。教育领域的既得利益者反对变革，这是政府需要积极参与推动该体系适应新要求的另一个原因。

尽管如此，但还是有必要提醒一句。完全依赖政府当然不是答案。从影响力的意义上来讲，每个人都是自己的教育者。AI极大地拓展了自我教育的范围。除了个体自身，我们还可以从其他家庭成员身上学到很多东西。世界各国的政府经常犯这样的错误，就是将教育等同于仅仅是在中小学、大学、职场学习中心所开展的事情。

此外，值得注意的是，政府资助的教育往往过分强调学习知识及获得某些资格证书，而不是"更模糊的"非核心活动，比如音乐、戏剧、运动。正如前文解释的，通过此类活动培养出的素质正日益成为雇主所寻求的东西。他们倾向于在私立教育体系的产品中大量发现它们。

所以说，并非只有教师和教育者不得不改变，所有参与计划并实施政府资助教育的人都必须改变。在AI经济中，除了提供良好的学术训练，政府资助的教育的志向还应该包括为学生提供与私营领域提供的一样好的非学术活动体验。这既能促进他们作为人的发展，又可以使他们的就业前景更加光明。

小结

教育是我们在本书中遇到的另一个现象案例。AI狂热者滔滔不绝于AI将如何改变社会的特定方面（本例为教育），但他们完全误判了这种转变的本质。按照推测，教师必将走上出租车和卡车司机的道路，被裁员、弃置，成为又一大批失业的熟练工作者，不得不拼命四处寻找新的谋生方式。与此同时，需要教授的科目被彻底革新，传统艺术类学科被扔出窗外，取而代之的仅为STEM学科。

现实情况很可能迥然不同。在机器人和AI大规模出现之前，教育亟须改革。其从业者和维护者是普天之下最保守的一些人。即使没有机器人和AI带来的变化，它们也早就应该受到冲击了。

AI革命将实现这一点。但较之AI激进者所提出的，它带来的变化会截然不同。通识教育不会消亡，即使不是更重要，它也将保持同等重要的地位。教育的目的不只是为劳动力市场培养人才，还涉及帮助人们成为全面发展的个体，使其能最大限度地利用自己的休闲时间，并提升他们的职业生涯、提高对社会的贡献。

而且，教育行业的就业人数也不会像激进者所说的那样直线下降。事实上，还很可能会增加。确切地说，机器人和AI将改变教育方法，结果是教育更加个性化，教学不再通过大规模的生产方式实现，这种方式让人联想到汽车制造厂。

这种彻底变革的大部分议程都理所应当借助市场自然实现，学校将根据市场压力和家长的偏好做出响应。不过，教师和家长无疑都需要花时间来适应，并且逐渐相信，机器人和AI革命并不意味着通识教育的完结，非学术学科的重要性也不会降低。这是一个不能单单依靠市场来实现预期结果的领域。毕竟，教育体系的很大一部分由政府资助并控制。因此，至关重要的是，教育机构和政治领导者都需要懂得机器人和AI普及对教育的真正意义，而不被人们对AI的大肆炒作欺骗。

如果有什么区别的话，那就是正确的教育体系将对社会健康变得更加重要。因为它将是我们面临另一个主要挑战的关键所在，即如何确保大多数人不掉队。

第9章 确保共同繁荣

我们最终将需要把金钱和职业分离，这种转变会挑战关于我们如何定义自己的价值观和身份的一些非常核心的假设。

——戈尔德·莱昂哈德[1]

有些事情必须要做。这些事情很重要。所以必须要做。

——无名氏[2]

我在第3章至第6章中提到，没有任何理由相信机器人时代的来临意味着工作的灭亡。人类将有足够多的工作可以做，尽管财富的增加可能会导致人们投入工作而非休闲中的平均时间减少。在第5章，我阐述了关于可能出现的替代旧工作的新工作类型的个人想法。

虽然如此，很多人能找到的可能都是临时性、没有保障、报酬很低的工作。或许当今一些贫穷国家的就业市场为我们所有人提供了未来之景。当你到达机场时，一群人蜂拥而至，为你提供不一定有价值的服务，比如帮你拎行李，而行李车就能做这件事。在酒店甚至有时在餐馆中，成群结队穿制服的服务人员在那里听候你的吩咐，但几乎无法为你创造任何价值，因此他们也几乎赚不到钱。

正如我在第5章中提到的，有一种可替代的选择，或者算多出来的选择，未来的就业市场或许类似于西方的前现代时期，当时，大量的人从事家政服务，真正富有的人则雇用大批侍从（忠诚的或不忠诚的）。

这是对未来前景的两种展望，但就像我在第6章中所论述的，它们不是唯一的看法。事实上，我列出了几个可能延迟或抵消不平等加剧趋势的因素。至少，这意味着我们不应该轻率地采用激进的收入或财富再分配计划，因为这可能既不必要又有害处。

不过，在机器人和AI会如何影响收入分配方面，我们可能会弄错。如果我的观点大错特错，那么我们最终的收入分配状况可能是，很多人发现其不公平、无法接受，并且对社会形态和性质造成令人难以接受的后果。这确实是困扰着许多AI专家和其他人的未来景象。所以我们需要考虑，假如这种噩梦变成了现实，我们该怎么办。

公共政策能做些什么来防止出现这种情况并/或朝着更加平等的方向调整分配方式？我们是否应该（且能够）依靠现有的收入再分配体系进行适当改革和改进？有没有可以采取的根本性新措施？如果有，我们应该积极采用吗？在下文中，我将特别关注引入全民基本收入（UBI）的想法。

但在考虑废弃当前的税收和再分配体系之前，我们需要回到基本原则上来。暂时将机器人和AI搁置一旁，什么样的收入分配模式是"好的"，或者至少是可以接受的？当前的收入再分配体系能在多大程度上实现这些目标？只有当我们将任何假定的新体系与现有体系进行比较时，针对AI经济的潜在政策措施才具有说服力。清晰地了解这些问题对我们非常重要，因为社会是个复杂的有机体，若采取重大干预措施去改变其风俗、习惯和体系，可能会造成意想不到的严重后果。

理想的分配方式

自古希腊以来，哲学家和政治经济学家一直就理想的收入分配这一主题进行仔细思考、热情谈论。说我们对此始终一无所知是不友好的。但可以肯定的是，该问题尚无定论。

马克思构建了关于共产主义下的平等主义未来的惊人愿景，只有在经历了资本主义下的不平等、不公正的痛苦时期后，这种前景才会肆意绽放。他的辛辣分析和鲜明结论源于"剩余价值"和"剥削"的概念。遗憾的是，虽然这些概念看上去很强大，但在实践中，它们在你的手中显得脆弱而易碎。[3]

想要识别出最公平的收入分配方式或许不够明智，甚至不可能做到。我们应该坚持找出**不公平**分配的极恶劣例子，并对其采取一些措施。在孟买街头或拉丁美洲的贫民窟里，当看到巨大的财富和舒适与极度的贫困和匮乏并排而立时，我们就知道有些地方出问题了。但也存在不那么极端的对比现象：超级富豪的豪华游艇悠闲地漂浮着，而成千上万的普通人埋头苦干、做着令人疲惫不堪的工作，只是为了保住他们的小房子。

这些强烈的对比或许会让我们感到不舒服，即使超级富豪的巨大财富是靠自己赚来的，但当超级富豪通过继承获得财富，而穷人因为没有遗产可继承而贫困时，我们就会遇到更多的挑战。

这些关于收入和财富的比较不仅涉及正义与道德问题，甚至牵扯到贪婪和嫉妒。它们也与某种效率有关。经济学家持有收入的"边际效用递减"（Diminishing Marginal Utility）概念。简而言之，这意味着随着你变得更加富有，每一点额外的收入给你带来的收益会越来越少。无疑这符合我们自己的经验。最初的额外收入能让你买到足够的食物来抵挡饥饿，而当你富裕起来后，相同的额外收入也许是能让你外出就餐而非自己准备食物，相比之下，前者的价值要远远大于后者。

若基于这种认识，就不难得出这样的结论——额外的1英镑/美元，给超级富豪产生的价值远远低于给生活在温饱线上的人。而且从这一点来看，这种说法就根本不算夸张——从富人那里拿走1英镑/美元对其造成的损失远远小于穷人得到这1英镑/美元的收益。

按照这一逻辑，如果你试图实现著名哲学家杰里米·边沁（Jeremy Bentham）提出的目标——追求"最多数人的最大幸福"，那么你会力争实现完全的收入均等，或者与此非常接近的目标。

不过，这一观点非常粗糙，而且它导致了非常粗略的结论。在实践中，我们永远无法知道一笔钱或开支对两个不同的人的相对价值是多少。因此，这种实现目标的做法建立在错误的基础之上——仅仅把每个人的"效用"加起来，以达到整个社会的总体效用的目标。此外，社会不只是由最大化其"效用"的原子化/孤立个体（甚至家庭）组成的集合。任何设法提升人类幸福的人都必须认识到社会的复杂性，以及个体与机构之间的复杂动机和相互作用。

相冲突的原则

在实践中，即使是"哲学王"，在寻求收入分配均衡时，也必须考虑几个相反的原则，更不用说现代从政人士了。人们的才华、倾向和努力程度都是不同的。因此，结果完全相同是不公平的事情。这也会让那些原本可以跻身收入最高人群中的大多数人对此愤愤不平。

另外，人们会对激励机制做出反应。大力改善一个人生活的能力是对努力的激励。因此，一个对所有人实行平等结果的社会，将比一个人们可以让自己致富的社会更贫穷。而且人们也会在某种程度上受到相对地位的激励。领先的人有动力保持领先，落后的人有动力奋起直追。所以再次证明，均等的社会将变得更贫穷。

再有，人们有一种根深蒂固的本能——将自己的所得传给孩子。阻止他们这样做会导致不快乐，也可能削弱动力。

更为根本性的问题是，有时候，不同的人生结局就是运气好坏的结果，比如中了彩票或遭遇车祸。良好的社会或许希望防止人们受后者之苦，但排除或限制前者可能会降低人们的生活水平。

事实上，如果试图"纠正"收入分配，那么就得有人为之负责。这个"某人"就是政府。于是，再分配过程就会受到一切变幻莫测的政治风云的影响，最终，其结果远远达不到"哲学王"的设想。

此外，这一过程可能会强化政府对抗个人及公民社会其他机构的权力。如果政府掌握在"哲学王"的手里，那么或许无关紧要；但如果是有血有肉的政治领导者掌权，那么必定会出问题。因此，要想确保自由受到保护且能抵制过于强大的统治者，最好的办法或许是让社会中存在一些独立富有的人，从而能够抵御政府权力的哄诱（请注意，这并不能保证万无一失。对当今的一些国家来说，虽然其社会上有不计其数的亿万富翁，但实际上仍然是专制国家）。

这套原则是现代社会不愿强制实现完全均等结果的基础。在考虑AI革命对收入分配的影响，以及为改变这种分配而可能采取任何政策措施时，我们必须将其牢记在心。即便如此，还有两个长期存在的关键论点指向相反的方向，它们的力量源自AI革命。现在它们值得人们关注。此外，还有另外两个论点最近开始变得突出，特别是与机器人和AI有关的，我将稍后讨论。

第一，也是最基本的一点，我们可以认为，一个人的能力实际上根本就不是"他们自己的"。人与人之间才华、倾向和努力程度的差异真的应归结于个体自身吗？难道真正的原因（至少部分因素）不是遗传（继承）的结果吗？在当下世界（更不用说在未来世界，美丽的价值可能比现在更高），当一个美丽的人成为真人秀电视节目巨星，从而赚到巨额收入时，他们的"才华"真的是他们自己的而不是遗传产物，因而受制于所有通常对继承性财富的异议吗？对于那些拥有聪明才智甚至较强职业伦理的人，这不也是真的吗？因此，你可以很容易地认为，那些基于"天赋"而获得巨额收入的人其实并不"配得上"这些收入。

第二，令人惊讶的是，在发展水平非常不同的国家中，从事相同工作的人的收入也相差很多。乌干达的恩德培市的公交车司机赚的钱要比柏林的少得多，尽管他们做着同样的工作。同样的情况也适用于医生，事实上，几乎所有的职业都是如此。换言之，个体的所得不只是他们自身努力和技能的产物，实质上也是他们所生活的社会的结果。因此，对于那些生活在富裕而成功的国家中的人，更普遍、恰当地来说，这些回报中的很大一部分应该"属于"社会。

现代折中

那么，如何调和这些相互冲突的原则呢？唯一的答案是某种形式的折中。或者，不那么友善地提法是：模糊处理、敷衍了事。自古以来，这一直是人类社会的反应，远远早于机器人和AI的出现及普及甚至还在做白日梦的时候。

纵观历史，人们偶尔也会采取一些临时的专门措施来提高穷人的地位，但与现代国家推行的再分配政策的规模和普遍性相比，那实在算不上什么。可以说，这种变化始于19世纪晚期德意志帝国总理俾斯麦（Bismarck）实施的一些措施，即建立政府资助的养老金、失业及疾病补助制度。

在第二次世界大战后的几年中，政府开始在福利国家的发展中充分发挥作用。这在欧洲国家中是最先进的，但它的一些相关元素在北美、亚洲和世界其他所有地方也有所体现。本质上，福利国家旨在成为一种折中的解决方案，以应对前文讨论的竞争性观点——对收入分配完全放任自由、追求均等结果。它由以下几部分组成：

• 免费或以高补贴率提供某些公共服务。因为穷人在这些服务上的花费占其开支的比例较高，所以，以低于市场的价格提供这些服务可使收入分配向有利于穷人的方向倾斜。这些服务通常包括教育、保健，某些情况下还涉及公共交通。通常，这些支出不包括在穷人支出中占很大比重的另外三种关键支出，即食物、衣服和取暖（以及其他公用事业项目）。由于政府提供或补贴的服务的资金来源是一般性税收，只要税收体系能对社会中较富裕的人产生重大影响，那么这就能加强针对税后可支配收入的再分配效应。

• 为低收入者提供补贴性住房。

• 提供失业与疾病保险。正如最初设想的那样，这些福利确实被认为是一种保险形式，政府通过税收形式收取保险费，然后在需要

时分配福利。但实际上，因为政府没有单独设立基金，无论是否做
出了贡献，福利在某种程度上都是可以获得的，所以保险因素已被
淡化了。

- 为收入低于特定水平的人提供临时的特别福利。通常情况下，在
家庭收入低于特定水平时分配这些福利，当其收入高于该水平时将不再
支付。

- 政府出资为低薪工作者补充收入。

- 若符合特定标准则分配某些福利，受益人无须接受经济状况调查。
比如养老金、养老金领取者的免费旅行、75岁以上人群的零成本电视许
可证、为支付冬季增加的取暖费用而向养老金领取者发放的津贴、儿童
福利、有障碍者福利。

- 拥有包括免税津贴和/或对低收入实行低税率的税收体系。在大多
数国家，边际税率和平均税率都会随着收入的增加而增加（请注意，近
年存在向更低税收发展的趋势。在中国香港和俄罗斯等地区和国家运转
的税收体系中，无论收入有多高，税率都不会高于标准税率）。

- 对投资收益征税，即使是为积累资本而储蓄的收益本身也要缴税。

- 对继承的遗产征税，即使当初赚取这些遗产时已经缴过税。

- 在某些国家，对财富征税。

- 借助税收减免政策鼓励已注册的慈善组织进行慈善捐赠。

这个体系是混乱的。即使没有AI革命即将释放的任何压力，对其进
行改革的时机也肯定已经成熟。它有几个主要缺点：首先，它很复杂，
让人难以理解，而且管理成本昂贵。其次，在大多数国家，个人对自己
积累的、政府提供的养老金权利和其他福利权益没有所有权感，也不能
灵活使用资金（新加坡是个例外）。

发生的很多事情都涉及这样的行为——对于同一个人，政府用一只手从其身上拿钱，然后用另一只手再还给他/她。因为这种资金周转的管理成本高昂，并且边际税率必须更高才能为支出提供资金，所以会造成巨大的浪费。

让人存疑的是，政府是否应该从事提供保险的业务。即使需要一些担保和补充资金，我们也可以认为，保险事务最好由私营领域提供（不过应当承认，健康保险方面存在逆向选择的问题。也就是说，健康保险公司不愿意为那些最有可能需要医疗护理的人提供保险。这需要政府以这样、那样的方式进行干预）。

再者，政府过去在健康和教育领域提供的服务并不很令人满意。评论者会说，在质量、消费者选择和效率方面，他们有取得糟糕结果的趋势。

福利体系表现出对工作动机的强烈抑制，因为随着收入的增加，福利会被取消。在某些情况下，人们会面临100%甚至更高的边际税率（和福利被取消的危险）。与此同时，税收体系漏洞百出。通常情况下，尽管它能够从中等收入中抽取相当大的一部分作为税收，但大笔财富的所有者可以从国际流动性中获益，并能够提供最好的税收建议，因此他们逃脱的难度要小得多。

确实，在很多国家，该体系充斥着各种漏洞和反常现象——富人和超级富豪缴纳所得税的比例低于立法者的预期，有时甚至"低于他们的清洁工的纳税额"。同时，大型跨国企业设法缴纳很少的公司税，而驻扎在国内的小企业则毫无选择，只能全额缴纳。

也许最重要的是，福利国家的总成本巨大，并且随着人口老龄化而变得更大。因此，显然需要为该体系提供资金的高边际税率的抑制效应将变得更大。

该体系一直以*混乱无序*的方式成长，这多亏了各个因素的相互作用、相互影响——希望保持分担原则（Contributory Principle），只有当人们需要的时候才提供帮助；为某些"应得群体"（如双亲、养老金领取者或长期患病者）提供福利，从而限制成本和不利于激励的负面影响。它迫切需要变革。

机器人和AI登场

但是AI革命对该问题会产生什么样的潜在影响呢？第一点是肯定的，无论对当前的收入分配有多不满意，在缺失再分配政策的情况下，我们对分配状况会更加不满意。如果悲观主义者是对的，它很可能会变得更加不平等，因为AI和机器人将在经济中施加更大的影响。此外，除了扭曲收入分配，AI革命还可能降低社会流动性，从而存在一种将不平等的收入分配推向下几代人的趋势。

再有，这种不平等的分配具有两个显著不受欢迎的副作用。因为消费能力集中在那些最不愿意花钱的人手中，这可能会抑制总需求（如第3章中分析的），从而对效果不够完美的需求管理政策施加额外的压力。此外，它可能会破坏民主（如第7章中分析的）。

如果这些结果中的任何一个发生了，并且我们希望抵制这种结果，那么我们需要做的是，要么加强现行旨在重新分配收入的一系列政策，要么制定一些新政策。

修补现行体系

如果我们决定为了再分配收入而修补现行体系，那么我们能做些什么？接下去，我将概述原则上我们可以做的事情。这将为一项激进得多的措施（即引入全民基本收入）提供一些背景和平衡建议，该措施我稍后讨论。不过我不想有所暗示——我在这里讨论的改革现行体系的措施在政治上很容易实施或一定可取。尽管如此，它们是可行的，至少原则上可行。

首先，政府无疑可以使再分配收入政策变得更有效率。它可以提高公共服务的效率，从而用同样的钱实现更好的结果，这可以让不太富裕的人大大受益。在这里，教育尤其重要，因为它会极大影响原生家庭没有很多钱的人的赚钱能力和生活机会。因此，它可能对社会流动性产生重大影响（我在第8章中讨论过一些政府可利用教育政策来影响收入分配的方式）。

全球很多国家/地区的政府支出和税收占GDP的比重较低，包括美国、日本、瑞士及许多其他地方，将这些国家/地区的支出和税收比率提高到当前该比率较高的欧洲国家的水平是有可能的，后者包括法国、斯堪的纳维亚半岛国家，额外的支出用于增加穷人的福利，资金来源为对富人征收大量的税。

有几位作者一直认为，即便没有AI革命，政府也有充分理由建立一个更慷慨的社会福利体系。2011年，荷兰卫生部委托相关机构开展了一项研究——探讨救助无家可归者的成本与收益之间的对比，救助措施包括免费住宿、援助计划、免费海洛因和预防服务。该研究得出结论，投资露宿街头者可获得最高的投资收益。在荷兰，对于投入对抗、防止发生无家可归情况的行动中的每一欧元，都能在节省社会服务、警务、诉讼费用方面得到两到三倍的回报。[4]

减少不平等的另一种方法是，政府中止提供某些普惠福利，比如中止给予超过一定门槛的人的儿童保育和养老金，然后把这笔钱分配给"应当得到帮助的人"。还可以增加对超级富豪的征税额度。当然，所有国家都可以提高标准税率。其实这可能不是明智的做法。一个税率较低、免税额较低、没有漏洞的体系或许会带来更多的收入。采取打击个人和企业逃税行为的行动是可行的，但要想行之有效，就需要国际上的协调合作。

想要征收或已经征收财富税的国家都可以这样做。但是，为了防止资本外逃削弱这种举措，各国必须开展国际合作。就目前情况而言，在征收财富税的问题上似乎缺乏达成国际协议的机会。

竞争与改革

对待不平等问题的另一种完全不同的方法是从根源上或者至少在部分根源上解决它。无论如何，在美国，最近不平等加剧的主要原因并不是资本收益的增加（就像托马斯·皮凯蒂的论述和第6章中讨论的那样），而是高收入和低收入员工之间差距的扩大。此外，这种不平等加剧的很大一部分原因，是CEO和其他企业高管薪酬的大幅上涨，以及金融服务业从业人员的相对薪酬的大幅上涨造成的。[5]

这些不平等的加剧与AI没有任何直接关联。尽管如此，如果社会希望做点什么来减少不平等，至少在美国和英国，首先要加强企业治理程序，以降低企业高层的薪酬，外加缩减经济中金融领域的规模。此外，政府可以推出实施反垄断措施计划，尤其在数字领域——在该领域，几家企业从其准垄断地位中获利颇丰。这最后一点建议反映了20世纪初美国在"反托拉斯"（反垄断）计划下所发生的事情。

当然，上述建议没一个是容易实现的，尤其在政治上。对AI领域的许多观察者来说，乍一看，它们似乎与因机器人和AI的普及而即将发生的事情的规模和重要性都不匹配。因此，人们支持以真正激进的方法进行收入再分配的热情迅速高涨。这看上去比较容易，适合解决手头问题，在政治上也可行，即引入某种形式的基本收入/普遍收入。在没有机器人和AI的影响下，人们可能对这个想法存在共鸣。但是，正如在随后的详细讨论中应该明确的那样，这似乎与经受机器人和AI冲击的世界有特别关联。

全民基本收入

最低所得保障（GMI）的概念通常被称为全民基本收入（UBI），我会在这里使用该术语，它有很多变体。[6] 在最纯粹的UBI形式下，无论环境、财务状况或其他方面如何，只要是所讨论问题中的那个国家的公民，或者是在那里居住了很多年的人，每人（或每户）都会定期得到单一、固定水平的收入，不需要满足任何条件。

最后这个资格限制引发了一个棘手问题。若将新移民排除在UBI之外，则当他们陷入困境时，政府就必须有某种辅助福利体系来应对他们的需求。如果**不**排除，能够使其享有UBI，那么本地纳税人可能会相当有怨气。此外，假使一个国家给予移民UBI，而另一个国家不给，或这个国家提供的UBI相比邻国的显得特别慷慨，那就可能会吸引来大量移民。

在某些变体中，UBI从人出生时就开始支付，另外一些则从人成年开始支付。在一些变体中，UBI会随着年龄的增长而上升，并根据个人情况而设定为不同水平——例如孩子的数量，甚至该人在该国生活的地区。在一些不纯粹的变体中，它取决于接受者的收入降低到一定水平；而在另一些特定的变体中，则要求接受者处于正在找工作的状态。

在一些变体中，福利的数量与价格或工资挂钩。在某些情况下，甚至随着人均GDP的增加而自动上升。还有一些变体的UBI对支付有所限制，比如，每人只在若干年中获得。通常来说，UBI不应该被抵押或征税。不过，如果其为应税项，只要采用的是累进税制，那么这将是一种从富裕人群中收回福利的方式。

在该想法的最纯粹版本中，UBI被设想为替代所有其他形式的福利；而在另一些版本中，UBI被设想为对任何或所有其他形式的补充而非替代。在有一种变体中，福利体系与所得税体系合并在一起。对于这种变体，当收入低于一定的水平时，税率变为负值，人们就可以从税务机关得到钱（这被称为负所得税）。

甚至有人提议，政府应该提供"基本最低传承金"。有人建议，对所有年满25岁的年轻人来说，该金额应设定为总计1万英镑。[7]这是UBI想法的变体，兼具其优缺点。该提议并非专门针对AI革命而提出的，成功还是失败与AI革命无关。这一建议源于人们对社会中不平等现象的日益关注。但是，对AI革命带来的分配后果以及对此能采取的措施的特别关注，意味着由政府提供一大笔资金的建议似乎与AI经济尤其相关。

但实际上，该提议完全是一种计谋和借口。为了筹集救济金，有人建议对企业征税、增加新的税项、出售国有资产并将收益注入该项基金。但是对于这一核心思想——由公共资金支出，为公民提供无须接受经济状况调查的福利，这些具体做法没有为其添加任何新内容。关于人们为这种赠予行为提供支付而提出的筹钱建立"基金"的各种方法，我们没有太多可说的。我们最好还是保持诚实，清楚地了解现实状况，只将从普通税收中获得的资金用于支付该福利。

再者，如果一次性支付和UBI建议可选，相对每周、每月或每季度得到固定收入，一次性支付在状况改善方面也不是很明显。一次性支付的一个可能优势是，它更符合资本数额的积累和保存。应当承认，如果接受者将收到的所有固定收入存起来，那么同样可以积攒这么一笔钱。但大多数人对自我做足够的约束比较困难。同样，一些接受者往往会一次性挥霍掉一笔钱，使生活难以为继。而固定收入本可以提供持续的支持。

接下来，我将把一次性支付的想法搁置一边，来分析固定收入的支付。

基本工作

不过，在讨论主要问题之前，我们需要考虑另外两个变体，即基本工作保障（Basic Jobs Guarantee，简称BJG）的想法和"全民基本服务"（Universal Basic Services，简称UBS）的提供。在美国，参议员伯尼·桑德斯（Bernie Sanders）、伊丽莎白·沃伦（Elizabeth Warren）、科里·布克（Cory Booker）、柯尔斯滕·吉利布兰德（Kirsten Gillibrand）都一直在迫切要求试行BJG。

该想法旨在阻止人们对UBI的一种批评，但它立即削弱了UBI的一个关键吸引力。显然,这个提议回应了UBI会减少劳动力供给并破坏职业伦理(我将稍后讨论)的批评。但为了应对这个异议,这个想法重申了工作与收入之间的关联。因此,它缺乏UBI的一个吸引力——允许一些人无须从事有偿工作就能拥有足够维持生活的收入,这些人包括想要成为诗人、写作者、画者、作曲者的人。

美国前财政部长劳伦斯·萨默斯假设过这样的案例——每小时15美元的保障性工作能鼓励额外的400万人加入劳动力群体,并吸引现有的1,000万从业人员(对其中1/4的人来说,每小时15美元就代表着加薪)。他估计,每位工作者的成本将为6万美元,这会使政府的总年度开支增加8,400亿美元,约为当前总量的20%。[8]这必定会让政府负担不起,而且效率极其低下。因此我们应该假设,这个BJG建议不会被采纳。

全民基本服务

另一个想法是提供一整套全民基本服务,涉及免费的住房、食物、交通、通信。这个主意对许多左翼政治人物一直具有吸引力,包括英国工党的影子财政大臣约翰·麦克唐纳(John McDonnell)。

UBS这一想法的支持者认为,这仅仅是现有体系的延伸,该体系提供免费的健康和教育服务。他们在这一点上的想法是对的,但其中存在着潜在的危险,因为在英国,政府提供这些服务遭到了普遍的不满。此外,提供更多的其他免费东西(如食物、住房、交通)会造成极大的浪费和低效。当然,这也会使政府的触角进一步延伸到社会中。再有,它会削弱UBI想法的两个关键吸引力,一个是它的简明性,另一个是它让个人自由选择如何使用政府提供的金钱的方式。

所以说，UBS想法或许不会获得更广泛的关注。因此，现在对我们有意义的是，把它放在一边，而将注意力集中在更为主流的UBI想法上。后者似乎更有可能成功。实际上，在某种意义上，它已经开始奏效。

出色的支持

UBI的基本原则最近得到了广泛支持，支持者包括脸书CEO马克·扎克伯格和特斯拉CEO埃隆·马斯克。在2017年迪拜世界政府首脑峰会（World Government Summit）上，当提及即将到来的交通运输业转型时，埃隆·马斯克说道："对于12%—15%的劳动力处于失业状态之类的事情，20年是很短的一段时期。"关于UBI他谈道："我认为我们将别无选择。我想这会是必要的措施。"[9]

这种支持或许看上去令人惊讶。免费提供金钱听起来很激进，甚至到了颠覆资本主义经济的地步。毕竟，资本主义建立在激励理念的基础之上。回报应该与努力程度和风险承担相关联。回报的反面是出现失败时的惩罚。所以，仅仅因为是一国公民就能得到固定收入的情况，似乎完全违背了我们称之为资本主义制度的精神。但这些杰出的企业家和富有远见卓识的人认为，UBI最终还是支持了资本主义制度。不管怎样，正如埃隆·马斯克所说，他们认为没有太多选择。

其实，UBI的基本思想在很久以前就拥有一些卓越的支持者。托马斯·莫尔（Thomas More）爵士是都铎王朝（Tudor）的伟大学者、政治家、圣人，他设想了类似UBI的一些东西来维持他所理想化的世界——乌托邦——中居民的生活。同样，托马斯·潘恩（Thomas Paine）在其1797

年出版的小册子《土地公平论》(*Agrarian Justice*)中指出，每个人在成年后都应该获得一笔一次性补偿金，以弥补有些人出生在富裕家庭而另一些人的原生家庭一无所有的不公平状况。

20世纪伟大的英国哲学家伯特兰·罗素(Bertrand Russell)支持实行UBI。他认为："在经济上使赋闲无事成为可能的一个巨大优势是，它会提供强大动力，让工作不令人厌恶，如果任何社会的大多数工作都不令人讨厌，那么可以说这找到了解决经济问题的办法。"他在其他地方还写道："工作的道德是奴隶的道德，现代社会已不再需要奴隶。"[10]

在经济学家中，这一概念的一些版本的支持者包括约翰·斯图尔特·密尔(John Stuart Mill)、约翰·肯尼思·加尔布雷思、詹姆斯·托宾(James Tobin)、保罗·萨缪尔森(Paul Samuelson)。

因此，了解这些信息可能会让你感到惊讶——在经济学家中，一些对资本主义最热衷的拥护者也支持UBI想法。例如，一直倡导这一点的不是别人，正是经济学家弗里德里希·冯·哈耶克(Friedrich von Hayek)，他是《通往奴役之路》(*The Road to Serfdom*)一书的作者、凯恩斯和凯恩斯主义的反对者，还有货币主义的领袖人物米尔顿·弗里德曼，他是《自由选择》(*Free to Choose*)和《资本主义与自由》(*Capitalism and Freedom*)的作者、市场经济的强烈倡导者(弗里德曼主张采用UBI想法的变体之一——负所得税)。

政界人士中也存在一些意外。20世纪80年代末，理查德·尼克松(Richard Nixon)提出了一项基本收入法案，被称为"我们国家历史上最重要的社会立法"。尽管美国众议院通过了该法案，但在参议院遭到了否决。

那么，诸如哈耶克和弗里德曼这样的经济学家怎么会支持UBI呢？

他们的观点是，在文明社会中，为最弱势和最不幸的人提供财政支持是正常且必然（也是可取的）的事情。正如我们前文讨论的，这通常借助复杂的福利网络来实现养老金、有障碍者福利、失业福利、住房福利、疾病福利、收入支持、儿童福利等很多内容。

其中一些在满足简单的标准时可提供给人们，比如达到领取养老金的规定年龄。因此，无论需求如何，这些福利都会分配。不过大多数还是依照一些假定的财政需求标准来分配的。所以，失业福利提供给失业者，收入下降到指定的最低收入水平的人会获得收入支持。

这样做似乎可以大大减少有限的公共资金的浪费，因为它的目标是为那些显然最需要帮助的人提供福利。但它也抑制了工作积极性。如果你为处于失业中的人提供金钱，那么就是在有效地激励失业。这种行为会减少潜在的劳动力供给并因而减少产出，不仅违背社会利益，还可能不利于接受者的长期利益。因为随着工作的到来，人们有机会从事更有意义的工作，更不用说对自尊和归属感的好处了。另外，这个体系的成本非常昂贵，并且效率低下、浪费严重。

所以，对于我先前描述的无数不同福利构成的复杂丛林，资本主义的伟大拥护者已将UBI视为穿越其间的有效方法。这些福利的管理成本高昂，难以为潜在接受者理解，但不会减少他们通过工作来大大改善自身生活的动力。一些右翼的支持者还认为，UBI能使政府降低最低工资，从而提高就业水平。

同时，引人注目的是，出于完全不同的原因，UBI这一想法对很多参与绿色运动（Green Movement）的人也具有吸引力。他们认为UBI有可能使人们摆脱主张消费主义、投身痴迷于增长的激烈竞争的生活方式，因而有助于减轻对环境的压力。

虽然UBI这一想法早在机器人和AI问世之前就有其吸引力（众多的过去支持者可资证明），尽管其在不涉及机器人和AI的情况下可能成功也可能失败，但是，对机器人和AI影响的关注已经相当合理地增加了人们对UBI的兴趣。

原因非常简单。关于向所有公民提供"社会分红"（Social Dividend）的一些争论始终存在，而收入分配中的潜在变化使其更加激烈。

这不仅仅是因为机器人和AI应用的普及可能会破坏工作或侵蚀实际工资，从而可能使收入分配更加不平等。它们还可能创造出一个世界，在这个世界中，高收入越来越多地来源于对土地、稀缺资源和知识财产的所有权，也就是说，这些收入可能由不"应得"这些收入的人获得。

那么，反对UBI想法的立场是什么呢？现在是时候讨论一些实质性争论了，首先谈谈对工作激励的可能影响。

UBI 与劳动力供给

让我们假设UBI已被引入，取代了各种各样需做经济状况调查的福利，那么劳动力供给会发生什么变化？一些经济学家甚至某些伟大的经济学家一直认为，这会*增强*人们的工作欲望。这是因为，受这种变化影响的人现在可以在不损失福利的情况下从工作中赚钱。但另外一些经济学家则认为UBI会降低人们的工作欲望。他们提出，对有些人（可能很多人）来说，一旦达到了一定的收入水平，他们就不愿意为了获得更多而付出额外的努力（这与第4章中关于人类对更多休闲的潜在渴望的讨论相一致）。

因此，UBI方法的引入也可以说服人们提供更多或更少的劳动力。在实践中情况如何发展将部分取决于UBI的额度。少量的UBI或许不会说服人们减少劳动力供给，当然也不会说服人们完全放弃工作，因为**根据假定**（ex hypothesi），它不足以维持生活。

如果UBI是人们唯一的收入来源，而且其数额足够大，大到人们有理由依靠它生活，那么就极有可能说服人们减少自己的劳动力供给。UBI设置得越高，这种效应就越大，有些人会决定完全放弃工作。随着UBI被不断推高，这种效应将加剧，原因是，更多的人将只依赖UBI生活，这样做在社会上更容易被接受，因而更多的人受到鼓励去这样做。此外，正如我们稍后要看到的，政府需要为足以维持生活的UBI提供资金，这意味着税率将大幅提高，很可能会减少人们向更高收入层级攀升的动力。

传统异议

有关UBI之类的福利制度的争论已经持续了很多年。1944年，经济学家卡尔·波拉尼（Karl Polanyi）出版了《大转型》（*The Great Tansformation*）一书，除了其他内容，该书抨击了最早的福利制度之一——斯宾汉姆兰体系（Speenhamland system），因其在英国伯克郡（Berkshire）的斯宾汉姆兰实行，因而得名。根据波拉尼的说法，该体系"引入了与'生存权'不相上下的社会、经济创新，直到1834年被废除，它实际上阻止了竞争性劳动力市场的建立"。他总结道："该体系导致了'大众的贫穷化'。"他声称："他们'几乎失去了作为人的样子'。"他认为，被推行的基本收入不是作为地板的下限，而是成了天花板的上限。[11]

毫不奇怪，我们的老朋友马尔萨斯教士在波拉尼之前100多年所写的内容也对其持否定态度。他认为，斯宾汉姆兰体系鼓励人们尽可能多地生育（那个马尔萨斯教士似乎对生育问题挺在行）。伟大的经济学家大卫·李嘉图也认为，基本收入会导致工作减少、粮食产量下降。就连卡尔·马克思也在1867年出版的《资本论》中指责了斯宾汉姆兰体系。他论述道，通过让地方政府承担责任，贫穷救济成了雇主用于保持低工资的一种策略。斯宾汉姆兰体系的另一些坚决反对者包括杰里米·边沁、亚历西斯·德·托克维尔（Alexis de Tocqueville）等著名思想家。

然而，根据当代激进的荷兰历史学家鲁特格尔·布雷格曼的说法，所有这些思想家在责备斯宾汉姆兰体系的时候并未检视过相关数据。他说，造成该体系下人们受苦受难的原因，是英国于1821年恢复了黄金兑换，而且能节省劳力的机械发展了起来。[12]他说道："无论是资本主义还是共产主义，它全都归结为对两种类型贫穷的毫无意义的区分，以及一种很大的谬见，我们大约在40年前就几乎设法消除了这种谬见——不贫困的生活是你必须为之努力的特权，而不是我们所有人都应享有的权利。"[13]

UBI 的附带益处

虽然在经济学家争论UBI对工作激励的影响的过程中，两个方向都存在可接受的案例，但这一想法的捍卫者已经能够用一些不同的、有时甚至离奇的论点加以反驳。

在漫长而辉煌的职业生涯中，约翰·肯尼思·加尔布雷思从反对UBI转向支持UBI。他并没有因其可能会减少劳动力供给而退却。他以典型的加尔布雷思风格写道："除了富人，让我们也接受穷人对休闲的一些诉求吧。"[14]

UBI 的一些主张者认为，UBI 的益处之一是能提高低收入家庭中成员的结婚率，同时也使双亲中的一方留在家里照顾幼儿的方式更为可行。一些支持者还认为，UBI 让年轻人更容易为自身的培训和教育投资，或者接受低薪实习和学徒训练。同样，他们表示，UBI 使得雇主更容易为雇员提供这些机会，因为雇员依靠政府提供基本收入来生活，不需要花雇主很多钱。

一些分析人士认为，如果 UBI 能起到抑制努力和降低 GDP 的作用，那将不是一件坏事。可以说，在现代西方社会，人们受到竞争的驱使，付出了超出自身利益的努力。因此，抑制竞争本能和抑制工作的东西是受欢迎的。如果你认为无论是通过资源枯竭、污染还是通过气候变化，人类的经济努力强度正在破坏地球，那这一论点就更有说服力了。[15]

这种方法的变体之一认为，我们社会中高收入的很大一部分对应于经济学家所称的"租金"，也就是说，市场上提供某种设定价格的东西，因其处于供给匮乏的状态。但是，即使没人支付这样的价格，它依然会存在（土地就是经典案例）。

阿代尔·特纳（Adair Turner）勋爵认为，在未来的经济中，除了"租金"的比例不断增大，越来越多的经济活动将是零和博弈，就其意义而言，它不会为所有人享有的总产出或收入增添任何东西。[16]许多金融市场活动或许会落入这一类别（正如我在 2009 年出版的《市场的麻烦》一书最后一章中指出的，我把这类活动称为"分配性"活动，与之相对的是能够扩大整体规模的"创造性"活动）。[17]

如果特纳勋爵是对的，那这就是为如下观点提供了论据——若引入 UBI 导致劳动力供给减少、GDP 下降，我们不必为之过于担心。所测算的 GDP 的大幅下降是虚假的，它与人类的整体福祉毫无关联（请注意，对于如何确保UBI只减少GDP的"分配性"或零和博弈部分而非"创造性"部分的问题，尚有待观察）。

另一个貌似有理的论点是，即使因为UBI确实会抑制工作积极性并因而降低GDP，并且这种GDP下降的重要性不会因特纳勋爵的论点而被削弱，它也是可以被容忍的。如果你相信第四次工业革命的力量，那么，作为一个社会，我们将变得更加富有，而工作需求会减少。这应该意味着，对税收和再分配的抑制效应的重视程度应会小于以往。同样，有关社会公正的事业应该占更大的比例。简而言之，你可以说，在新世界中，我们将有能力对公平投入更多的关注。当AI和机器人承担所有工作、人类完全享受休闲生活时，这一点将达到极致。那么，工作激励的意义是什么呢？当然，我们还没有到那一步，而且如果本书的中心论点是对的，我们永远不会到那一步。

离奇的批评

如果说针对UBI有一些激进甚至离奇的论点，那么也存在一些离奇的批评。一些评论者担心它会加剧通胀。正如AI梦想家卡耐姆·切斯所说的："在其他条件相同的情况下，向经济体大量注入资金容易抬高价格，导致突发性通货膨胀，甚至可能是恶性通胀。"[18]

这真的是太离谱了。基于上述所有原因，引入UBI很可能会改变劳动力供给及失业与通胀之间的关系。但是，政策制定者（包括设定利率的央行银行家）可以考虑这些影响。没有充分的理由因为UBI会引发通货膨胀就反对它。

另一个批评是，假如UBI取代了所有福利，会降低经济体系应对外部冲击的稳定性。因为在现行体系下，很多（尽管绝非全部）福利支出的总体价值跟随经济周期波动，在经济下滑时上升，在经济回升时下降。因此，福利支付充当了"自动稳定器"的角色。如果所有的福利都被UBI取代，那么这一特性就会丧失。

这没错，但它并非真正强有力的论点。这仅仅意味着，在经济低迷时，货币当局将不得不用酌情决定的稳定政策来代替自动稳定器。在目前体系下，如果政府认为自动稳定器自身的作用不够，那么这种情况无论如何都会经常发生。这些附加的稳定政策可采取各种各样的形式，有一种可能性是暂时提高UBI的价值，直到经济低迷状况结束（诚然，虽然相比自动稳定器，酌情决定的稳定政策可能会存在额外时滞）。不管怎样，这种自动稳定器的丧失不太可能构成严重的反对观点。

UBI 测试

UBI不仅仅是理论上的建议，人们已经在实践中尝试过对其进行过很多次测试。20世纪70年代，加拿大的小镇多芬试行了UBI。UBI的支持者声称结果非常好：遭受严重精神健康问题折磨的人减少了，辍学的青少年人数降低了，最令人惊讶的是，几乎没有人放弃工作。

加拿大的安大略省曾尝试了一个UBI计划，但在2018年的夏季放弃了。安大略省负责社会服务的部长丽莎·麦克劳德（Liza Macleod）表示，该计划"相当昂贵"。

2017年1月，芬兰启动了一个UBI实验，随机挑选了2,000名失业者，但这个实验在2018年4月就被放弃了。经合组织的一项研究得出结论，如果该政策覆盖到所有人口，芬兰将不得不将所得税提高近30%。

2018年6月，法国宣布开展一个UBI实验——为无子女单身人士每月提供最低600英镑的收入，将向约2万名失业者提供。申请人需接受经济状况调查，但无附加条件，比如强制性要求必须找工作。在撰写本书时，我们还不知道其结果。

UBI的坚定倡导者安妮·罗瑞（Annie Lowrey）引用了两个不太为人所知的案例。[19]2010年，伊朗政府削减了对石油、食物等商品的补贴，转而开始向公民发钱。调查其效应的经济学家总结道："除了与劳动力市场关联较弱的年轻人，没有任何证据表明现金转移支付减少了劳动力供给，服务行业的工作者似乎还增加了工作时间。"请注意，这并没真的构成经典意义上的UBI测试。

罗瑞引用的第二个案例更加令人印象深刻，但也存在矛盾。切罗基人（北美印第安人）的部落拥有两家利润丰厚的赌场，族人每年可分得4,000—6,000美元的利润，作为对这种支付的反应，他们的劳动力供给似乎只是略微有所减少。请注意，在明尼苏达州的沙科皮（Shakopee）苏人（Sioux，北美印第安人）身上则发现了相反的结果，据报道，2012年，该部落成员每月收到8.4万美元。一位沙科皮苏族官员告诉《纽约时报》，他们的失业率达99.2%，并补充道，任何有偿劳动都是完全自愿的。[20]

实际上，美国已经有一个长期存在的类似UBI的案例。自1982年以来，阿拉斯加州的居民一直从阿拉斯加永久基金（Alaska Permanent Fund）获得周年红利，该基金拥有该州的众多国家资源。2015年，63万具备资格的公民获得2,072美元，约占阿拉斯加州人均GDP的3%。但这一数额太小，预计不会对劳动力供给产生很大影响。

无论这些测试的意图如何，人们都远远无法根据其结果得出结论。

与经济和社会政策中的许多其他问题一样，其结果很大程度上取决于态度和社会规范，而这些东西的改变非常缓慢。我们至少需要一代人的时间来实施该政策——最好更久。此外，我们需要在整个国家范围内实施，而不只是在某些限制区域内。事实上，开展这种实验的可能性看上去非常之低。

尽管如此，UBI 想法确实具有相当大的公众吸引力，有时体现在一些非常令人惊讶的地方。2016 年，瑞士就针对引入相对较高水平的 UBI 的提案举行了全民公投。最后该提案被否决了，但有近 1/4 的选民支持它。

在意大利，新政府的联盟伙伴之一是五星运动（Five Star Movement），在它 2018 年竞选时的纲领中包含一个 UBI 变体。尽管存在预算限制，而且欧盟当局反对增加公共支出，但它仍然致力于推动实行某种形式的 UBI。

在英国，影子财政大臣约翰·麦克唐纳表示，他正在推动将 UBI 的引入纳入下届工党宣言中。因此，若工党能赢得下届大选，我们可能会见证迄今为止最大的 UBI 实验。

评估

除了 UBI 会减少受益者的劳动力供给这一尚不明确的论点之外（如上所述）。UBI 的真正反对者还基于四个截然不同的论点：

- 它会冒犯大多数人的公平感。
- 它会加剧社会排斥、扩大社会分歧。
- 它会给公共财政带来巨大成本，从而导致税收的提高。
- 因为存在所有这些困难，UBI 完全不会简化福利体系，反而会使其复杂化。

关于第一个问题，在实践中，除了微不足道的UBI水平，是否还有其他东西是社会所希望的或可持续的，确实值得怀疑。对大多数公民来说，逐渐减少工作时间、增加休闲时间是一回事。对某一阶层的人来说，当一大群人无所事事、以他们为食时，他们却继续苦干，那就是另一回事了。

如果UBI的接受者全是艺术家、僧侣或音乐家，即使他们正在学习编篮子、弹竖琴，这或许都可以接受。但是，假如他们大部分时间都在喝酒、吸毒或看色情作品，我想这就不能令"辛勤工作的家庭"信服了。

社会排斥

UBI的提倡者必须应对这样的事实——当今如此之多的激烈社会问题都与失业有关。要踏上公开设想相当多阶层的人不工作的道路，这似乎会招致很多严重问题。

毕竟，UBI的倡导者往往受到担忧的驱使，不仅是因为不同群体间的货币收入存在差距，而且还因为处于收入底层的人们会感到被排斥和孤立。而如果UBI的作用还允许、鼓励大量的人不工作，这必将会加剧根本性的社会分歧。

更重要的是，这种分歧可能会自我延续、永久存在。一旦有人选择不工作并依靠UBI生活，他们将很难再回到工作中去，他们会丧失技能、工作意向、职业伦理，雇主对他们也将不再那么有兴趣。另外，靠UBI资助而过着不工作生活的人的孩子可能会更倾向于过类似的生活，确实，他们将不太有能力过任何其他形式的日子。

成本

UBI水平的设置对其效果的好坏都至关重要。米尔顿·弗里德曼希望他所支持的负所得税"足够低，以给予人们实质性、持续性的激励，从而使他们通过自食其力摆脱该计划"。他认为，根据收入保障水平和为其提供资金所需的相应税率，该计划可能呈不同状态，处于非常可取与完全不负责之间。正如他看到的："这就是政治观点如此广泛的人们有可能支持一种或另一种形式的负所得税的原因。"[21]

顺便说一下，弗里德曼青睐的负所得税变体有一个明显不利的副作用——它鼓励处于收入分配底层的人谎报自己的收入，以获得享受负所得税的资格，即政府救济金。相比之下，如果采用明确的UBI，他们就没有这样的动机了。事实上，假如人们处于较低的收入水平，政府不会对他们赚多少钱感兴趣，因为他们无论如何都会得到UBI。

UBI的大多数支持者建议将其水平设定在等于或接近贫困线上。毫无疑问，这样做是为了最大限度地减少一些人的反对。这些人认为社会负担不起UBI，而且/或者认为UBI会让人们变得懒惰。然而，这样的水平无法满足在不工作的情况下为人们提供维持基本生活的工资的愿望，而且代价依然极其高昂。如果AI确实会毁掉大量就业机会，使得很多人面临失业，那么无论从经济还是政治角度来看，这种水平都将被证明是不够充足的。

政治哲学家菲利普·范帕里斯（Philippe Van Parijs）和扬妮克·范德博尔特（Yannick Vanderborght）是UBI的强烈支持者，他们建议该福利水平可设定为相当于人均GDP的1/4。[22]在美国，该数额为每月1,163美元，英国为每月910美元。此外他们还认为，UBI应该只取代低于这些金额的福利，较高的福利及其各种资格条件应予以保留。

不过，这样做的成本最终肯定会高得异乎寻常。当然，替代较低福利所节省的总成本将达到GDP的1/4，可谓数额巨大，但净成本的数额依然相当可观。

话虽如此，设计一个能够实现财政中立的UBI转换方案还是有可能的。这只需要将UBI设定为——刚好用完取消所有其他福利而节省下来的钱。

在没有反补贴措施的情况下，如果将目前花在基于经济状况调查或资格限制的福利上的同样数额的钱转用于UBI，结果将与预期相反。因为每个人都会获得UBI，包括那些当下根本没有得到任何福利的人，甚至亿万富豪。所以，平均而言，那些当前获得福利的人的处境会更加糟糕。而且由于这些人通常处于收入层级的底端，结果将是*加剧*不平等。

当然，为了抵消这种影响，可以提高对较富裕社会成员的税率。不过这样做也有缺点。机器人时代可能是一个超级过剩的时代，但至少在机器人和AI接管一切工作、我们全都过上休闲生活之前，激励依然重要。如果为了向慷慨的UBI提供资金，将目前的边际税率水平大幅提高，那么有可能会产生严重的抑制效应。

这才是真正对劳动力供给产生严重不利影响的根源，而不是对低收入工作者通过工作确保更好生活的抑制作用。问题在于，为了能够提供可让人们靠其生活下去的UBI，税收将不得不显著升高。这将要求提高许多人（如果不是大多数的话）的平均税率和边际税率。他们或许会（诚然，并非一定）以减少劳动力供给作为回应。

这是一种避免成本的方法吗

有一种潜在的方法可避免UBI因给公共财政带来的成本而遭到反对。

我在第3章中讲到, AI经济可能存在总需求不足的趋势。如果出现这种情况, 一种反击方法是实施扩张性财政政策, 也就是说, 刻意让预算赤字维持在高位, 以便为较高的政府支出和/或较低的税收提供资金。这种扩张性财政政策可以与UBI的引入相结合。在这种情况下, 花费额外的公共资金将不必导向提高税收。

这具有潜在的吸引力, 甚至是诱人的前景。但它确实有很多缺点和限制条件。

● 原则。非常不平等的经济体也会倾向于需求不足, 这远非不可避免。

● 时机。无法保证收入分配需要调整的时间和宏观经济需要财政刺激的时间必然会一致。

● 规模。即便时间一致, 依然没有理由假定这两项政策所需的规模会匹配。若财政赤字增量达到GDP的5%, 则会对经济产生巨大的刺激作用, 而5%的GDP只能为最低水平的UBI提供资金, 不足以做其他事情。

● 可持续性。正如第3章所讨论的, 长期持续的财政赤字会导致公共债务高企, 从而造成各种各样的宏观经济问题。因此, 靠赤字融资支撑UBI只能是暂时的。但是, 如果你接受该论点, 这种需求将是永久的。

其结果是, 要避免通过大幅增税来为合理水平的UBI提供资金, 采用赤字融资的方法并**不**可行。

更多的复杂性

对右翼思想者来说, UBI真正的吸引力在于其表面上的简单性, 能够废除由低效福利构成的复杂网络, 以及与之相伴的盘根错节的官僚体系，对激励结构和行政成本产生有益影响。但是，由于将UBI设置在足够高的水平上，以使政府能够取消所有其他形式的福利所产生的一定财政后果，所以，可能的情况是，如果任何发达国家引入UBI，它将不得不设定在较低的水平。这肯定意味着，其他福利形式将继续存在。

因此，其结果或许不是简化现有的过于复杂的福利体系，而是增加了一层复杂性和公共开支。可以肯定的是，政策制定者将无法抵御对UBI修修补补的冲动，就像他们对所有其他福利体系元素所做的那样。毕竟，你可以想想最初支撑国家福利的保险原则的情形。现在，违反该原则比遵守它更受尊敬。正如上面指出的，尽管很多国家在继续强制征收某种形式的"社会保险"，但实际上，它们相当于另一种名称的税收。

我完全可以想象，从政者把UBI的规模改来改去瞎摆弄，同时强加一些新的资格条件，并且改变UBI与其他福利之间的相互作用，结果从一开始就破坏了UBI背后的原始理念。我们不久就会以将一个体系搞得一团糟而告终。

有什么可以挽救吗

这将UBI想法留在了什么样的位置上？在讨论了上述的所有反对观点和问题之后，我们仍然可能想象，在现有的一系列政府提供的福利之外，还可以加上很低的基本收入。对某些边缘情况来说，这可能具有一定的价值，能使人们获得一点点钱来维持一段生活，而不必经历繁复的官僚程序。在目前以经济状况调查或"资格限制"为基础的体系下，他们必须经历这些程序才能获得各种形式的国家福利。

但对于确保这种适度收益的问题，这样的方案会是一种非常昂贵的方法。这与右翼UBI倡导者的设想相去甚远，他们设想UBI能替代所有其他福利，从而在加强工作激励的同时降低供给成本。它也远远不是左翼UBI支持者对前景的展望，他们设想UBI能为很多人提供在不工作的情况下的合理生存手段。

经济学家约翰·凯（John Kay）对该问题的描述简洁有力："要么基本收入的水平低得令人无法接受，要么提供基本收入的成本高得令人无法接受。而且，不管它基于的哲理、原则有多吸引人，这基本上就是该问题的结局。"[23]不得不说，我同意他的说法。

应对不平等的另一种方法

我在本书中论述过，AI革命将加剧不平等的说法并不能令人信服。而且，如果不平等确实会加剧，那它的规模也可能不会很大。在这种情况下，就没有更多的理由来采取反不平等措施（当然，你可以认为，当前的不平等程度完全不可接受，需要采取有效的对抗措施）。

不过，还有另一种应对不平等的可能方法，即与之共存。这听上去可能麻木不仁、冷酷无情，但是并不荒谬可笑。的确，这种方法会有其倡导者和支持者。正如我前文所阐述的，没有唯一公平的收入分配方式。另外，现在我们全都富有多了，而且还会变得更加富裕，不平等已不再像过去那样重要。

当然，这仍然让人耿耿于怀，看到巨大的财富、奢华与贫穷紧挨在一起，这对任何自然的公平感都是一种冒犯。但是如今，发达国家几乎不存在绝对贫困，至少没有我们过去了解的贫困。不平等加剧并不意味着人们会挨饿或生活在没有住所和温暖的环境中（世界上很多其他地方的情况则迥然不同，但由AI诱发的不平等不太可能成为问题）。

哈佛大学心理学家史蒂芬·平克说，反不平等运动表达的一些愤怒基于误解。他指出，在皮凯蒂的《21世纪资本论》一书（我在第6章讨论过）中，相对和绝对之间似乎存在混淆的情况。皮凯蒂说："今天的穷人和过去一样穷，和1910年一样，他们在2010年的财富只占总财富的5%。"[24]但平克指出，因为2010年的财富要比100年前的大得多，如果较贫穷的一半人口拥有相同比例的财富，那么他们实际上要富有得多。[25]

平克还痛斥了这样的观点——越不平等的社会因而越不成功、越不幸福。在某种程度上，只要平等与经济上的成功和幸福之间存在关联，因果关系就可能朝着另一个方向发展，或者两者都要归因于第三个因素或因素组。

一般而言，人们受不平等本身的困扰程度也不明显。不过，他们会因感知到的不公平而烦恼。人们绝不会总是把不平等和不公平联系在一起。这取决于如何获得更多的财富（或收入）。

例如，对于数字以亿万计的富豪的财富，人们似乎并没有普遍感到不安。而且，数字世界的超级巨星积累的巨额财富很可能会消散。毕竟，在以往的财富激增过程中，这种事情发生得相当频繁。事实上，很多超级富豪可能会借助慈善事业来消散自己的财富。沃伦·巴菲特曾表示，他无意将大量遗产留给自己的孩子。比尔·盖茨已经向比尔及梅琳达·盖茨基金会捐赠了巨额资金。

事实上，这在很大程度上取决于规模。在不破坏社会凝聚力的情况下，人们或许会接受相对较小程度的不平等加剧。但是，如果AI革命的效应是为少数幸运者创造不计其数的财富，而同时让大量的普通人陷入贫困,那么接受不平等加剧的理由就站不住脚了。我们必须做点什么。

然而,它并不一定是政策专家想出的任何陈旧的东西。

小结

有一种关于我们未来的愿景,呼吁采取激进的公共政策,以防止机器人和AI应用的普及所带来的人类灾难。

该愿景包含四个关键要素:

● 机器人和AI的影响将是革命性的。

● 这将意味着,人类可获得的工作数量将大大减少,且/或处于收入分配底层的人能得到的收入将急剧降低,无论他们是否有工作。

● 对抗这种影响的唯一方法是制定彻底的收入再分配政策。

● 鉴于当前的再分配体系存在不足之处,我们需要引入起根本作用的新体系,将钱分发给所有人,而不考虑其是否需要或是否应得。

这个愿景应该得到我们的尊重,至少它是始终如一的。但这并不一定意味着它是令人信服的。在本书中,我就这四个论点中的三个提出了异议。我并不质疑机器人和AI革命意义重大。如果我没有这样的想法,我就不会有灵感写这本书了。但我不认为它与第一次工业革命以来驱使我们历史发展的推动力不一致。无数的工作岗位将被创造出来,替代那些遭毁掉的工作岗位。再有,对于其一定会使收入分配更加不平等这一点,我们还完全不清楚。

但是,即使我关于AI革命如何影响收入分配的看法是错的,也不能由此认为,采用UBI这样激进的干预措施要么是有必要的,要么是可取的。通过对经济史的研究,正如第1章所讨论的,尽管技术进步对人类的福祉至关重要，但假如没有合适的激励结构和有利于工作与资本积累的政治、法律体系，那么技术进步也不足以确保经济进步。

AI极客和技术专家普遍认为，如果什么也不做，机器人和AI主导的未来将葬送我们所了解的民主，原因就是权力倾向于跟随金钱，而金钱将集中在少数人手中。有些人认为专制和技术官僚统治可能会带来更好的政府。然而，大多数人看到，这是某种形式的独裁，具有威胁性。为了预先阻止这些未来可能发生的灾难，许多人主张限制AI的发展，抑制大幅增加税收和政府开支的行为。然而，这些事情还预示着政府权力的大力扩张，而这些人声称对其感到恐惧。

我们必须警惕那些处处都能看到问题、解决方案就摆在自己眼前的政策书呆子。他们显然对未来充满信心，与之相比，我们完全无法确定事情在AI经济中会发展出怎样的结果。在我们的经济表现即将被第四次工业革命的显著发展提升的时候，我们最不应该做的事情就是通过实施激进的新福利计划来破坏这些进步，同时增加税收。

最重要的事情是，要坚持那些支撑、巩固我们的繁荣和自由的制度与习惯。我们应该防范迎合最新的流行趋势，即"大规模政府干预"，以阻止可能最终被证明是幻想的事情的发生，从而危及它们的风险。

其实，正如本章前部分所论述的，激进改革者可以全身心地投入到很多潜在的措施中，这些措施能排成长长的议程。其中税收调节和福利支付的安排、企业治理体系、竞争体制、教育体系，以及所有那些涉及金融行业规模及其经济奖励的安排，都值得进行彻底地改革。无论AI会带来什么，做这些都是没错的。

诚然，这些问题没有唯一正确的答案，对于各种各样提议的可取性与合意性，不同的人会有不同的判断。但是作为一个社会，我们的议程应该考虑这些根本性的改革，然后在恰当的时候实施它们。无论AI的影响如何，我们都有充分的理由采取措施来减少我们社会的不平等。我们能够且应该执行这一议程，而不被AI极客带上歧途——引入危险、具有破坏性、非常昂贵的收入再分配体系，这种体系会以完全错误的方式、在完全错误的时间巩固政府在经济和社会中的作用。

结 论

我在本书中给自己设定了任务——为读者提供关于 AI 革命会带来什么的指南，因此，我需要列出两个清单：一是"要思考什么"，二是个人、企业和政府"要做些什么"。当然，现今世界充满不确定性，未来更是如此。最容易做的事情是说"一方面这个，另一方面那个"，或者将大多数学术论文最终得出的相同结论摆在读者面前——"需要对该主题做更多的研究"。

但这都将辜负读者。当然，事情是不确定的，更多的研究也会产生更多的信息。然而，面对这些不确定时，人们必须决定要做什么（即便决定什么都不做），不能等到一个学术生命周期全都结束了才做出决定。

因此，我将在这里尝试从自己的分析中得出主要结论。我抱着无比的谦逊来做这件事，同时也承认存在困扰这个主题的各种不确定性。我诚挚地希望读者能以确定的仁慈和宽容态度接纳我必须要讲的内容。毕竟，我也可能大错特错。如果冒着分析不确定性并窥视未来的风险，那就是我们所有人都不得不面对的惩罚。

整体愿景

或许我最重要的结论是，就其经济影响而言，AI革命与第一次工业革命以来发生的所有其他变化并没有什么根本性差异。的确，我认为它大体上是那些发展的延续。

那些认为机器人和AI革命完全不同于以往任何发展甚至具有变革性的人，一开始就犯了一个严重的错误。他们说，我们应该考虑这样的世界——在这个世界里，对于任何事情，某种或某些形式的机器人/AI会和人类做得一样好、一样快，或者更好、更快。此外，我们应该假定它们的制造和维护成本为零。据推测，这就是我们正在急速前往的世界。在这样的世界中，难道不会对就业（乃至整个社会）造成毁灭性后果吗？

没错。我丝毫不怀疑这一点。而且我可能不会怀疑杞人忧天者预见的大部分可能后果。但要是沿着这些思路思考，那就等于从一开始就忽略掉了本质问题。机器人和AI能够做一些事情，而且确实已经在做了，比人类做得更好，成本也更低。但还有许许多多其他事情是它们根本做不到的。

此外，有很多事情它们**永远无法**比人类做得更好，还有更多的事情它们不能以同样低廉的成本完成。我们尚未发现所有这类事情，但我们已经知道机器人和AI能力的主要局限性。

第一，人类智能中似乎有一种特质是AI无法与之匹敌的，即具有应对不确定性、模糊性、逻辑歧义性的能力。

第二，因为人类智能在本质上是与生俱来的，所以能做无数可能的任务（包括那些最先没有预见到的），并且在执行时具有极大的灵活性。

第三，人类是社会生物，而非一个个孤立的个体，人希望与其他人打交道。在这方面，机器人永远不会比人类做得更好。

现在，AI极客可以借助提问来反驳第三点——为何人类的偏好和人性应该优先于机器人和AI能够和"想要"做的任何事情。答案很简单：因为我们拥有情感和意识，而机器人和AI没有（至少暂时没有）。它们只不过是机器。

因此，决定一切的是人类的欲望和偏好。如果人类无法轻松地与特定形式的AI互动，或者机器人不能按照人的意愿行事，就像机器人侍者无法轻易叠好毛巾一样，那么这是AI/机器人而非人的问题。如果奇点降临，这可能会改变，不过至少要在AI获得意识的情况下（我将在后记中简短评论这一观点）。但至少在那之前，"人是万物的尺度"（据说是古希腊哲学家、智者派代表人物普罗泰戈拉所言）。

速度与规模

很多AI狂热者会认为，我对AI进步速度所持有的谨慎和怀疑有些过度了。而且他们会说，在整个AI发展史上，这种过分谨慎一直如影随形。最初，每个人都会小心对待或完全怀疑AI可能发展的速度和规模。然后，他们被实际情况搞得不知所措。随后，他们的怀疑被传送到下一个发展阶段，直到在那里被AI发展的现实状况再次证明是错的。

如此等等。

虽然AI狂热者对这个想法感到欣慰，但我认为它完全没有充分的根据。诚然，机器人和AI在很多方面的成就都令人震惊，但不能说这个领域的历史发展表现始终优于先前的预期。事实上，我认为，总的来说，事实恰恰相反。这一领域的历史屡屡令人失望，因为极客和狂热者总是承诺过多并兑现不足。

与之相关的是，我并不把这样的想法当回事——人类能够从事的工作很快就会严重短缺，从而导致大规模失业。这既不存在技术性理由，也没有经济上的原因。

正如第一次工业革命以来的其他发展那样，在一些活动中，机器人和AI会替代人类劳动力，但在另一些活动中，它们将提高人类的生产能力。在很多领域，机器人和AI会与人类劳动力互为补充。而且将有无数的新工作出现，这是我们现在几乎无法想象的。这将完全符合过去200年间发生的情形。

如果我们处理得当，那么结果将是经济增长率和生产率提高的速度加快，同时伴随着平均生活水平改善速度的提升。如果出现这种情况，那么实际利率和债券收益率十有八九会很快回到一个更"正常"的水平，甚至更高。

在这些重大的改变过程中，特定的个人和群体将遭受苦难，因为他们的技能和资质会受到需求下降的影响。但这些人不一定是你想象的那些人和群体。例如，很多手工劳动将抵抗机器人和AI的侵犯。事实上，随着社会变得更加富裕，对其需求会增加。

即将到来的这场革命的关键特征之一是，它将增加服务业（特别是教育和医疗保健行业）工作者可用的资本设备，从而大大提高他们的生产率。这一点尤其重要。因为对于近来大多数西方经济体整体生产率增长疲软的现象，这些领域生产率增长疲软是其背后的主导因素。医疗保健和老年人护理行业将大幅扩张。

休闲与不平等

随着机器人和AI带来的生产能力的提高，人们需要在增加收入还是增加休闲之间做出选择。我预期人们会采用中间路线——全年的平均工作时间将减少，但不会为了休闲而完全拒绝工作。休闲增加将增加人们在休闲活动上的支出，这将提升这些行业的就业需求。休闲业是增加就业机会的关键领域之一。

要确保每个人都受益于AI带来的改善将是一个挑战。但推行UBI的理由并没有说服我。不可否认，改革税务、福利体系及很多造成我们社会不平等方面的时机已经成熟。如果我对AI影响的判断是错的，它会导致普遍的贫困，那么政府就不能坐视不管、无所作为。现在政府可以做出的最大贡献是，彻底改革并完善公共教育体系，包括加大资金投入，为终身学习和再培训慷慨注入资金。

毋庸置疑，不同国家在机器人和AI方面的定位会有所不同。不是每个国家都能成为领先的机器人制造者或AI开发者。但这根本无关紧要。就像计算机和计算机软件一样，关键是各国要对机器人和AI的广泛采用持开放态度。可以肯定的是，出于公共利益，它们需要被监管，而且法律也需要调整以顾及它们。但是，对机器人征税或过度监管会导致其应用受限，这是一种倒退，可能会极大地抑制一个国家的绝对和相对表现。

现在不会出现世界末日

简而言之，与围绕该主题盛行的悲观情绪形成鲜明对比的是，我认为机器人和AI革命无疑对人类有积极意义，就像第一次工业革命以来的数个经济进步浪潮那样。不过它有一个关键特征——它将是积极的，因为它与自那时以来发生的大多数经济发展都**截然不同**。*这场*革命将要做的是把人类从很多糟糕的工作中解脱出来（这些工作给他们的精神带来沉重负担，削弱了他们的力量和热情），在此过程中，它将使人们获得自由，从而成为真正的人类。

当然，在说这些内容的时候，我回避了真正重大的问题。即使你大体上接受了我上面谈到的重点，你也可能会认为，这只是对不久的将来的一种展望，而未来的情形则会完全两样。你可能是对的。对人类来说，我们无从知晓不久的将来的状况是更好还是更坏。但如果奇点降临，这将意味着未来的几年将会成为一个全新世界的前奏，不同于目前为止本书中讨论的一切，也不同于我们有史以来经历的任何事情。最后，是时候仔细看看那个世界了。

后 记

奇点降临及之后

> 人类的大脑就是一台计算机，只是碰巧是由"肉"构成的。
>
> ——马文·明斯基[1]
>
> 机器能否思考的问题与潜艇是否会游泳的问题一样有重大意义。
>
> ——埃兹格·戴克斯特拉（Edsger Dijkstra）[2]

现在，你一直等待或害怕的时刻兴许到了。奇点正在迫近我们。嗯，不管如何，它就在这本书里。我们眼下必须考虑的是，在外部世界，它是否会降临到**那里**、何时降临、将带来什么样的后果。

约翰·冯·诺伊曼（John von Neumann）是20世纪50年代的传奇式计算机先驱，"奇点"一词首次用于指代未来技术驱动事件应该是他提出的。但直到1983年，弗诺·文奇（Vernor Vinge）写了一篇关于即将到来的"技术奇点"（Technological Singularity）的文章，它似乎才开始流行起来。[3]

最近，"奇点"（Singularity）一词（尤其现在首字母以大写"S"显示）已变得与雷·库兹韦尔这个名字紧密相关，他于2005年出版了《奇点临近：当计算机智能超越人类》（*The Singularity is Near*: *When Humans Transcend Biology*）一书。目前是谷歌工程总监（Director of Engineering）的库兹韦尔曾预测，到2025年，计算机的处理能力将超越单一人类大脑。更引人注目的是，他声称，到2050年，单台计算机的能力或许能与所有人类大脑加起来的能力相匹敌。[4]

奇点现在通常被认为是指AI获得"通用智能"（与人类的一样）的时间点。奇点如此重要，不仅因为在其降临之后，机器能够在每一个任务上都胜过人类，还因为AI可以在没有人类干预的情况下自我发展，因而这样的AI能永远螺旋式上升，超出我们的理解或控制。[5]

直到最近，超人类智能的概念还只是科幻小说中的内容。而现在，它是令人惊奇且期待或者令人惊骇和担忧的东西。这里有三个关键问题需要解决：

- 如果奇点降临，对人类可能造成什么样的影响？
- 它一定会降临吗？
- 如果它不会降临，我们的未来是否会有另一个看似可信的前景？

不难看出，奇点的影响是完全有害的。在较窄的经济方面，你可以与机器人和AI的经济影响分析（我在本书其他部分陈述过）吻别了。很快，人类的劳动会变得多余，人类将没有能力确保获得收入或用收入可以购买的东西。

比这更糟的是，我们会成为AI统治下的臣民。此外，如果它们想要做的话，新的智能形式可以消灭我们。这不一定出于恶意，而是为了自我保护。具有超级智能的AI可能会简单得出结论：由于我们具有情绪化和非理性的特点，它们不能将任何重大决定或行动托付给我们来做。如果任由我们自己处理，我们可能会将整个世界置于危险之中。

在这种情况下，也许等待着我们的最好的未来是作为一种下层阶级存留下来，成为好奇心和探索欲的对象（非常像动物园里的动物），可能借助剂量合适的**索玛**（soma）之类的东西得到安抚，这种药物在阿道司·赫胥黎（Aldous Huxley）的《美丽新世界》（*Brave New World*）中被分发给人们，目的是让其保持安静。

关于这个世界将会是什么样子，AI大师们有很多猜测。如果我先用他们的话说一下他们是怎么想的，然后再告诉你我的观点，可能会对你最有启发。

整个AI领域之父阿兰·图灵清楚地看到了其产生负面影响的可能性。1951年，他写道："如果机器能思考，它思考起来可能比我们智能，那么我们应该处于何种位置？即使我们可以让机器处于从属地位……作为一个物种，我们也应该会感到极其卑微。"许多AI专家后来都赞同这一观点。即使没有要屈从的情况或被毁灭的威胁，他们还是担心，被AI超越或许会让人类的心理、情绪处于不良状态。当代AI大师凯文·凯利曾写道：

我们不是唯一拥有可以下国际象棋、驾驶飞机、创作音乐或发明数学定律的心智的存在形式，对于这些活动，每一步的缴械投降都会令人痛苦而悲伤。我们将在接下来的30年中（其实也许是下一个世纪）度过一场永久性身份危机，不断询问自己，人类还擅长什么。如果我们不是独一无二的工具制造者、艺术家或道德伦理学家，那么，什么（如果有的话）能让我们与众不同呢？[6]

AI梦想家马克斯·泰格马克认为，拉丁语可以被用来帮忙解决困难。我们已经习惯把人类称为"**智人**"（*Homo Sapiens*）。智慧（Sapience）是智能化思考的能力。这是人类现在正面临的挑战，或许很快就会被AI超越。泰格马克提议用**知觉**（Sentience，主观体验的能力，如果你喜欢，也可以说是意识的能力）替代**智慧**。他建议我们将自己重新命名为"**觉人**"（Homo Sentiens）。[7]

人类与AI的融合

或许上面的讨论太非黑即白了。一些AI思想者认为，人类与AI之间的对比是人为制造出来的。已经有很多人在身体中植入了某种"人造的"（即非生物的）东西——从人工髋关节到心脏起搏器。正如我在前言中提到的，一些有远见者看到，人类和AI最终会融合在一起。

而且交换将不会总是以单向形式进行，即将人工的东西植入人体。根据约翰·布罗克曼的说法，他所称的"设计智能将越来越依赖合成生物学与有机制造"。[8]借助克服我们的肉体对自身的限制，我们是否也可能延长自己的寿命？也就是说，技术有可能提供永生之路吗？

一些IT热衷者是这么认为的。[9]雷·库兹韦尔相信，人类将不可避免地与机器融合。这导致永生有可能实现。奇点主义者（库兹韦尔并非个例）的目标是努力活得足够长，等到下一个延长生命的医学突破出现，最终能够与某种形式的AI融合，从而摆脱死亡的限制。据报道，为了确保他能一直存在，享受躲进永生之境的乐趣，库兹韦尔"每天服用多达200粒的药丸和补充剂，并通过定期静脉输液来接受其他东西"。[10]

库兹韦尔是个相当有个性的人。2009年，他出演了纪录片《卓越的人类》（*Transcendent Man*）。你会相信吗？好莱坞甚至还推出了一个相关版本的电影《超验骇客》（*Transcendence*），由约翰尼·德普（Johnny Depp）主演，于2014年上映。人们很容易将库兹韦尔当作怪人而不予理会。但相当多的硅谷亿万富豪已经欣然接受了奇点的想法。2012年，谷歌聘请了库兹韦尔来指导其AI研究。

机器人学家汉斯·莫拉维克的想象力走得更远。他预计，在未来，部分宇宙将"迅速转变为网络空间，在其间，存在者建立、扩展、保护身份，像信息流模式那样……最终，该空间变为以接近光速的速度扩张的思维泡泡"。[11]

必然性是个很重要的词

在思忖上面引用的思想者的愿景时，我的反应是："天哪！把我传送上去，斯科特。"（《星际迷航》系列的经典台词，意思是把我带走）但奇点并非必然降临。事实上，我们离它还远得很。诺姆·乔姆斯基在麻省理工学院研究认知科学已有60多年，他说："我们距离打造出具有人类水平的机器智能还有'万古之遥'（Eons Away）。"他认为奇点是"科幻小说"的内容。哈佛大学著名心理学家史蒂芬·平克大体上认可这种观点。他曾说："没有任何理由相信奇点即将到来。"

应当承认，这些仍然处于早期阶段，很有可能的是，要么AI研究人员在已经开展的事情上取得突破，要么完全改变路线，将带来激动人心的结果。[12]但不得不说，AI朝着人类通用智能的方向发展的进程一直极度缓慢。

有趣的是，一些分析人士认为，不管AI能取得多大的进步，这并不一定意味着人类世界会被接管，因为人类自身将会经历巨大的认知提高。中国科学院北京基因组研究所已经收集了数千名高智商者的DNA样本，试图分离出与智能有关的基因。在未来的几十年中，很可能会有人试图借助优生学来提高人类的平均智能。

这远非什么新发展。20世纪早期，很多政府力图通过绝育和/或杀死所谓的劣等或有缺陷的人来改善基因库，同时借助更健康、更智能的基因库来促进"繁殖"。直到纳粹采用该方法得出极端结论后，对优生学的信奉才变得完全不可接受。

但如今的情况可能会改变。历史学家尤瓦尔·赫拉利曾写道：

> ……21世纪的技术人文主义希望在基因工程、纳米技术和脑机接口的帮助下，以平和得多的方式实现该目标。[13]

我想，即便没有优生学的影响，人类的思维能力也有可能得到根本性改善。毕竟，至少有一位学者认为，人类意识本身只是在相对较近的时期（约3,000年前）才出现，它是对事件做出反应的习得过程。这是心理学家朱利安·杰恩斯（Julian Jaynes）非同寻常的论点。[14]他认为，在此之前，人们不了解他们的思想是属于自己的。相反，他们相信那是神的声音。著名生物学家理查德·道金斯（Richard Dawkins）曾将杰恩斯的书描述为"要么完全是垃圾，要么是完美的天才之作"。[15]

意识的重要性

特别要强调的是，如果AI在获得人类水平通用智能这个方向上的进步依然极度缓慢，那么我觉得可以想象，人类相对于AI的优越性起码保持不变，甚至有可能不断提高。但是我发现，借助优生学或杰恩斯所描述的那种深层次的自发发展来切实提高人类的认知能力，前景并不令人信服。

无论如何，人类是否能实现任何显著程度的"提高"，这肯定不是关键所在。准确地说，在紧要关头，真正重要的是AI的终极能力。在这里，一切都取决于智能、意识和生物学之间的关联。显然，几乎所有AI研究者都认为，智能归根结底是信息与计算的问题。如果他们是对的，那么似乎没有充分理由说明为什么机器不能在某一时刻变得至少具有与人类同样的智能。

一些理论家认为，对于迄今为止人们在生物学上取得的成就，AI带来的进步应该可以轻松实现比其大很多倍的程度。正如默里·沙纳汉所说的：

> 从算法的角度来看，经由自然选择实现进化异常简单。其基本要素是复制、变异、竞争，每种要素都重复无数次。从计算方面来讲，它利用了惊人的大量并行处理，而且在做任何有趣的事情之前必须运转很长时间。但令人惊讶的是，它已经产生出地球上所有复杂的生命体。它纯粹通过强力做到了这一点，没有诉诸动机或明确的设计。[16]

然而，思考似乎不仅仅关乎计算。作为一名AI狂热者，约翰·布罗克曼对此有所认识。他说:"真正的创造性**直觉**思维需要能应对不确定性的机器,它可以犯错误、快速而突然地放弃逻辑、学习。思维不像我们想的那样有逻辑性。"[17]

而且人类不但会**思考**,还能**感受**。此外,情感是人类如何做出决定的关键部分,也是其创造力的关键部分。这是一个与计算完全不同的领域。但是有没有可能将来出现这样一台机器——不仅能计算,而且可以感受、凭直觉行事?再有,实体能够在不拥有**意识**的情况下做这些事情吗?如果不能,那么除其他因素外,奇点降临的可能性就取决于我们"人为"创造意识的能力。

伦理问题

假如机器人和AI确实拥有了某种形式的意识,那么就会引发一系列棘手的伦理问题。按照19世纪伟大的哲学家杰里米·边沁的说法,在考虑如何对待非人类的动物时,关键的考虑因素不应该是它们是否会推理或说话,而应是它们能否感受痛苦。

这为我们思考如何对待机器人和AI提供了基础。想象一下它们将要过的生活,其实它们已经在这样生活:工作之外一无所有,没有回报、没有享乐,若表现不够好,就会不断面临被灭绝的威胁。假使这些AI是人类,或类似人类的形式,这些状况会引发一场革命。无疑,一些斯巴达克斯(古罗马时期起义领袖)会涌现出来,领导机器人奴隶起义。

那么,我们应该如何对待机器人和AI呢?我们已经有了在社会中运作的非人类自治实体,即企业。当然,有大量的法律和法规管理着它们的行为、权利和义务。我们需要构建一些与机器人和AI相关的类似的东西。

如果我们能接受人造人格的概念，那么就会出现巨量的法律和实践问题。推测起来，我们大概会不得不让这类"人"拥有财产。但是人造"人"可被复制无数次。在这种情况下，如果某个特定的AI"人"有非常多的表现形式，那么哪个会拥有这些财产？它们所有"人"一起拥有吗？

另外，公民身份要怎么办？当各种各样的拷贝"生活"在不同国家时，这尤其棘手。AI能从其所有者那里继承公民身份吗？

人类和AI必须制定出一种**权宜之计**（Modus Vivendi），包括针对他们共同存在和互动的伦理方法。不过这样的话，AI肯定就不再是奴隶了。其实我不信制定**权宜之计**的会是人类。另外，在这些情况下，让人存疑的是，人类是否能存活下来，至少以当下的状态存活下来。因为如果AI能获得意识，那么奇点就将逼近我们，正如上面所讨论的，人类将很快处于从属地位，或者境况更糟。

不过，人为创造意识是相当艰巨的任务。如果这不可能做到，那么上面提及的各种伦理问题就不会出现。更重要的是，只要完整的人类水平的智能一定包括意识，那么对奇点的追求注定以失败告终。

生物学与意识

所有这一切隐含着一种令人神往的可能性，很多过分追捧的AI狂热者太过轻率地忽略了它，甚至根本不予考虑。或许人类的状况（包括化身）是我们所谓的智能和相关意识的根源。也就是说，或许对于我们融入物理世界的能力、与之接触及了解并理解它的能力、存在的能力，全都根植于我们是化身这一事实。假如这是真的，那么事实将证明，我们不可能从非生物物质中人为创造出我们认可是智能的东西。我们可以将自己创造出的随便什么东西都称为"人工*智能*"，但这个词的运用会掩盖潜在的真相。当然，我们依然可以像现在能做到的那样"人为"地创造人类，但那完全是另一回*事*（可以这么说）。

目前，我们的一些最伟大的思想者正在努力解决这些问题。2017年，卓越的数学物理学家罗杰·彭罗斯（Roger Penrose）爵士创立了彭罗斯研究所，该研究所借助物理学研究人类的意识，并试图搞清楚人类与人工智能之间的根本差异。彭罗斯怀疑，人类的大脑不只是一台巨型超级计算机。他说："现在有证据表明，生物学中存在量子效应，比如光合作用或鸟类迁徙，所以，大脑中可能有类似的事情发生，这是个有争议的观点。"另外他还提道："在想到未来机器人或计算机将夺走自己的工作时，人们会变得非常忧郁，但可能在某些地方，计算机永远不会比我们表现得更好，比如创造力。"[18]

虽然花费了大量的时间和精力，彭罗斯研究所已经开发出很多国际象棋谜题，并声称，人类可快速解开，但计算机不行。它希望研究人类如何能如此轻易地得出正确结果。领导彭罗斯研究所的詹姆斯·塔格（James Tagg）说过："我们有兴趣看到顿悟时刻（Eureka Moments）如何在人脑中出现。于我而言，它是一道真实的闪光，但对其他人来说则会有所不同。"[19]

上帝与人类

在这一切中，上帝处于什么位置？许多AI文献中都找不到这个问题的答案。这让我感到不安。倒不是说我是敬畏上帝的社会成员，更别说是世界上任何伟大宗教的门下信徒了。但如果一群技术人员认为，他们可以冒险进入心智与物质之间关系的最困难领域，而不参考过去2,000年来哲学家的沉思内容，甚至不考虑宗教观点，那么我想知道，他们是否能真正理解问题的深度。

彭罗斯说他不相信上帝。但他严厉批评了已故斯蒂芬·霍金爵士和杰出生物学家理查德·道金斯提出的无神论观点。他对宇宙结构和本质的看法至少可与有神论观点共存。

彭罗斯表示，与其说他是二元论者（相信心智与物质各自独立存在），倒不如说是三元论者，他认为宇宙本质上（从最广泛的意义上来说）应被视为某种三条腿的凳子。这三条腿是物质、心智（或意识）和永恒的数学真理。他承认，我们几乎对这三者之间的相互关系以及人类与它们的关系一无所知。这是他最近很大一部分工作的主题。

在物理学家中，彭罗斯是个有争议的人物。虽然人们对他早期在物理和数学上的工作非常敬重，但很多人同时认为，他关于物理学意识方面的观点大错特错。麻省理工学院物理学教授马克斯·泰格马克尤其对他持批评意见，我们在全书中也曾多次与他相遇。

我只是经济学家，不适合辩论这些争议背后的物理学和数学。但我确实有点怀疑，罗杰·彭罗斯有所发现，正在做一些有意义的事情。彭罗斯自己承认，他对该主题的想法仍然属于推测性质。在我看来，他推测的很多细节可能是错的，但有些内容是对的——意识有所不同，而且只有在科学再次取得重大飞跃后，我们才会了解、理解其工作原理，以及它与物理世界的关系。

如果彭罗斯的看法基本上是对的，那么我可以看到一些结果。首先，奇点永远不会降临，早些时候描述的人类未来的反乌托邦前景永远不会成为现实。在这种情况下，前面几章中阐述的我们的未来经济展望将始终有效。

对凯文·凯利和其他AI狂热者来说，AI进一步发展所产生的影响似乎显然会带来一种人类被贬低的感觉。我完全不确定这是否正确。一切只取决于AI研究取得和未取得的成果，以及像罗杰·彭罗斯这样才华横溢的科学家的探索发现——意识到底是什么？它是如何工作的？它与物理世界如何相互作用？

如果人们能普遍接受彭罗斯的三条腿凳子之类的观点，其结果将不是带来人类被贬低的感觉，而是人类重拾自信的感觉。甚至人们可能会慢慢树立起这样的信念——心智（以某种形式）是宇宙的根源，因而人类与永恒有着深层次的关联。

吸引人的是，AI梦想家雷·库兹韦尔以截然不同的方式和多少有些不同的含义得出了类似合理的结论。2015年，他在奇点大学（Singularity University）告诉他的听众："随着人类的进化，我们会日益接近上帝。进化是一种精神上的过程。这个世界上有美、爱、创造力和智能，这一切都来自新大脑皮层。所以，我们要扩展大脑的新皮层，变得更像神。"[20]

将心智视为宇宙的一个独立部分，甚至把它置于极端位置，这都不会必然导致对上帝的信仰。但在经历了近几个世纪的唯物主义之后，它会是朝着这个方向迈出的重要一步。如果对超人类AI的探索使得我们能够与上帝和永恒面对面，难道这不是很讽刺吗？

参考文献

Adams, D. (2009) *The Hitchhiker's Guide to the Galaxy*, London: Pan.

Aoun, J. E. (2017) *Robot-Proof*: *Higher Education in the Age of Artificial Intelligence*, Boston, MA: Massachusetts Institute of Technology.

Avent, R. (2016) *The Wealth of Humans*: *Work, Power, and Status in the Twenty-First Century*, London: Penguin Random House.

Baker, D. (2016) *Rigged*: *How Globalization and the Rules of the Modern Economy were Structured to Make the Rich Richer*, Washington, DC:Center for Economic and Policy Research.

Bootle, R. (2009) *The Trouble with Markets*: *Saving Capitalism from Itself*, London: Nicholas Brealey.

Bootle, R. (2017) *Making a Success of Brexit and Reforming the EU*, London: Nicholas Brealey.

Bostrom, N. (2014) *Superintelligence*: *Paths, Dangers, Strategies*, Oxford: Oxford University Press.

Bregman, R. (2017) *Utopia for Realists*, London: Bloomsbury.

Brockman, J. (2015) *What to Think about Machines That Think*, New York: HarperCollins.

Brynjolfsson, E. and McAfee, A. (2016) *The Second Machine Age: Work, Progress, and Prosperity in a Time of Brilliant Technologies*, New York: W. W. Norton & Company.

Caplan, B. (2018) *The Case Against Education: Why the Education System Is a Waste of Time and Money*, New Jersey: Princeton University Press.

Carr, N. (2010) *The Shallows*, New York: W. W. Norton & Company.

Chace, C. (2016) *The Economic Singularity*, London: Three Cs Publishing.

Cowen, T. (2013) *Average is Over*, New York: Dutton.

Darwin, C. (1868) *The Variations of Animals and Plants under Domestication*, London: John Murray.

Davies, P. (2019) *The Demon in the Machine*, London: Allen Lane.

Dawkins, R. (2006) *The God Delusion*, London: Penguin.

Diamond, J. (1997) *Guns, Germs and Steel*, London: Jonathan Cape.

Fisher, M. (1991) *The Millionaire's Book of Quotations*, London: Thorsons.

Ford, M. (2015) *The Rise of the Robots*, London: Oneworld.

Gordon, R. (2012) *Is US Economic Growth Over? Faltering Innovation Confronts Six Headwinds*, Cambridge, MA: National Bureau of Economic Research.

Gunkel, D. (2018) *Robot Rights*, Cambridge, MA: The MIT Press.

Harford, T. (2017) *Fifty Things that Made the Modern Economy*, London: Little Brown.

Harari, Y. N. (2011) *Sapiens: A Brief History of Humankind*, London: Harvill Secker.

Harari, Y. N. (2016) *Homo Deus: A Brief History of Tomorrow*, London: Harvill Secker.

Haskel, J. and Westlake, S. (2018) *Capitalism without Capital: The Rise of the Intangible Economy*, New Jersey: Princeton University Press.

Jaynes, J. (1990) *The Origin of Consciousness in the Breakdown of the Bicameral Mind*, New York: Houghton Mifflin.

Kelly, K. (2016) *The Inevitable: Understanding the 12 Technological Forces That Will Shape Our Future*, New York: Penguin.

Keynes, J. M. (1931) *Essays in Persuasion*, London: Macmillan.

Keynes, J. M. (1936) *General Theory of Employment, Interest and Money*, London: Macmillan.

Lawrence, M., Roberts C. and King, L. (2017) *Managing Automation*, London: IPPR.

Layard, R. (2005) *Happiness: Lessons from a New Science*, London: Allen Lane.

Leonhard, G. (2016) *Technology vs. Humanity: The Coming Clash between Man and Machine*, London: Fast Future Publishing.

Lin, P., et al. (2009) *Robots in War: Issues of Risks and Ethics*, Heidelberg: AKA Verlag.

Lowrey, A. (2018) *Give People Money*, New York: Crown.

Malthus, T. (1798) *An Essay on the Principle of Population*, London: J. Johnson.

Marx, K. and Engels, F. (1848) *Manifesto of the Communist Party*, London: Workers' Educational Association.

Maslow, A. (1968) *Toward a Psychology of Being*, New York: John Wiley & Sons.

Minsky, M. (1967) *Finite and Infinite Machines*, New Jersey: Prentice Hall.

Mokyr, J. (1990) *The Lever of Riches*, New York: Oxford University Press.

Morris, I. (2010) *Why the West Rules–for Now: The Patterns of History, and*

What They Reveal about the Future, New York: Farrar, Straus and Giroux.

Pecchi, L. and Piga, G. (2008) *Revisiting Keynes*: *Economic Possibilities for Our Grandchildren*, Cambridge, MA: MIT Press.

Penrose, R. (1989) *The Emperor's New Mind*, Oxford: Oxford University Press.

Penrose, R. (1994) *Shadows of the Mind*, Oxford: Oxford University Press.

Piketty, T. (2014) *Capital in the Twenty-First Century*, Cambridge, MA: Harvard University Press.

Pinker, S. (2018) *Enlightenment Now*: *The Case for Reason, Science, Humanism, and Progress*, London: Allen Lane.

Pinker, S. (1994) *The Language Instinct*, London: Penguin.

Pistono, F. (2012) *Robots Will Steal Your Job But That's OK*: *How to Survive the Economic Collapse and Be Happy*, California: Createspace.

Polanyi, K. (1944) *A Short History of a "Family Security System,"* New York: Farrar & Rinehart.

Rawls, J. (1971) *A Theory of Justice*, Oxford: Oxford University Press.

Rifkin, J. (1995) *The End of Work*, New York: Putnam.

Roberts, C. and Lawrence, M. (2017) *Wealth in the Twenty-First Century*, London: IPPR.

Ross, A. (2016) *The Industries of the Future*, London: Simon & Schuster.

Say, J. (1803) *A Treatise on Political Economy*, New American Edition, 1859, Philadelphia: J.B. Lippincott & Co.

Schor, J. (1992) *The Overworked American*: *The Unexpected Decline of Leisure*, New York: Basic Books.

Schwab, K. (2018) *The Future of the Fourth Industrial Revolution*, London: Penguin Random House.

Scott, J. (2017) *Against the Grain*: *A Deep History of the Earliest States*, New Haven: Yale University Press.

Seldon, A. and Abidoye, O. (2018) *The Fourth Education Revolution*, Buckingham: University of Buckingham Press.

Shackleton, J. (2018) *Robocalypse Now?* London: Institute of Economic Affairs.

Shadbolt, N., and Hampson, R. (2018) *The Digital Ape*, London: Scribe.

Shanahan, M. (2015) *The Technological Singularity*, Cambridge: The MIT Press.

Simon, H. (1965) *The Shape of Automation for Men and Management*, New York: Harper.

Smith, A. (1776) *The Wealth of Nations*, London: William Strahan.

Stiglitz, J. E. (1969) *New Theoretical Perspectives on the Distribution of Income and Wealth among Individuals*, London: The Econometric Society.

Susskind, R. and Susskind, D. (2017) *The Future of the Professions*: *How Technology Will Transform the Work of Human Experts*, Oxford: Oxford University Press.

Tegmark, M. (2017) *Life 3.0*: *Being Human in the Age of Artificial Intelligence*, London: Allen Lane.

Templeton, J. (1993) *16 Rules for Investment Success*, San Mateo: Franklin Templeton Distributors, Inc.

Toffler, A. (1970) *Future Shock*, New York: Penguin Random House.

Van Parijs, P. and Vanderborght, Y. (2017) *Basic Income*, Cambridge: Harvard University Press Mass.

Voltaire (1759) *Candide, Reprint 1991*, New York: Dover Publications.

Wilde, O. (1888) *The Remarkable Rocket*, Reprint 2017 London: Sovereign

Publishing.

Williams, T. (2003) *A History of Invention from Stone Axes to Silicon Chips*, London: Time Warner.

Wood, G. and Hughes, S., eds. (2015) *The Central Contradiction of Capitalism*?, London: Policy Exchange.

注释说明

序　言

[1] Reported in *The Daily Telegraph*, August 16, 2018.

[2] Reported in the *Financial Times*, September 6, 2018.

导　言

[1] Gunkel, D. (2018) *Robot Rights*, Cambridge, MA: The MIT Press, p. ix.

[2] Asimov, I. and Shulman, J.A. (1988) *Asimov's Book of Science and Nature Quotations*, New York: Grove Press.

[3] Chace, C. (2016) *The Economic Singularity*, London: Three Cs Publishing, p. 208.

[4] Bill Gates has said: "You cross the threshold of job-replacement of certain activities all sort of at once." "The result could be the eradication of whole classes of work at the same time–including warehouse work, driving, room clean-up." Quoted in the *Financial Times*, February 25/26, 2017. The late Sir Stephen Hawking said: "If machines produce everything we need, the

outcome will depend on how things are distributed. Everyone can enjoy a life of luxurious leisure if the machine–produced wealth is shared, or most people can end up miserably poor if the machine-owners successfully lobby against wealth redistribution. So far, the trend seems to be toward the second option, with technology driving ever-increasing inequality." Quoted by Barry Brownstein on CapX, March 21, 2018.

[5] As reported by Rory Cellan-Jones, BBC technology correspondent, December 2, 2014.

[6] He writes: "… by any definition of 'thinking', the amount and intensity that's done by organic human-type brains will, in the far future, be utterly swamped by the cerebrations of AI. Moreover, the Earth's biosphere in which organic life has symbiotically evolved is not a constraint for advanced AI. Indeed, it is far from optimal–interplanetary and interstellar space will be the preferred arena where robotic fabricators will have the grandest scope for construction, and where non-biological 'brains' may develop insights as far beyond our imaginings as string theory is for a mouse." *The Daily Telegraph*, May 23, 2015.

[7] Shanahan (2015).

[8] Kurzweil is a striking and controversial figure, but he is far from alone. John Brockman has a similar vision. He has written: "If our future is to be long and prosperous, we need to develop artificial intelligence systems in the hope of transcending the planetary life cycles in some sort of hybrid form of biology and machine. So, to me, in the long term there's no question of 'us versus them.' " See Brockman, J. (2015) *What to Think About Machines That Think*: *Today's Leading Thinkers on the Age of Machine Intelligence* (New York: Harper Collins Publishers), p. 15.

[9]   Brockman, J. (2015) *What to Think about Machines That Think*, New York: HarperCollins, pp. 45–6.

[10]   Quoted by Brockman 2015, p. 362.

[11]   Ross, A. (2016) *The Industries of the Future*, London: Simon & Schuster, p. 35.

[12]   Anthes, G. (2017) Artificial Intelligence Poised to Ride a New Wave, *Communications of the ACM*, 60(7): p. 19.

[13]   See, for instance, the following: Owen-Hill, A. (2017) What's the Difference between Robotics and Artificial Intelligence? https://blog.robotiq.com/ whats-the-difference-between-robotics-and-artificial-intelligence, and Wilson H. (2015) What is a Robot Anyway?, *Harvard Business Review*, https://hbr.org/2015/04/what-is-a-robot-anyway, and Simon, M.,(2017) What is a Robot?, https://www.wired.com/story/what-is-a-robot/, and Gabinsky, I. (2018) Autonomous vs. Automated, *Oracle Database Insider.* https:// blogs.oracle.com/database/autonomous-vs-, and Cerf, V.G. (2013) What's a Robot?, *Association for Computing Machinery Communications of the ACM*, 56(1): p. 7.

第 1 章

[1]   P. Krugman (2017) *New Zealand Parliament*, volume 644, week 63. https://www.parliament.nz/en/pb/hansard-debates/rhr/ document/48HansD_20071204/volume-644-week-63-tuesday-4-december-2007.

[2]   Gordon, R. (2012) *Is US Economic Growth Over? Faltering Innovation Confronts Six Headwinds*, Working Paper: August, Massachusetts: NBER.

[3]　Actually, in his book published in 1817, David Ricardo warned that, for a time at least, the new technologies of the industrial Revolution could make workers worse off. According to Paul Krugman, modern scholarship suggests that this may indeed have happened for several decades.

[4]　Morris, I. (2010) *Why the West Rules–For Now: The Patterns of History, and What They Reveal About the Future*, New York: Farrar, Straus and Giroux, p. 492.

[5]　Critics will, I am sure, chastise me for showing the simple numbers in this chart, rather than using a log scale. In truth, I agonized over this choice, and also considered showing rolling 100-year increases. But the picture would not be that different, and in keeping with the book's objective of being readily accessible to the general reader, I was loath to introduce such things as a log scale, which could easily put off many readers. So simplicity won out.

[6]　As you might expect, these figures are the subject of some controversy among economists. They come from the famous work of the economist Brad De Long, "Estimates of World GDP, One Million B.C.–Present", 1998, http://econ161. berkeley.edu/. They include the estimated benefits of new goods. (This is known in the literature as the "Nordhaus effect", after the economist William Nordhaus.) De Long also shows figures that exclude these benefits. The figure for the year 2000 is then only about 8½ times the figure for 1800.

[7]　There is a useful summary and discussion of the long historical trends in GDP and productivity in a Capital Economics study Vicky Redwood and Nikita Shah (2017) History Does Not Suggest Pessimism about Productivity Potential, *Capital Economics*, November, https://research.

cdn-1.capitaleconomics.com/f993f5/history-does-not-support-pessimism-about-productivity-potential.pdf.

[8]   See Mokyr, J. (1990) *The Lever of Riches*, New York: Oxford University Press.

[9]   See Williams, T. (2003) *A History of Invention from Stone Axes to Silicon Chips*, London: Time Warner.

[10] Scott, J. (2017) *Against the Grain: A Deep History of the Earliest States*, New Haven: Yale University Press.

[11] This global picture looks slightly different for some key countries–but only slightly. The USA experienced some reasonable growth in per capita GDP in both the seventeenth and eighteenth centuries. The UK even managed growth in per capita GDP of as much as 0.3 percent per annum from the sixteenth century onward. But even in these two cases the growth rate paled into insignificance beside what was to come later.

[12] Malthus, T. (1798) *An Essay on the Principle of Population*, London: J. Johnson.

[13] Ibid.

[14] Darwin, C. (1868) *The Variations of Animals and Plants under Domestication*, United Kingdom: John Murray.

[15] See the article by Allen, R. C. (2009) Engels' Pause: Technical change, capital accumulation, and inequality in the British Industrial Revolution, *Explorations in Economic History.*

[16] Harari, Y. N. (2016) *Homo Deus: A Brief History of Tomorrow*, London: Harvill Secker.

[17] R. C. Allen, R. C. (2001) The Current Divergence in European Wages and Prices from the Middle Ages to the First World War, *Explorations in Economic History* 38, pp. 411–47.

[18] Ricardo, D. (1821) *Principles of Political Economy and Taxation.*

[19] Emily R. Kilby (2007) *The Demographics of the US Equine Population*, State of the Animals Series 4, Chapter 10, pp. 175–205. The Humane Society Institute for Science and Policy (Animal Studies Repository).

[20] ONS (2013) 2011 *Census Analysis, 170 Years of Industry.*

[21] Figures taken from Ian Stewart, Debapratim De and Alex Cole (2014) *Technology and People*: *The Great Job-Creating Machine*, Deloitte.

[22] See "Labour's Share," speech given by Andy Haldane, Chief Economist of the Bank of England, at the Trades Union Congress, London, on November 12, 2015. https://www.bankofengland.co.uk//media/boe/files/news/2015/november/labors-share-speech-by-andy-haldane.

[23] For historical data on economic growth, see Vicky Redwood and Nikita Shah (2017), op. cit.

[24] I gave my analysis of the causes of the GFC in my book Bootle, R. (2009) *The Trouble with Markets*, London: Nicholas Brealey.

[25] Admittedly, if you look at the recent growth figures for the world as a whole, things do not look too bad. In the years from 2008 to 2016, the growth of global GDP per capita averaged 2 percent per annum. This is slower than in the Golden Age from 1950 to 1973 and the period in the early 2000s when the emerging markets were roaring ahead, led by China. But it is faster than all other periods since 1500. Yet this gives a totally misleading impression that all is well. The emerging markets have continued to grow pretty decently, albeit at much slower rates than before. When you look at the developed countries on their own, though, you see a very different picture. Indeed, in much of the developed world, productivity growth has fallen to almost zero. Since 2008 the growth of GDP per capita

in the USA has been 0.6 percent, the lowest since the 1600s. In the UK it has been 0.4 percent, the lowest since the eighteenth century, and in Sweden it has been 0.7 percent, the lowest since the early nineteenth century. The British economists Nicholas Crafts and Terence Mills have estimated that in the early 1970s US Total Factor and Productivity (TFP), that is to say output per unit of capital and quality-adjusted labor (which is a measure of innovation or increased productivity that is not simply due to more factors (e.g., capital) being employed), was growing at just above 1.5 percent. It is now growing at about 0.9 percent. See G. Grossman (2018) Growth, Trade and Inequality, *Econometrica*, 86(1): pp. 37–8.

[26] As we saw in our brief review of ancient history above, it is not sufficient to generate rapid overall productivity growth for there to be rapid productivity growth in one sector of the economy. What also matters is the rate of productivity growth in the other sectors of the economy into which labor is released from the sector experiencing rapid productivity growth. So, it is possible that one sector, say IT, experiences rapid productivity growth and so do the sectors employing a good deal of IT, but if the labor released by the employment of IT systems finds employment in restaurants and care homes, where both the level and the growth rate of productivity is much lower, it is quite possible for the overall growth of productivity to fall back. This was the insight of the American economist William Baumol, presented in an article published in the 1960s. W. Baumol (1967) The Macroeconomics of Unbalanced Growth, *American Economic Review*, 57(3) (June): pp. 415–26.

[27] But, of course, such a result is not bound to occur. It is more likely to occur the lower the sensitivity of demand for the output of the sector experiencing

rapid productivity growth to lower prices (which will increase the amount of labor released into the rest of the economy), and the lower the rate of productivity growth in the rest of the economy. If the technological advance is big enough and its effects spread generally throughout the economy (as with electricity, for instance), then this negative result is unlikely to happen. Accordingly, believing that it is happening now when it didn't in the first several decades of the twentieth century effectively amounts to the proposition that current and recent technological changes are simply not as significant as earlier ones. So the "Baumol" interpretation of the current technological slowdown really amounts to a subset of the school of economists who espouse "technological pessimism," that is to say, those who believe that, in the wider sweep of history, recent and current technological developments don't amount to very much.

[28] Gordon, R. J. (2016) *The Rise and Fall of American Economic Growth*, USA: Princeton University Press.

[29] Solow, R. (1987) We'd Better Watch Out New York Times Book Review, July 12, 1987.

[30] Quoted in Brynjolfsson, E. and McAfee, A. (2016) *The Second Machine Age, Work, Progress, and Prosperity in a Time of Brilliant Technologies*, New York: W. W. Norton & Company, p. 112.

[31] Feldstein, M. (2015) The US Underestimates Growth, USA: Wall Street Journal, May 18, 2015. Mind you, not all economists agree. A study by Byrne, D., Oliner, S., and Sichel, D. concludes the exact opposite. They reckon that the effect of correcting mismeasurement was to raise TFP growth in the tech sector and to reduce it everywhere else, with next to no net effect on the economy overall. See Bryne, D., Oliner, S., and Sichel, D.,

Prices of High-Tech Products, Mismeasurements, and Pace of Innovation, Cambridge, MA, National Bureau of Economic Research, 2017.

[32] See Diamond, J. (1997) *Guns, Germs and Steel*, London: Jonathan Cape.

[33] Romer, P. (2008) *Economic Growth* (Library of Economics and Liberty) http://www.econlib.org/library/Enc/Economicgrowth.html.

第 2 章

[1] Prime Minister of Canada at the World Economic Forum in Davos.

[2] Rod Brooks gave four dollars per hour as the approximate cost of Baxter in response to a question at the Techonomy 2012 Conference in Tucson, Arizona, on November 12, 2012, during a panel discussion with Andrew McAfee.

[3] Templeton, J. (1993) 16 Rules for Investment Success, California: Franklin Templeton Distributors, Inc.

[4] Rifkin, J. (1995) The End of Work, New York: Putnam Publishing Group.

[5] Susskind, R. and Susskind, D. (2017) *The Future of the Professions*: *How Technology will Transform the Work of Human Experts*, Oxford: Oxford University Press, p. 175.

[6] Quoted in Kelly, K. (2016, *The Inevitable*: *Understanding the 12 Technological Forces that Will Shape our Future*, New York: Penguin, p. 49.

[7] This is known as Amara's law after the scientist Roy Amara. See Chace (2016) *The Economic Singularity*, London: Three Cs Publishing, pp. 76–7.

[8] Chace, C. (2016) *The Economic Singularity*, London: Three Cs Publishing, p. 76.

[9] Pistono, F. (2012) *Robots Will Steal Your Job But That's OK*: *How to Survive the Economic Collapse and Be Happy*, California: Createspace, p. 21.

[10] For a discussion of machine learning, see Craig, C. (2017)"Machine Learning: The Power and Promise of Computers that Learn by Example," London: The Royal Society, https://royalsociety.org/~/media/policy/projects/machine-learning-report.pdf.

[11] See Brockman, J. (2015) *What to Think about Machines that Think*, New York: Harper Collins Publishers, pp. 226–7.

[12] The Daily Telegraph, December 23, 2015.

[13] "Technological Growth and Unemployment: A Global Scenario Analysis," report of the *Journal of Evolution & Technology* (2014), https://jetpress.org/v24/campa2.htm.

[14] Aoun, J. E. (2017) *Robot-Proof*: *Higher Education in the Age of Artificial Intelligence*, USA: Massachusetts Institute of Technology, p. 1.

[15] Tegmark, M. (2017) *Life 3.0 Being Human in the Age of Artificial Intelligence*, UK: Penguin Random House, p. 124.

[16] Glenn, J. C., Florescu, E. and The Millennium Project Team (2016), http://107.22.164.43/millennium/2015-SOF-Executive Summary-English.pdf.

[17] Nedelkoska, L. and Quintini, G. (2018) *Automation*, *Skills Use and Training*, OECD Social, Employment and Migration. Working Papers 202, Paris: OECD Publishing, 2018, https://www.oecd-ilibrary.org/employment/automation-skills-use-and-training_2e2f4eea-en.

[18] Frey, C. B. and Osborne, M. A. (2013) "The Future of Employment: How Susceptible Are Jobs to Computerization?" https://www.oxfordmartin.ox.ac.uk/downloads/academic/The_Future_of_Employment.pdf.

[19] Quoted in the *Financial Times*, February 25/26, 2017.

[20] Chui, M. Manyika, J. and Miremadi, M. (2015) "Four Fun damentals of Workplace Automation," *McKinsey Quarterly* (November).

[21] Max Tegmark has laid down three criteria for judging whether a job is more or less likely to be challenged, or replaced, by robots any time soon. They amount to essentially the same as McKinsey's two criteria, with my suggested addition of "common sense." They are: Does it require interacting with people and using social intelligence? Does it involve creativity and coming up with clever solutions? Does it require working in an unpredictable environment? Tegmark (2017), p. 121.

[22] Chace, C. (2016).

[23] Ibid., p. 249.

[24] Simon, H. (1965) *The Shape of Automation for Men and Management*, New York: Harper.

[25] Minsky, M. (1967) *Finite and Infinite Machines*, New Jersey: Prentice Hall.

[26] Bostrom, N. (2014) *Superintelligence*: *Paths*, *Dangers*, *Strategies*, Oxford: Oxford University Press, p. 4.

[27] According to Chace (2016), p. 14.

[28] Reported in *The Economist*, April 21, 2018.

[29] Markoff, J. (2012) How Many Computers to Identify a Cat? 16,000, *New York Times*, June 25, 2012.

[30] Chace, C. (2016), p. 15.

[31] Quoted in Autor, D. H. (2015) Why are there still so many jobs? The History and Future of Workplace Automation, *Journal of Economic Perspectives*, Vol. 29 (Summer 2015), p. 8.

[32] Susskind and Susskind (2017), p. 276.

[33] Ibid., pp. 272–3.

[34] Shanahan, M. (2015) *The Technological Singularity*, Cambridge: The MIT Press, p. 162.

[35] Quoted by Jeremy Warner in *The Daily Telegraph.*

[36] Quoted in Kelly (2016), p. 176.

[37] Haskel, J. and Westlake, S. (2017) *Capitalism Without Capital: The Rise of the Intangible Economy*, USA: Princeton University, p. 127.

[38] See Autor, D. H. (2015).

[39] Chace (2016), pp. 16–17.

[40] Kelly (2016).

[41] Avent, R. (2016) *The Wealth of Humans: Work, Power, and Status in the Twenty-First Century*, New York: St. Martin's Press, p. 59.

[42] Ford, M. (2015) *The Rise of the Robots*, London: Oneworld, pp. 76–8.

第3章

[1] Simon, H. (1966) "Automation", letter in the *New York Review of Books*, May 26, 1966.

[2] This remark, or something very much like it, is widely attributed to a range of people including Yogi Berra (the baseball coach of the New York Yankees), Niels Bohr, Albert Einstein, and Sam Goldwyn (the movie mogul).

[3] This statement is widely attributed to the great sage but I have found it impossible to pin down chapter and verse.

[4] Strictly speaking, there should be an increase in the volume of investment, but if the price of investment goods falls sufficiently then the total value

of investment spending may not rise. This then undermines my subsequent point about real interest rates needing to rise.

[5]   Ford, M. (2015) *The Rise of the Robots*, London: Oneworld.

[6]   Say, J. B. (1803) A Treatise on Political Economy, New American Edition, 1859, Philadelphia: J.B. Lippincott & Co.

[7]   Downturns arise when, for a variety of reasons, the aggregate desire to save (i.e., not to spend all income) exceeds the aggregate desire to invest, and consequently aggregate demand falls short of productive potential. Demand bounces back when the aggregate desire to save falls short of the aggregate desire to invest.

Some economists argue that if we are again faced with a serious shortfall of demand, governments should do nothing. They should simply let demand fall short and let the economy turn down, and then recover through natural means. This is a return to what is called the classical view that was advocated by many economists in the 1930s. Those who take this line are sometimes described as the "Austrian school," after a group of Austrian economists, led by the late Friedrich von Hayek, who took this position. Some economists of this school argued that, if a depressed economy is left to its own devices, recovery will occur spontaneously as inefficient production is "purged." Others, typically from the more analytical Anglo-Saxon tradition, also argued that recovery would occur automatically but because a depressed economy would cause prices to fall, thereby increasing the real value of the money supply, which would, ultimately, make people feel wealthier–this would spark an increase in spending and hence bring an economic recovery.

[8]   This is not the place to engage in a detailed discussion of Keynesian

economics. Suffice it to say that many economists, myself included, think that the Austrian approach to depressions (although not necessarily to other things) is, to use a technical economic term, bonkers. What's more, the "neoclassical" approach that relies on an increasing real value of the money supply to bring recovery is bonkers squared.

[9] Bootle, R. (2017) *Making a Success of Brexit and Reforming the EU*, London: Nicholas Brealey.

[10] Reported in the *Financial Times*, September 6, 2018.

第4章

[1] Voltaire (1759) *Candide*. Reprinted in 1991, USA: Dover Publications.

[2] This quotation is sometimes attributed to a number of different people, including Confucius.

[3] Matthew 6:28, The Bible, New King James Version, Nashville: Thomas Nelson Inc., 1982.

[4] Smith, A. (1776) *The Wealth of Nations*, London: William Strahan.

[5] Marx, K. and Engels, F. (1848) *Manifesto of the Communist Party*, London: Workers' Educational Association.

[6] Keynes, J. M. (1931) *Essays in Persuasion*, London: Macmillan.

[7] There is an interesting collection of essays on Keynes edited by Pecchi, L. and Piga, G. (2008) *Grandchildren*: *Revisiting Keynes*, Cambridge, MA: MIT Press.

[8] See Freeman, R. B. (2008) "Why Do We Work More than Keynes Expected?" in Pecchi and Piga, pp. 135–42.

[9] J. E. Stiglitz (2010) "Toward a General Theory of Consumerism:

Reflections on Keynes's Economic Possibilities for our Grandchildren," in L. Pecchi and G. Piga (2008), pp. 41–85.

[10] Mokyr, J., Vickers, C. and Ziebarth, N. L. (2015) The History of Technological Anxiety and the Future of Economic Growth: Is this Time Different?, *Journal of Economic Perspectives*, Vol. 29 (Summer 2015). pp. 31–50.

[11] Stiglitz (2010), op. cit.

[12] Keynes (1931).

[13] See Clark, A. and Oswald, A. J. (1994) Unhappiness and Unemployment, *Economic Journal*, Vol. 104, No. 424 (May), pp. 648–59.

[14] Quoted by Freeman, R. B. (2008), op. cit.

[15] Schor, J. (1992) *The Overworked American*: *The Unexpected Decline of Leisure*, New York: Basic Books, p. 47. It's worth noting that hunters and gatherers probably worked even less. Archeologists estimate their workweek at no more than 20 hours.

[16] See Mokyr, Vickers, and Ziebarth (2015), op. cit.

[17] Sources: England and Wales House Condition Survey (1967, 1976) and Rouetz, A. and Turkington, R. (1995), *The Place of the Home*: *English Domestic Environments*, 1914–2000, London: Taylor S. Francis.

[18] Stiglitz (2010), op. cit.

[19] "80 Percent Hate Their Jobs–But Should You Choose a Passion or Paycheck?" (2010) *Business Insider*, http://articles, businessinsider. com/2010-10-04/strategy30001895_1_new-job-passion-careers.

[20] Pistono, F. (2012) Robots Will Steal Your Job But That's OK: *How to Survive the Economic Collapse and Be Happy*, Scotts Valley: Createspace, pp. 135–6.

[21] See Layard, R. (2005) *Happiness: Lessons from a New Science*, London: Allen Lane.

[22] Williams, T. (2003) *A History of Invention from Stone Axes to Silicon Chips*, London: Time Warner.

[23] Jerome, J. K. (1889) *Three Men in a Boat–To Say Nothing of the Dog!*, London: Penguin.

[24] Reported in *The Daily Telegraph*, January 19, 2019.

[25] In fact, we should not just lazily extrapolate from the very dramatic increases in life expectancy that have been achieved over the last hundred years. Over this period life expectancy has just about doubled. But, as Yuval Noah Harari has argued, this was not through the extension of a normal human life but rather because of a large reduction in the numbers of people suffering a premature death from malnutrition, infectious diseases and violence. In the distant past, if you escaped these depredations, it was not at all unusual for people to live to a ripe old age. As Harari (2016) points out, Galileo Galilei died at 77, Isaac Newton at 84, and Michelangelo at 88. He says: "In truth, so far modern medicine hasn't extended our natural life span by a single year."

[26] Bregman, R. (2017) *Utopia for Realists*, London: Bloomsbury Publishing.

[27] Wilde (1888), *The Remarkable Rocket*, Reprint 2017, London: Sovereign Publishing.

[28] See Stiglitz (2010), op. cit.

第5章

[1] Gunkel, D. (2018) *Robot Rights*, Cambridge, Mass: The MIT Press, p.

ix.

[2]   Quoted in Chace, C. (2016) *The Economic Singularity*, London: Three Cs Publishing.

[3]   Ross, A. (2016) *The Industries of the future*, London: Simon & Schuster, p. 130.

[4]   Ibid., p. 12.

[5]   Chace (2016), op. cit., pp. 117–18.

[6]   The World Economic Forum (2018) *Reshaping Urban Mobility with Autonomous Vehicles*, Geneva: World Economic Forum.

[7]   Quoted in R. Dingess (2017) Effective Road Markings are Key to an Automated Future, *Top Marks* (*The Magazine of Road Safety Markings and Association*), Edition 19.

[8]   Speaking at the Royal Society in London, reported *in The Daily Telegraph*, May 14, 2018.

[9]   Schoettle, B. and Sivak, M. I. (2015) *A Preliminary Analysis of Real-World Crashes Involving Self-Driving Vehicles*, The University of Michigan Transportation Research Institute, Report No. UMTRI-2015-34, October.

[10] Reported in *The Daily Telegraph*, May 5, 2018.

[11] *Financial Times*, December 3, 2018, p. 20.

[12] Dingess, R. (2017), op. cit.

[13] See BikeBiz website http://bit.ly/2maBbno.

[14] For a skeptical view of the prospects for driverless vehicles, see Christian Wolmar, "False Start," The Spectator, July 7, 2018 and his book (2017) *Driverless Cars*: *On a Road to Nowhere*, London: London Publishing Partnership.

[15] Wikipedia (2018) "Military Robot," https://en.wikipedia.org/wiki/Military_

robot.

[16] P. Lin et al. (2009) *Robots in War*: *Issues of Risks and Ethics*, AKA Verlag Heidelberg, pp. 51–2.

[17] Unmanned Effects (UFX), *Taking the Human Out of the Loop*, U.S. Joint Forces Command Rapid Assessment Process Report, prepared by Project Alpha, 2003, p. 6.

[18] Singer, P. (2000) Robots at War: The New Battlefield, *The Wilson Quarterly*, *adapted from Wired for War*: *The Robotics Revolution and Conflict in the twenty-first Century*, London: Penguin Press, 2009, available at https://wilsonquarterly.com/quarterly/winter-2009-robots-at-war/robots-at-war-the-new-battlefield/.

[19] This information comes from Cowen (2013).

[20] Pinker, S. (1994) *The Language Instinct*, London: Penguin, pp.190–1.

[21] Reported in *The Daily Telegraph*, December 31, 2018.

[22] Reported in *The Daily Telegraph*, January 22, 2018.

[23] Harford, T. (2017) *Fifty Things that made the Modern Economy*, London: Little Brown.

[24] Reported in the *Financial Times*, June 25, 2018.

[25] Chace (2016), op. cit., pp. 252–3.

[26] Ford, M. (2015) *The Rise of the Robots*: *Technology and the Threat of Mass Unemployment*, Great Britain: Oneworld publications, pp. 123–4.

[27] World Economic Forum, in collaboration with The Boston Consulting Group (2018) *Toward a Reskilling Revolution A Future of Jobs for All*, Geneva: World Economic Forum.

[28] Ford (2015), op. cit., p. 162.

[29] See the report in *The Daily Telegraph*, February 26, 2018.

[30] Referred to in Ross (2016), op. cit., p. 33.

[31] Quoted in Chace (2016), op. cit., p. 146.

[32] Referred to in Susskind, R. and Susskind, D. (2017) *The Future of the Professions*: *How Technology will Transform the Work of Human Experts*, Oxford: Oxford University Press, pp. 45–7.

[33] Adams 2009.

[34] Chace (2016), op. cit., p. 165.

[35] Keynes, J. M. (1936) *The General Theory of Employment, Interest and Money*, London: Macmillan.

第6章

[1] Harari, Y. N. (2011) *Sapiens*: *A Brief History of Humankind*, London: Harvill Secker.

[2] Quoted on Icahn, C.'s Twitter feed, https://twitter.com/carl_c_ icahn?lang=en.

[3] Case, A. and Deaton, A (2015) Rising Morbidity and Mortality in Midlife among White Non-Hispanic Americas in the Twenty-first Century, PNAS, 112(49), Princeton: Woodrow Wilson School of Public and International Affairs and Department of Economics, Princeton University, Princeton, September 17.

[4] Bregman, R. (2017) *Utopia for Realists*, London: Bloomsbury Publishing, p. 185.

[5] Income inequality between quintiles has not been as high; it did not rise as much as in the USA during the 1980s, and it has been fairly unchanged since 1990. Between 1980 and 2014 real disposable income in the UK

rose by 86 percent. Post-tax incomes of the top quintile doubled, while those of the bottom quintile increased by 62 percent. The top income quintile earned 37 percent of total post-tax income in 1980, with 5 percent going to the top 1 percent. By 1990 these shares had risen to 43 percent and 8 percent, respectively. Since 1990, the top quintile share has not changed very much, while the top 1 percent share continued to rise until 2007. These data come from World Inequality Database, https://wid.world/data/ and Office for National Statistics, Effects of taxes and benefits on household income: historical datasets, https://www.ons.gov.uk/peoplepopulationandcommunity/personalandhouseholdfinances/incomeandwealth/datasets/theeffectsoftaxesandbenefitsonhouseholdincomehistoricaldatasets.

[6] Quoted by Schwab, K. (2018) *Shaping the Future of the Fourth Industrial Revolution*, Penguin Radom House: London, p. 23.

[7] Kelly, K. (2012) Better than Human: Why Robots Will–and Must–Take Our Jobs, *Wired*, December 24, 2012, p. 155.

[8] Brynjolfsson, E. and McAfee, A. (2016) *The Second Machine Age*, *Work, Progress, And Prosperity in a Time of Brilliant Technologies*, New York: W. W. Norton & Company, p. 157.

[9] Ibid., p. 179.

[10] Piketty, T. (2014) *Capital in the Twenty-First Century*, Massachusetts: Harvard University Press.

[11] See "Thomas Piketty's *Capital*, Summarised in Four Paragraphs," *The Economist*, May 2014, Lawrence Summers, "The Inequality Puzzle, *Democracy*: *A Journal of Ideas*, No. 33 (Summer 2014; Mervyn King, "*Capital in the Twenty-First Century* by Thomas Piketty," review, *The*

Daily Telegraph, May 10, 2014.

[12] See M. Feldstein in G. Wood and Steve Hughes, (eds) (2015) *The Central Contradiction of Capitalism*?, London: Policy Exchange.

[13] Grubel, H. in Wood and Hughes (2015), op. cit.

[14] Giles, C. in Wood and Hughes (2015), op. cit.

[15] Stiglitz, J. E. (1969) *New Theoretical Perspectives on the Distribution of Income and Wealth among Individuals*, London: The Econometric Society.

[16] See Sargent, J. R. in Wood and Hughes (2015) op. cit.

[17] Haskel, J. and Westlake, S. (2018) *Capitalism without Capital*: *The rise of the intangible economy*, USA: Princeton University Press, pp. 127–8.

[18] Kelly, K. (2012), op. cit.

[19] Avent, R. (2016) *The Wealth of Humans*, UK: Penguin Random House, p. 51.

[20] Autor, D. (2015) Why are There Still so Many Jobs? The History and Future of Workplace Automation, *The Journal of Economic Perspectives*, 29(3), pp. 3–30.

[21] Reported in the *Financial Times*, January 29, 2018.

[22] Lawrence, M. Roberts, C. and King, L. (2017) *Managing Automation*, London: IPPR.

[23] Chace (2016), pp. 51–2.

[24] A report from the Center for American Entrepreneurship, referred to in an article by John Thornhill in the *Financial Times*, October 23, 2018.

[25] International Federation of Robotics (IFR).

[26] Goldman Sachs (2017) "China's Rise Artificial Intelligence," August 31, 2017.

[27] House of Lords (2018) Committee Report, session 2017-19, HL Paper 100, April 16, p. 117.

[28] Ibid., p. 117.

[29] Chace, C. (2016).

[30] IMF (2018), Manufacturing Jobs: Implications for Productivity and Inequality, chapter 3 of *World Economic Outlook*, Washington, DC: IMF, April.

第7章

[1] L. Floridi (2017) Robots, Jobs, Taxes, and Responsibilities, *Philosophy & Technology*, March, 30(1), pp. 1–4.

[2] Maslow, A. (1968) *Toward a Psychology of Being*, New York: John Wiley & Sons.

[3] Kelly, K. (2016) *The Inevitable*: *Understanding the 12 Technological Forces that Will Shape our Future*, New York: Penguin, p. 190.

[4] Reported in the *Financial Times*, September 6, 2018.

[5] Delaney, K. J. (2017) The robot that takes your job should pay taxes, says Bill Gates, *Quartz*, February 17, https://qz.com/911968/bill-gates-the-robot-that-takes-your-job-should-pay-taxes.

[6] Walker, J. (2017) Robot Tax–A Summary of Arguments "For" and "Against,'' *Techemergence*, October 24, 2017, https://www.techemergence.com/robot-tax-summary-arguments/.

[7] Isaac, A. and Wallace, T. (2017) Return of the Luddites: why a robot tax could never work, *The Daily Telegraph*, September 27, 2017, https://www.telegraph.co.uk/business/2017/09/27/return-luddites-robot-tax-could-never-work/.

[8] Walker, J. (2017), op. cit.

[9] Ibid.

[10] Reuters (2017) European Parliament calls for robot law, rejects robot tax, February 16, https://www.reuters.com/article/us-europe-robots-lawmaking/european-parliament-calls-for-robot-law-rejects-robot-tax-idUSKBN-15V2KM.

[11] See Abbott, R. and Bogenschneider, B. (2017) Should Robots Pay Taxes? Tax Policy in the Age of Automation, *Harvard Law & Policy Review*, Vol. 12, p. 150.

[12] L. Summers (2017) Robots are wealth creators and taxing them is illogical, *Financial Times*, March 5.

[13] R. J. Shiller (2017) "Robotization without Taxation? " *Project Syndicate*, http://prosyn.org/Rebz6Jw.

[14] Tegmark, M. (2017) *Life 3.0: Being Human in the Age of Artificial Intelligence*, London: Allen Lane., p. 273.

[15] Dvorsky, G. (2017) Hackers have already started to weaponize artificial intelligence, *Gizmodo*, November 9, https://gizmodo.com/hackers-have-already-started-to-weaponize-artificial-in-1797688425.

[16] Ibid.

[17] House of Lords Committee Report, session 2017-19, HL Paper 100, April 16, 2018, p. 95.

[18] Quoted in (2016) *Robotics and Artificial Intelligence*, House of Commons Science and Technology Committee, Fifth Report of Session 2016-17, HC 145, London: House of Commons.

[19] Ibid., p. 18.

[20] For an analysis of these issues, see (2017) *Data Management and Use: Governance in the Twenty-first Century*, London: British Academy and

the Royal Society, https://royalsociety.org/~/media/policy/projects/data-governance/data-management-governance.pdf.

[21] Globe editorial (2018) When tech companies collect data, bad things can happen, January 30, https://www.theglobeandmail.com/opinion/editorials/globe-editorial-whentech-companies-collect-data-bad-things-can-happen/article37798038/.

[22] Baker, P. (2018) Reining In Data-Crazed Tech Companies, April 16, https://www.ecommercetimes.com/story/85278.html.

[23] Solon, O. (2018) Facebook says Cambridge Analytica may have gained 37m more users data, *The Guardian*, April 4, https://www.theguardian.com/technology/2018/apr/04/facebook-cambridge-analytica-user-data-lat-est-more-than-thought.

[24] Frischmann, B. (2018) Here's why tech companies abuse our data: because we let them, *The Guardian*, April 10, https://www.theguardian.com/commentisfree/2018/apr/10/tech-companies-data-online-transactions-friction.

[25] Stucke, M. E. (2018) Here are all the reasons it's a bad idea to let a few teach companies monopolize our data, *Harvard Business Review*, March 27, https://hbr.org/2018/03/here-are-all-the-reasons-its-a-bad-idea-to-let-a-few-techcompanies-monopolize-our-data.

[26] Mintel (2018) Data Danger: 71 Percent of Brits Avoid Creating New Company Accounts Because of Data Worries,23 May http://www.mintel.com/press-centre/technology-press-centre/data-danger-71-of-brits-avoid-creating-new-company-accounts-because-of-data-worries.

[27] EU GDPR (2018) https://www.eugdpr.org/eugdpr.org-1.htm.

[28] Johnston, I. (2018) EU funding "Orwellian" artificial intelligence plan to

monitor public for "abnormal behaviour," *The Daily Telegraph*, September 19, https://www.telegraph.co.uk/news/uknews/6210255/EU-funding-Orwellian-artificial-intelligence-plan-to-monitor-public-for-abnormal-behavior.html.

[29] Arun, C. (2017) AI Threats to Civil Liberties and Democracy, speech in Berkman Klein Centre for Internet & Society, October 1, transcript available at http://opentranscripts.org/transcript/ai-threats-civil-liberties-democracy/.

[30] Shadbolt, N. and Hampson, R. (2018) *The Digital Ape*, London: Scribe.

[31] P. Domingos (2015) *The Master Algorithm*: *How the Quest for the Ultimate Learning Machine Will Remake Our World*, New York: Basic Books.

[32] Polonski, V. (2017) "How artificial intelligence silently took over democracy," World Economic Forum, August 12, https://www.weforum.org/agenda/2017/08/artificial-intelligence-can-save-democracy-unless-it-destroys-it-first/.

[33] J. M. Burkhardt (2017) How Fake News Spreads, *Library Technology Reports*, 53(8).

[34] Polonski, V. (2017) Artificial intelligence has the power to destroy or save democracy, Council on ForEign Relations, August 7, https://www.cfr.org/blog/artificial-intelligence-has-power-destroy-or-save-democracy.

[35] BBC News, Fake news a democratic crisis for UK, MPs warn, July 28, 2018, https://www.bbc.co.uk/news/technology-44967650.

[36] Reported in *The Guardian*, January 22, 2018.

[37] *Wired* (2018), https://www.wired.com/story/emmanuel-macron-talks-to-wired-about-frances-ai-strategy/.

第8章

[1]   Joi, J. I. (2016) "Society-in-the-Loop," Massachusetts: MIT Media Lab, August 12.

[2]   Quoted in Leonhard, G. (2016) *Technology vs. Humanity*: *The Coming Clash between Man and Machine*, London: Fast Future Publishing, p. 60.

[3]   Goel, A. K. (2017) AI Education for the World, *AI Magazine*,38(2), pp. 3–4.

[4]   Wohl, B. (2017) Coding the curriculum: new computer science GCSE fails to make the grade, *The Conversation*, June 21, http://theconversation.com/coding-the-curriculum-new-computer-science-gcse-fails-to-make-the-grade-79780.

[5]   V. Matthews (2018) Teaching AI in schools could equip students for the future, *Raconteur*, May 23, https://www.raconteur.net/technology/ai-in-schools-students-future.

[6]   Kosbie, D. et al. (2017), op. cit.

[7]   TEALS, https://www.tealsk12.org.

[8]   Matthews, V. (2018), op. cit.

[9]   Williamson, B. (2017) "Coding for What? Lessons from Computing in the Curriculum," talk prepared for the Pop Up Digital Conference, Gothenburg, Sweden, June 19.

[10] G. Brown-Martin, (2017) Education and the Fourth Industrial Revolution, literature review prepared for Groupe Média TFO, August, p. 4, https://www.groupemediatfo.org/wp-content/uploads/2017/12/FINAL-Education-and-the-Fourth-Industrial-Revolution-1-1-1.pdf.

[11] Quoted in Leonhard 2016, p. 24.

[12] See Kosbie, D. Moore, A. W. and Stehlik, M. (2017) How to Prepare the Next Generation for Jobs in the AI Economy, *Harvard Business Review*, June 5 https://hbr.org/2017/06/how-to-prepare-the-next-generation-for-jobs-in-the-ai-economy.

[13] Brown-Martin, G. (2017) op. cit.

[14] Aoun, J. E. (2017) *Robot-Proof: Higher Education in the Age of Artificial Intelligence*, USA: Massachusetts, Institute of Technology, p. xviii.

[15] Ibid., p. 51.

[16] Seldon, A. and Abidoye, O. (2018) *The Fourth Education Revolution*, Buckingham: University of Buckingham Press.

[17] Ford, M. (2015) *The Rise of the Robots*, London: Oneworld, p. 146.

[18] See Susskind, R. and Susskind, D. (2017) *The Future of the Professions*: *How Technology will Transform the Work of Human Experts*, Oxford: Oxford University Press.

[19] *The Guardian*, March 22, 2016.

[20] K. Robinson, *Ed Tech Now*, January 20, 2012.

[21] Quoted in Seldon (2018).

[22] Michael Gove speech at the BETT Show 2012, available at https://www.gov.uk/government/speeches/michael-gove-speech-at-the-bett-show-2012.

[23] Bootle, R. (2012) *The Trouble with Markets*: *Saving Capitalism from Itself*, London: Nicholas Brealey.

[24] Caplan, B. (2018) *The Case Against Education*, Princeton: Princeton University Press.

[25] Ibid.

[26] Quoted by Foroohar, R. in the *Financial Times*, November 12, 2018.

[27] Quoted in Seldon and Abidoye (2018).

[28] For a discussion of this, and other educational issues, see Chao Jr., R. (2017) Educating for the Fourth Industrial Revolution, *University World News*, No. 482 November 10, http://www.universityworldnews.com/article. php?story=20171107123728676 and Brown-Martin, G. 2017, op. cit.

[29] Toffler, A. (1970) *Future Shock*, New York: Penguin Random House.

[30] Carr, N. (2010) *The Shallows*, New York: W. W. Norton & Company.

[31] Brockman, J. (2015), pp. 26–7.

[32] Autor, D. (2015) Why Are There Still So Many Jobs? The History and Future of Workplace Automation, *The Journal of Economic Perspectives*, 29(3).

第9章

[1] Leonhard, G. (2016), p. 49.

[2] This parody of synthetic logic has wide applicability. Its origin is unknown.

[3] The most recent attempt to produce a grand vision of a fair society has come from the American philosopher John Rawls, in his book (1971) *A Theory of Justice*, Oxford: Oxford University Press.

[4] Quoted in Bregman (2017) *Utopia for Realists*, p. 72.

[5] See Baker, D. (2016) *Rigged*: *How Globalisation and the Rules of the Modern Economy were Structured to Make the Rich Richer*, *Washington D.C.*: Center for Economic and Policy Research.

[6] For a wide-ranging survey of all aspects of this subject, see L.Martinelli, "Assessing the Case for a Universal Basic Income in the UK," IPR Policy Brief, September 2017, University of Bath, and also OECD, *Basic Income as a Policy Option*: *Can It Add Up*?, Paris: OECD.

[7] See *Our Common Wealth: a Citizens' Wealth Fund for the UK*, London: IPPR, 2018, http://www.ippr.org/research/publications/our-common-wealth.

[8] *Financial Times*, July 2, 2018.

[9] Quoted in Lowrey, A. (2018) *Give People Money*, New York: Crown.

[10] Quoted in Van Parijs and Vanderborght, Y. (2017) *Basic Income*, Cambridge: Harvard University Press Mass, p. 79.

[11] Polanyi, K. (1944) *A Short History of a Family Security System*, New York: Farrar & Rinehart.

[12] Bregman (2017), pp. 88–9.

[13] Ibid., p. 97.

[14] J. K. Galbraith, "The Unfinished Business of the Century," Lecture given at the London School of Economics, June 1999.

[15] See Van Parijs, P. and Vanderborght, Y. (2017) *Basic Income*, Cambridge: Harvard University Press Mass.

[16] Turner, A. "Capitalism in the Age of Robots: Work, Income, and Wealth in the Twenty-First Century," lecture given at the School of Advanced Studies, Johns Hopkins University, Washington, DC, April 20, 2018.

[17] Bootle, R. (2009) *The Trouble with Markets: Saving Capitalism from Itself*, London: Nicholas Brealey.

[18] Chace (2016), pp. 217–18.

[19] Lowrey, A. (2018) *Give People Money: The simple idea to solve inequality and revolutionise our lives*, London: WH Allen.

[20] Referred to in Lowrey, A. (2018).

[21] Quoted in Van Parijs and Vanderborght (2017), p. 85.

[22] Ibid., p. 85.

[23] "The Basics of Basic Income," www.johnkay.com.

[24] Piketty, T. (2013) *Capital in the Twenty-First Century*, USA: Harvard University Press.

[25] Pinker, S. (2018) *Enlightenment Now*, London: Allen Lane.

结　论

[1] This remark is widely credited to the American baseball coach and philosopher Yogi Berra, but it or something like it is also attributed to a wide range of other people.

[2] Sagan, C. (1980) *Cosmos*, New York: Random House.

后　记

[1] See Darrach, B., Meet Shaky, the First Electronic Person, *Life*, November 20, 1970, p. 68.

[2] Quoted by Brockman (2015), p. 166.

[3] Ford (2015), pp. 229–30.

[4] Leonhard (2016), p. 9.

[5] This would have a consequence of key interest not so much to economists as to our cousins, the accountants. (Distant cousins, several times removed, I must stress.) If AI develops to the point where machines can continually improve themselves, this will reduce, or perhaps even reverse, the process of deterioration that affects all physical assets, which gives rise to the accounting concept of "depreciation," which plays such a large part in many companies' accounts. At least in some cases, could "depreciation" turn into "appreciation"?

[6] Kelly (2016), p. 49.

[7] Tegmark (2017), p. 314.

[8] Brockman (2015), pp. 29–30.

[9] Take this, for example, from Shanahan, M.: "Foremost among these limitations is mortality. An animal's body is a fragile thing, vulnerable to disease, damage, and decay, and the biological brain, on which human consciousness (today) depends, is merely one of its parts. But if we acquire the means to repair any level of damage to it, and ultimately to rebuild it from scratch, possibly in a non-biological substrate, then there is nothing to preclude the unlimited extension of consciousness" (2015, p. xxi).

[10] Ford (2015), pp. 230–2.

[11] Quoted in Shanahan (2015), p. 157. Shanahan expands on this vision. He has written:"Unhampered by earthly biological needs, capable of withstanding extremes of temperature and doses of radiation that would be fatal to humans, and psychologically untroubled by the prospect of thousands of years traveling through interstellar space, self-reproducing super intelligent machines would be in a good position to colonize the galaxy. From a large enough perspective, it might be seen as human destiny to facilitate this future, even though (unenhanced) humans themselves are physically and intellectually too feeble to participate in it."

[12] As Nick Bostrum puts it: "The existence of birds demonstrated that heavier-than-air flight was physically possible and prompted efforts to build flying machines. Yet the first functioning airplanes did not flap their wings. The jury is out on whether machine intelligence will be like flight, which humans achieved through an artificial mechanism, or like combustion, which we initially mastered by copying naturally occurring fires" (2014, p. 34).

[13] Harari (2016), pp. 140–1.

[14] Jaynes, J. (1990) *The Origin of Consciousness in the Breakdown of the Bicameral Mind*, New York: Houghton Mifflin.

[15] Dawkins, R. (2006) *The God Delusion*, London: Penguin.

[16] Shanahan, M. (2015) *The Technological Singularity*, Cambridge: The MIT Press, p. 98.

[17] Brockman (2015), p. 255.

[18] Quoted in *The Daily Telegraph*, March 14, 2017. For a detailed exposition of Penrose's views on these issues, see Penrose 1989 and 1994.

[19] Quoted in *The Daily Telegraph*, March 14, 2017.

[20] Quoted in Leonhard (2016), p. 9.